MERCADORES
DE
HOMENS

Da autora:

Economia bandida:
A nova realidade do capitalismo

Maonomics:
Por que os comunistas chineses se saem melhores capitalistas do que nós

A *fênix islamista:*
O Estado Islâmico e a reconfiguração do Oriente Médio

LORETTA NAPOLEONI

MERCADORES DE HOMENS

COMO OS JIHADISTAS E O ESTADO ISLÂMICO
TRANSFORMARAM SEQUESTROS E O TRÁFICO DE
REFUGIADOS EM UM NEGÓCIO BILIONÁRIO

Tradução
Milton Chaves de Almeida

1ª edição

BERTRAND BRASIL

Rio de Janeiro | 2016

Copyright © 2016 by Loretta Napoleoni
Publicado originalmente por Seven Stories Press, Nova York, EUA, 2016
Publicado no Brasil mediante acordo especial com Seven Stories Press e seu agente
Villas-Boas & Moss Agência e Consultoria Literária

Título original: *Merchants of Men*

Capa: Sérgio Campante
Imagem de capa: Jean-René Augé-Napoli

Texto revisado segundo o novo
Acordo Ortográfico da Língua Portuguesa

2016
Impresso no Brasil
Printed in Brazil

CIP-BRASIL. CATALOGAÇÃO NA PUBLICAÇÃO
SINDICATO NACIONAL DOS EDITORES DE LIVROS, RJ

N173m

Napoleoni, Loretta, 1955-
  Mercadores de homens / Loretta Napoleoni; tradução de Milton Chaves de Almeida. – 1ª ed. – Rio de Janeiro: Bertrand Brasil, 2016.

  Tradução de: Merchants of men
  Inclui índice
  notas
  ISBN 978-85-286-2143-3

  1. Islamismo – História. 2. Terrorismo. I. Título.

16-35935

CDD: 297
CDU: 28

Todos os direitos reservados pela:
EDITORA BERTRAND BRASIL LTDA.
Rua Argentina, 171 – 2º andar – São Cristóvão
20921-380 – Rio de Janeiro – RJ
Tel.: (0xx21) 2585-2000 – Fax: (0xx21) 2585-2084

Não é permitida a reprodução total ou parcial desta obra, por
quaisquer meios, sem a prévia autorização por escrito da Editora.

Atendimento e venda direta ao leitor:
mdireto@record.com.br ou (0xx21) 2585-2002

Em memória de Luigi Bernabò

Sumário

Prefácio   9
Prólogo   15

Primeira Parte

Capítulo Um: O *Modus Operandi* da Al-Qaeda
no Magreb Islâmico   23
Capítulo Dois: Alimentando Um Círculo Vicioso   39
Capítulo Três: O Tráfico de Migrantes   53
Capítulo Quatro: A Economia da Pirataria   71
Capítulo Cinco: A Ligação do Golfo Pérsico
com os Imigrantes Somalis   88
Capítulo Seis: A Tapeação da Guerra Civil na Síria   101

Segunda Parte

Capítulo Sete: O Negociador de Sequestros   119
Capítulo Oito: O Resgate   126
Capítulo Nove: A Fase Crítica — Anatomia de Um Sequestro   139
Capítulo Dez: A Presa — Buscando uma Nova Identidade   154
Capítulo Onze: O Mito dos Reféns do Ocidente   171

Terceira Parte

Capítulo Doze: O Extermínio da Verdade	193
Capítulo Treze: Jogando com a Vida de Reféns	211
Capítulo Quatorze: A História de Amor de um Refugiado	222
Capítulo Quinze: O Bumerangue Político	234
Epílogo: O Brexit	251
Glossário	257
Notas Finais	269
Agradecimentos	289
Índice Remissivo	293

Prefácio

Minhas pesquisas em torno das atividades de sequestro e tráfico de seres humanos começaram há mais de uma década. Logo depois dos ataques terroristas de 11 de setembro de 2001, comecei a encontrar-me, em várias cidades do mundo, com pessoas envolvidas no combate ao terrorismo e à lavagem de dinheiro. Todas concordavam que a Lei PATRIOT* tinha levado o cartel de drogas colombiano a estabelecer empreendimentos em conjunto com o crime organizado italiano para lavar, na Europa e na Ásia, dinheiro ganho com o tráfico de drogas e descobrir novas rotas para a entrada de cocaína no Velho Mundo. A Venezuela, a infame Costa do Ouro, no litoral da África ocidental — de onde os escravos eram levados em navios para o Continente Americano no passado —, e a região do Sahel se tornaram áreas de transbordo fundamentais.

---

* É acrônimo de parte da expressão Uniting and Strengthening America by Providing Appropriate Tools Required to Intercept and Obstruct Terrorism Act. Em português, algo como: "Lei de União e Fortalecimento dos Estados Unidos da América pelo Provimento de Instrumentos Apropriados à Interceptação e Prevenção de Atos Terroristas." É uma lei que amplia os poderes do governo americano no combate ao terrorismo, dando-lhe permissão até para prender e manter cidadãos estrangeiros em suas prisões por tempo indeterminado, sem julgamento, se o procurador-geral da República achar que eles representam um risco à segurança nacional dos EUA. (N. T.)

Em pouco tempo, contrabandistas africanos se envolveram nesse negócio, transportando cocaína para as regiões interioranas do continente. Gao, uma cidade do Mali, se tornou seu principal centro de distribuição. De Gao, a cocaína atravessava o Saara em direção às praias mediterrâneas de Marrocos, Argélia e Líbia. Dali, uma frota de pequenos barcos levava as drogas para a Europa.

Em 2003, um grupo de ex-membros do argelino Grupo Islâmico Armado (GIA), envolvido em atividades de contrabando nas regiões transaarianas, se desviou de sua rota de operações nessa parte da África e sequestrou trinta e dois europeus no Mali e no sul da Argélia. Os reféns foram transportados pelas rotas de contrabando transaarianas para acampamentos no norte do Mali. Para terem seus cidadãos de volta, os governos europeus tiveram de pagar resgates milionários, dinheiro suficiente para financiar um novo grupo armado: a Al-Qaeda no Magreb Islâmico (AQMI).

Entre as pessoas que conheci desde o 11 de Setembro estão vários negociadores de libertação de reféns. Como intermediadores entre as partes, eles têm um conhecimento inigualável sobre o funcionamento do negócio de sequestros. Em nossas conversas fiquei sabendo que o sequestro dos trinta e dois europeus acabou mostrando que a captura de cidadãos do Ocidente com fins extorsivos poderia ser um importante manancial de lucros para organizações criminosas e grupos armados. Estava aberta a temporada de caça a reféns ocidentais.

Na segunda metade da primeira década do novo milênio, apenas cinco anos após o trágico 11 de Setembro, o tráfico de cocaína acelerou o processo de desestabilização política e socioeconômica no Sahel. Vários estados falidos e semifalidos apareceram na região, levando seus cidadãos a se tornarem retirantes internacionais, buscando uma rota de imigração para a Europa. A Al-Qaeda no Magreb Islâmico tratou de se aproveitar logo dessa situação, investindo parte de seus lucros obtidos com operações de sequestro no negócio de tráfico de migrantes.

Negociadores de libertação de reféns acreditam que a omissão de governos ante a necessidade de se fazer uma condenação pública da onda de sequestros no Sahel impediu qualquer possibilidade de uma devida intervenção na região. Desse modo, ficou fácil para os sequestradores se diversificarem, passando a explorar o tráfico de seres humanos.

Como cronista dos fenômenos do lado negro da economia globalizada, descobri que a política de sigilo em torno da questão por parte de governos provém de seu desejo de ocultar os fracassos da tentativa de globalização econômica. A proliferação de estados e regiões falidas, onde a lei e a ordem vêm sendo rompidas desde a queda do Muro de Berlim, permitiu que as atividades de sequestro e tráfico de seres humanos florescessem de uma forma jamais vista na história. E o silêncio em torno do problema por parte das grandes nações permitiu que essa situação de violência infernal prosseguisse sem nenhum controle. Foi como se todos os bombeiros de determinada região tivessem decidido entrar em greve durante um incêndio numa floresta.

Destacados negociadores e ex-reféns concordam com a ideia de que era grande o número de presas à disposição dos caçadores de pessoas. Afinal de contas, nos últimos vinte e cinco anos uma falsa sensação de segurança sobre o mundo globalizado incentivou membros jovens e inexperientes do clube das nações do Primeiro Mundo — eu os chamarei de ocidentais, embora eles possam ser de Tóquio ou Santiago, mas certamente também de Nova York ou Copenhague — a explorar as peculiaridades de todos os cantos da grande aldeia global e enviar informes desses locais, bem como levar auxílio a populações presas em zonas de guerra ou acossadas pelo flagelo de anarquias políticas. Esses razoáveis êmulos de jornalistas e socorristas humanitários se tornaram alguns dos principais alvos das ações dos sequestradores modernos.

Desde o episódio de 11 de setembro, o número de sequestros aumentou exponencialmente, acompanhado pelo aumento das quantias exigidas como resgate. Em 2004, 2 milhões de dólares podiam ser suficientes para libertar um refém no Iraque. Hoje, os conterrâneos das vítimas podem ter que pagar mais de 10 milhões de dólares. Aliás, um membro do comitê de emergências italiano fez uma piada dizendo que a libertação de Greta Ramelli e Vanessa Marzullo — duas jovens italianas sequestradas em 2014 e vendidas à Frente

Al-Nusra — custou à Itália quase uma fração de seu PIB imenso ou nada menos do que 13 milhões de euros! Da mesma forma, o número de empresas de seguros especializadas em sequestros cresceu muito e o custo do seguro chegou a alturas estratosféricas. Há uma década, a taxa diária era de mil dólares. Hoje, é de nada menos do que 3 mil dólares.

Será que as peculiaridades financeiras do ramo de sequestros são imunes às leis da economia? Dez anos de taxas de inflação excepcionalmente baixas, combinadas com uma forte concorrência entre sequestradores e empresas de seguro privado, deveriam ter feito os preços baixarem, mas, em vez disso, subiram. A razão é simples: o número de possíveis reféns de sequestro do Ocidente é infinitamente promissor e governos e negociadores privados competem entre si para libertar seus próprios compatriotas, atitude que provoca o aumento dos preços para o emprego de mediadores, informantes, motoristas e outros mais nessas operações criminosas.

Hoje, sabemos que a tentativa de exportar o modelo democrático ocidental para todos os cantos da aldeia global produziu um efeito contrário ao esperado. Afinal, desde a queda do Muro de Berlim, o mundo se tornou um lugar muito mais perigoso não apenas para norte-americanos e europeus, mas também para asiáticos, africanos e latino-americanos, milhões dos quais têm sido forçados a se transformarem em trabalhadores estrangeiros e refugiados econômicos. Como os cidadãos do Oriente Médio vêm enfrentando também esse triste destino, a soturna indústria de sequestros, a principal atividade na região, está também deslocando o foco de suas ações, concentrando-se agora no sequestro de pessoas empenhadas na tentativa de escapar das misérias e destruições de guerras civis. Hoje, esses mercadores de homens lidam com um novo tipo de carga humana — migrantes desesperados — em vez de reféns. Portanto, uma interdependência surreal coliga o sequestro de ocidentais ao tráfico de migrantes.

Quando, em 2015, irrompeu a crise de migrantes no Oriente Médio, sequestradores e contrabandistas não tiveram a menor dificuldade nem o mínimo de escrúpulos para se tornarem traficantes de seres humanos. Até porque, já dispunham de uma sofisticada estrutura organizacional e muito dinheiro obtido com resgates de sequestrados para investir nesse novo empreendimento de risco. Com um faturamento líquido de 100 milhões de dólares mensais no verão de 2015, os mercadores de pessoas despejaram dezenas de milhares de seres humanos por semana nas praias da Europa. É mesmo um negócio lucrativo porque a demanda ultrapassa de longe a oferta, embora o custo para se chegar à Europa continue a aumentar. Há 10 anos, uma pessoa podia ter que pagar 7 mil dólares para ser levada da África ocidental para a Itália. No verão de 2015, essa quantia era suficiente para pagar apenas a travessia da relativamente curta distância da Síria para a Turquia e daí para a Grécia.

Quinze anos após os ataques às Torres Gêmeas, a maior parte do mundo islâmico está em chamas. Os vencedores dessa disputa são os traficantes de seres humanos, uma mistura de criminosos e grupos jihadistas que sequestram, compram e vendem pessoas por muito dinheiro. E o que vem depois?

A crise dos migrantes poderia forçar um continente inteiro a confrontar a hipocrisia de seus próprios políticos que se mantêm em silêncio, quando deveriam falar abertamente sobre o problema, bem como levá-lo a enfrentar o absurdo do mito de que estamos caminhando para a criação de uma Europa igualitária e livre de discriminações. Mas essa crise servirá, principalmente, para evidenciar quão frágeis são o nosso respeito pela vida humana e os nossos meios de defesa da dignidade de homens e mulheres. Os mercadores de seres humanos não diferem nem um pouco dos traficantes de escravos do século XVIII, dos colonizadores do século XIX ou dos nazistas no século XX: todos achavam que a vida dos outros lhes pertencia e, por isso, podiam fazer delas o que quisessem.

Em razão da natureza de sua profissão, não pude mencionar os nomes dos negociadores de libertação de reféns que me ajudaram a entender o complexo fenômeno do sequestro de seres humanos. Por questões de segurança, o anonimato deles deve ser preservado, porquanto são pessoas que vivem arriscando suas vidas para salvar as de outras — homens e mulheres — que têm uma vasta rede de informantes em países em que os sequestros ocorrem diariamente. Preferi não criar cognomes para eles e, além de ter suprimido seus nomes verdadeiros, apresentei indicações apenas genéricas sobre sua esfera de influência ou sua origem. E, na maioria das vezes, refiro-me a eles simplesmente como "um negociador" ou "o negociador".

Prólogo

São 3 horas da manhã e está escuro lá fora. Um tapete de neve cobre os subúrbios de Umeå, cidade universitária no norte da Suécia. As ruas estão vazias e os poucos carros com os quais cruzamos rodam com seus faróis de milha acesos. Sem esses verdadeiros holofotes iluminando a estrada seria praticamente impossível distingui-la dos jardins de entrada das casas que a margeiam. Além disso, enquanto dirigimos, a combinação de escuridão e luzes refletidas na neve prega estranhas peças de perigosa ilusão de ótica em nossas vistas.

Quando chegamos ao hotel, abri a porta do carro e entrei num recinto que me deu a impressão de ser um frigorífico. Fazia muito frio ali dentro — tanto frio que fui capaz de medir a capacidade volumétrica de meus pulmões quando se encheram do gélido ar de uma temperatura abaixo de zero. Estamos no fim de novembro de 2006; a rigor, ainda deveria ser outono, mas, com certeza, parece que estamos num inverno polar.

Fomos a Umeå para participar do Iraqi Equation, um projeto de artes com fins políticos que é parte do esforço de um grupo de artistas e intelectuais para levar o movimento de oposição à Guerra do Iraque muito além das medidas contra o "ataque preventivo". Na primavera de 2003, após meses e meses de manifestações de protesto contra a intervenção militar, o mundo silenciou, talvez porque traumatizado com a atitude desafiadora de Bush e

Blair e sua indiferença para com a opinião pública global. Três anos depois, nosso grupo ainda está em campanha; achamos que é nosso dever fazer isso, pois sabemos o que está acontecendo no Iraque.

Entre os artistas estão vários iraquianos. Eles fugiram do país assim que as forças de coalizão desembarcaram em suas terras, até porque essas seriam combatidas pelos muitos grupos armados operando no território iraquiano. A invasão desencadeou uma explosão de sentimentos de ódio reprimidos durante décadas, com criminosos, jihadistas, milícias xiitas então recém-formadas e grupos pró-Saddam se voltando contra as populações civis. Para os que conseguiram fugir e agora estão reunidos conosco neste estabelecimento, seu distanciamento forçado do Iraque é apenas físico, uma vez que seus corações e suas mentes continuam na terra pátria, ligados por um fio invisível à sanguinária realidade de um Iraque "libertado".

Tínhamos sido informados de que haveria muitos iraquianos no dia da abertura da exibição, mas não esperávamos que duzentos deles comparecessem ao evento, superando o número de suecos presentes. Homens, mulheres e até crianças bastante agasalhados vieram de toda parte, enfrentando com coragem o clima nórdico. Eles entram enfileirados e silenciosos nas salas de exibição, apertam nossas mãos, sorriem e começam a tirar seus vários agasalhos, um após o outro. Em pouco tempo, o idioma mais falado no local passa a ser o árabe.

Algumas mulheres retiram grandes recipientes de comida de suas bolsas, todos embrulhados com papel alumínio, e os põem ao lado dos lanches de queijo e verduras fornecidos pelos organizadores da exibição. Suas comidas parecem deliciosas e são muito coloridas, tanto que enchem nossas narinas de aromas apetitosos. Quando Catherine David, a diretora artística do projeto, começa a discursar, temos a sensação de que estamos iniciando uma comemoração, talvez um casamento entre uma sueca e um árabe. É uma sensação mágica e inesquecível. Por alguns instantes, esquecemos que se trata da abertura de um evento para condenar publicamente uma agressão militar.

Horas depois, quando as pessoas começam a se despedir, um jovem vem me procurar. Exibindo pele e cabelos muito claros para um iraquiano, ele tem ombros largos e altura mediana. Apresenta-se como Rashid, um nome iraquiano muito comum, mas sei que esse não é seu nome verdadeiro. Vejo que algo em seus olhos de um castanho-claro parece indicar que ele não se sente bem com esse nome. Além disso, ele fala inglês com um forte sotaque francês, tal como é o caso dos oriundos do norte da África. Rashid me diz que leu meus livros e deseja parabenizar-me pelo bom trabalho. Começamos a conversar. Está interessado em obter informações sobre meus contatos em Londres com um ex-mujahid. Pergunta-me se conheço fulano, sicrano, beltrano. Menciona vários argelinos que fugiram para Londres após o golpe militar, obtendo asilo político na cidade.

Rashid é uma alma transtornada. Percebo que deseja conversar comigo a respeito de algo tenebroso em seu passado, mas não sabe por onde começar. Assim, sugiro que voltemos para o hotel, onde poderíamos tomar um chocolate quente enquanto conversássemos. E é o que fazemos.

Embora não me diga de jeito nenhum qual é o seu verdadeiro nome, ele me revela sua nacionalidade e sua idade: diz que é da Argélia e tinha acabado de completar 29 anos.

Disse-me também que seu pai foi um dos fundadores da Frente de Salvação Islâmica. Logo depois do golpe militar (apoiado pelos franceses e por outros europeus), o pai de Rashid foi preso juntamente com seus irmãos. Todos acabaram desaparecendo misteriosamente dentro do labirinto que é o sistema de detenção política argelino. "Quando a polícia veio prender meu pai e meus irmãos, eu estava pescando", conta Rashid. Ele era o caçula da família, na época com apenas 15 anos de idade, e não se interessava por política. Queria ser marinheiro e pescador para poder viajar pelo mundo. "Mas, depois que levaram meu pai e meus irmãos, fui forçado a envolver-me com política."

A mãe de Rashid providenciou para que o filho deixasse Argel imediatamente. Contudo, naquela mesma noite, depois que ele retornara da pescaria, aliou-se a um grupo de homens pertencentes ao partido de seu pai, vários dos quais tinham combatido no Afeganistão como mujahedin. Eles partiram para o Sul, em direção aos confins do Saara, onde se reorganizaram e começaram a planejar sua volta ao país.

Rashid passou os anos seguintes no sul da Argélia, no deserto do Saara, a milhares de quilômetros do mar que tanto adorava. Ele nunca entrou para o Grupo Islâmico Armado (GIA), nascido das cinzas da Frente de Salvação Islâmica, que combateu o regime militar durante quase uma década, desencadeando mais uma sangrenta guerra civil na Argélia. Em vez disso, preferiu tornar-se contrabandista, realizando um número infindável de travessias pelas rotas transaarianas.

Aí, veio o 11 de Setembro. "Tudo mudou", diz ele. "Durante anos, tínhamos levado uma vida monótona, contrabandeando principalmente cigarros, levando-os da Argélia para o Mali e a África ocidental. Mas, de repente, apareceram novas oportunidades. A região inteira estava transbordante de ódio e orgulho. Começamos a traficar armas, drogas e depois alguém teve uma ideia: vamos experimentar fazer um sequestro."

Assim, de contrabandista, Rashid virou sequestrador, "trabalho" que ele detestava.

Quando Rashid para de falar, olho para fora. Vejo que está nevando tanto, que o céu parece pintado de branco. Que contraste deve ser esse cenário com as condições tórridas do Saara, penso. E que tremenda mudança para pessoas como Rashid, nascido e criado num lugar de clima quente.

— Mas por que você está me contando essa história? — pergunto. Rashid não responde de imediato.

— Porque alguém precisa saber — responde ele.

Ele se retira do hotel a pé, deixando pegadas na neve que a tempestade apaga rapidamente. Sei que nunca mais o verei de novo. Ignoro até mesmo onde ele mora ou o que faz na vida. Tudo que sei é que, algum tempo depois que seu grupo começou a traficar migrantes da África ocidental para a Líbia, Rashid conseguiu entrar num barco com destino à Itália fingindo ser um refugiado iraquiano. Isso foi em 2005, época em que a Europa acolhia refugiados provenientes do Iraque. Partindo da Sicília, conseguiu refúgio na Suécia. Quando lhe perguntaram de onde era, respondeu: "Sou iraquiano." Com uma mentira que não prejudicou ninguém, ele finalmente se desvencilhou de um tipo de vida que não tinha escolhido para si mesmo. Podemos culpá-lo por isso?

Primeira Parte

Capítulo Um

O *Modus Operandi* da Al-Qaeda no Magreb Islâmico[1]

Em fins de janeiro de 2011, Maria Sandra Mariani partiu de San Casciano in Val di Pesa, uma pequena cidade da região da Toscana, com destino a um recanto no Saara argelino. A italiana de 53 anos não via a hora de desfrutar suas férias anuais numa região do Magreb de beleza extasiante. Ela tinha feito reserva num programa de excursões turísticas para conhecer os atrativos naturais e as ruínas arqueológicas da região — algumas das quais remontando a nada menos do que à era Neolítica — e estava planejando passar alguns dias visitando povoados locais. Desde 2006, Mariani havia deixado a Itália em todos os invernos para passar as férias no Deserto do Saara, desfrutando-as parcialmente como turista e, em parte também, como "voluntária de campanhas humanitárias", para, nas palavras dela, "levar remédios e mantimentos para a população local".[2] Tal como já havia feito muitas vezes, ela reservara o pacote na Ténéré Voyages, uma famosa agência de viagens especializada em férias no Saara. E, assim como no passado, Aziz seria seu guia turístico, um educado argelino com quem Mariani fizera amizade no correr dos anos, chegando até a visitá-la e a sua família na Toscana.

Quando Mariani desembarcou no Aeroporto de Djanet, situado a uns 160 quilômetros da fronteira da Argélia com a Líbia, a primeira pessoa que ela viu foi Aziz. Ele lhe deu as boas-vindas e, quando notou que a italiana estava pálida, perguntou se ela havia tido problemas na viagem. Mariani admitiu que não estava se sentindo muito bem. "Devo ter comido algo estragado no avião e estava me sentindo muito mal", conta ela, "mas partimos imediatamente. Estávamos indo para o deserto de Tadrart,[3] entre a Argélia e a Líbia. Alguns dias depois, eu ainda estava me sentindo mal. Aziz propôs que parássemos numa pequena estação de veraneio com apenas alguns bangalôs pertencentes também à Ténéré Voyages".

Mariani só se restabeleceu alguns dias depois. Por volta de 2 de fevereiro, ela tinha melhorado o suficiente para participar de uma pequena excursão. "Tivemos um dia excelente", relata. "A luz do sol, o ar, a paisagem, foi tudo perfeito. Eu estava feliz, feliz por haver me recuperado, feliz por ter voltado ao meu adorado Saara."

Ela e Aziz voltaram para a estação ao pôr do sol. "Saí do carro e, de repente, enquanto caminhávamos em direção aos bangalôs, Aziz viu dois grandes utilitários esportivos pretos se aproximando velozmente. Como achou que eram ladrões ou contrabandistas, ele disse: 'Corra, corra! Não deixe que eles a vejam!' E saí correndo na direção dos bangalôs, mas eles já tinham me visto. Eu soube depois que haviam me localizado com binóculos; estavam à caça de estrangeiros. Eu não estava usando véu porque não havia ninguém por perto. Como estávamos no meio do deserto e o hotel estava vazio, achei que não era necessário me disfarçar. Mas eles me viram e perceberam que eu era uma turista vinda do ocidente", conta Mariani.

Os homens cercaram rapidamente a senhora de meia-idade, Aziz e o concierge do hotel. "Durante muito tempo ficaram perguntando: 'Onde estão os outros turistas? Onde está o seu marido?' Não acreditavam que eu estava sozinha", diz Mariani. "Como achavam que eu era inglesa, comunicaram-se em inglês também. Vinte dias antes, no mesmo balneário, um grande grupo de turistas ingleses tinha ido passar as festas de fim de ano lá."

Frustrados, os homens, que davam a clara impressão de que esperavam achar um grande número de ocidentais no local, agarraram Mariani e a puseram à força na traseira de um dos utilitários. Outros deles forçaram o concierge e o guia turístico a seguir no carro de Aziz. "Quando me trancaram no utilitário, entendemos todos que eles não eram assaltantes ou contrabandistas, mas sequestradores. Sentindo-me impotente e desaminada, tive falta de ar também", relata Mariani. "Algum tempo depois, quando lhes perguntei: 'Quem são vocês?', eles olharam para mim e disseram com orgulho: 'Somos da Al-Qaeda.'"

Quando anoiteceu, Mariani tinha ido parar na traseira de um caminhão sendo conduzido pelo deserto com quatorze homens da Al-Qaeda no Magreb Islâmico a bordo. No entanto, a possibilidade de ver as luzes do carro de Aziz vindo atrás de seu veículo foi consoladora para ela. "Aziz era meu amigo. Eu tinha certeza que ele me protegeria", confessou ela. Mas, após cinco horas de viagem, seus sequestradores decidiram libertar o guia e o concierge, pois o carro deles não era tão veloz nas trilhas do deserto quanto os utilitários esportivos. "Eles quebraram os faróis do carro de Aziz, de forma que ele só conseguisse voltar para o hotel quando amanhecesse, e depois partimos", relembra Mariani.

Os sequestradores eram profissionais. Eles sabiam que tinham de se afastar do local do sequestro o mais rapidamente possível. Afinal de contas, não estavam interessados em sequestrar dois argelinos. Seu objetivo era capturar estrangeiros. Enquanto os sequestradores continuavam a avançar com seus carros noite adentro, depois de terem deixado Aziz e o concierge temporariamente presos no deserto, pela impossibilidade de dirigirem na escuridão, Maria Sandra Mariani percebeu que estava totalmente só.

Encolhida na traseira do caminhão, ouvindo os batimentos acelerados do próprio coração aflito, a italiana de meia-idade não sabia que, em razão de uma série incrível de acontecimentos, seu drama terrível tinha relação com um instrumento da legislação americana sancionado pelo governo Bush há uma década: a Lei PATRIOT.

UMA JOINT VENTURE DO CRIME

A Lei PATRIOT, instituída nos Estados Unidos em outubro de 2001, apenas um mês após o 11 de Setembro, reduziu os direitos civis dos americanos, aumentou a vigilância do governo sobre seus cidadãos e estabeleceu um conjunto de novas normas reguladoras de operações financeiras e bancárias, como forma de impedir a circulação internacional de receitas obtidas com atividades criminosas e a lavagem de dólares americanos, forçando assim o cartel das drogas colombiano a procurar rotas alternativas para o contrabando de cocaína para a Europa, além de outras formas para a lavagem de seus ganhos financeiros ilícitos. A rota escolhida passava pela África ocidental e atravessava o Sahel. Os sequestradores de Mariani, integrantes da Al-Qaeda no Magreb Islâmico, haviam explorado esse novo tipo de negócio já desde os primeiros tempos em que parte dessas atividades passou a ocorrer em solo africano. Depois, em primeiro lugar, diversificaram suas operações com o sequestro de estrangeiros e, mais tarde, com o tráfico de imigrantes. Para entendermos esse surreal encadeamento de acontecimentos que transformaram jihadistas em traficantes de drogas, sequestradores e traficantes de seres humanos, criando assim uma espécie de aberração terrornômica, precisamos conhecer a fonte de onde o dinheiro vem: as atividades do cartel das drogas colombiano na esteira dos acontecimentos de 11 de setembro.

Até a ocasião dos ataques às Torres Gêmeas, o grosso do dinheiro obtido com o tráfico de drogas era lavado nos Estados Unidos, utilizando-se para isso, logicamente, dólares americanos.[4] Em vista do fato de que essas receitas eram movimentadas em espécie — dólares americanos —, o dinheiro tinha que ser transportado para os EUA. O principal ponto de entrada era por meio de estabelecimentos no exterior e bancos de fachada localizados no Caribe. A Lei PATRIOT tornou muito mais difícil a realização desse processo ou, até mesmo, impossível. Por exemplo, bancos americanos e estrangeiros com permissão para operar nos EUA não podiam mais fazer negócios com instituições bancárias externas, tais como as localizadas no Caribe. Além disso, a nova legislação deu às autoridades financeiras americanas o direito de monitorar transações em dólares no mundo inteiro. Desse modo, tornou-se crime o ato de bancos americanos ou bancos estrangeiros com licença para operar nos EUA deixarem de alertar as autoridades financeiras americanas da realização, em qualquer parte do planeta, de transações em dólares suspeitas.

É fácil entender por que a Lei PATRIOT representou um duro golpe nos interesses do cartel das drogas colombiano. Todavia, o principal problema para seus chefões não era tanto a questão de como lavar o dinheiro obtido com o tráfico de cocaína dentro dos Estados Unidos, mas a de como fazer isso em dólares em qualquer outro lugar do Globo e como transferir os lucros de um país para outro sem alertar as autoridades financeiras americanas.

A solução do problema veio de um italiano que imigrou para a Colômbia, chamado Salvatore Mancuso. Como chefe das Forças de Autodefesa Unidas da Colômbia (AUC), uma organização terrorista paramilitar colombiana, Mancuso intermediou um negócio entre o cartel da cocaína e uma organização criminosa da Calábria conhecida como 'Ndrangheta, que transformou o então recém-nascido euro na moeda dos lucros dos traficantes de drogas. A 'Ndrangheta ofereceu um esquema completo para tocar o negócio: o controle da venda de cocaína na Europa e a lavagem nos mercados europeu e asiático do dinheiro obtido com a venda da droga.

A inexistência na Europa de uma lei semelhante à Lei PATRIOT facilitou o sucesso dessa incomum *joint venture* do crime. "Os lucros gerados pelo tráfico de drogas na Espanha se transformaram em ganhos com investimentos imobiliários na Bélgica", afirma uma fonte da Europol, agência de serviço secreto europeia. "De lá, podiam ser transferidos rapidamente em euros para Bogotá sem nenhum tipo de fiscalização."[5]

Após o 11 de Setembro, a Itália de Maria Sandra Mariani se tornou o principal centro de distribuição e lavagem de dinheiro do tráfico de cocaína. Informações obtidas junto à agência de segurança pública Guardia di Finanza, por exemplo, demonstram que, entre 2001 e 2004, a lavagem de dinheiro na Itália aumentou 70 por cento.[6] Assim, com o novo milênio, veio o advento de uma Era de Ouro para a lavagem de dinheiro na Europa, tudo graças à Lei PATRIOT e aos inteligentes estratagemas da 'Ndrangheta para burlá-la. Todavia, o envio de cocaína da Colômbia para a Europa se revelou muito mais problemático do que lavar o dinheiro sujo do tráfico no Velho Continente, conforme demonstrado pela Operação Decollo.

DA COSTA DO OURO À COSTA DA COCA

No outono de 2003, graças a uma operação secreta que durou três anos, codinominada *Decollo* (Decolagem), uma armadilha policial com agentes infiltrados entre os traficantes, a Guardia di Finanza realizou um grande avanço no combate ao tráfico internacional de drogas. Aliás, o sucesso da operação se deveu a um golpe de sorte na forma de participação de um informante — um acontecimento raro quando se lida com a 'Ndrangheta. O informante tinha revelado que um grande carregamento de cocaína estava para chegar, junto com uma carga de mármore colombiano, ao Porto de Gioia de Tauro, na Calábria, situado bem nas entranhas do território controlado pela 'Ndrangheta.

Os *finanzieri* acharam, escondidos dentro dos blocos de mármore, 5.500 sacos de cocaína hermeticamente lacrados, cada um deles pesando um quilo. Com um exame da documentação do capitão do navio, eu soube que a Miguel Diez, uma empresa de importação e exportação de fachada estabelecida pelo cartel das drogas colombiano, tinha fretado o navio. A empresa de navegação, a dinamarquesa Danish Maersk Line, não tinha a mínima ideia da verdadeira natureza da carga, tampouco a tripulação e o capitão do navio.

O que aconteceu nesse dia foi excepcional. Para cada carga ilegal descoberta, outras centenas, ou talvez milhares, de carregamentos passam despercebidas pelos portos.[7] Portanto, sem um informante, teria sido impossível localizar a carga de cocaína. No entanto, o sucesso da operação policial revelou a fragilidade da ideia de se confiar em entregas diretas de cargas a destinos europeus na conjuntura mundial que se estabeleceu após a tragédia do 11 de Setembro. O aumento das medidas de segurança na

Europa após esse ataque terrorista e os ataques do terror em Madri e Londres confirmaram a necessidade de se buscarem rotas alternativas, bem como de se usarem novos países como pontos de distribuição, visando-se fazer com que a cocaína fosse levada da América Latina para a Europa. A Venezuela e a África ocidental se revelaram lugares ideais.[8]

Desde meados da década de 1990, o cartel das drogas colombiano vinha trabalhando para estabelecer boas relações com políticos no entorno da Venezuela, cumulando-os de dinheiro, investimento que acabou se revelando muito proveitoso a ponto de, logo depois de ter sido eleito em 1998, Hugo Chávez oferecera refúgio em seu território a grupos armados e criminosos envolvidos com o tráfico de cocaína colombiano. Depois de 2001, chegou a incentivá-los a transferir suas plantações de cocaína para o outro lado da fronteira.[9] Assim, quando, no fim de 2001, o cartel pensou em usar a Venezuela como um de seus principais pontos de distribuição clandestina de cocaína para a Europa pela África ocidental, pôde contar com grande apoio do país e uma boa infraestrutura.

Como seu centro de distribuição na África, o cartel escolheu a Guiné-Bissau, cujo território é parte do que se conhecia outrora como a Costa do Ouro, aquela infame faixa da região ocidental africana onde escravos eram levados de navio para o Novo Mundo. Daniel Ruiz, homem que, em 2006, era representante das Nações Unidas na Guiné-Bissau, denunciou o aumento do tráfico de cocaína na república bissanense, observou que as características do país tornavam muito difícil a tarefa de detectar a presença de cargas ilegais em seu território. "Geograficamente falando, a Guiné-Bissau foi uma boa escolha para se estabelecer um ponto de distribuição. É plana, com um arquipélago de oitenta ilhas, todas cobertas por uma densa floresta e oferecendo fácil acesso pelo mar. O país contava com vinte e sete pistas de aviação construídas pelos portugueses durante suas guerras coloniais, ideais para pequenos aviões partindo da Venezuela em sua travessia do Atlântico com cargas de cocaína a bordo. Por fim, a Guiné-Bissau foi um importante entreposto de pesca. Desse modo, seus portos tinham gigantescos armazéns vazios, nos quais o cartel podia armazenar a cocaína."[10]

O modelo de negócio estabelecido pelo cartel era não sofisticado, mas eficiente também. "Havia sempre duas vias de transporte: uma delas de pequeno porte, com o emprego de 'mulas' — africanos que engoliam pequenas quantidades de cocaína e viajavam de avião —, transportes que geravam dinheiro para os políticos corruptos e a polícia local. E outra de grande porte: carregamentos de toneladas de cocaína escondida em contêineres, em remessas de cargas de produtos primários sendo levadas de navio para a Europa", conta Ruiz.

Porém, quando os homens do cartel desembarcaram na Guiné-Bissau, descobriram outra inesperada alternativa, ou seja, uma saída para contrabandear grandes quantidades de cocaína, canal que se mostrou muito eficiente e lucrativo: por terra, através das velhas rotas de contrabando transaarianas, escondendo a cocaína dentro de caminhões e grandes utilitários esportivos. Essas eram as mesmas trilhas de terra que, anos depois, os sequestradores de Maria Sandra Mariani usariam para alcançá-la e raptá-la.

"Eu sabia que no deserto do Saara havia muitas operações de contrabando. Às vezes, Aziz apontava para contêineres vazios deixados na areia e dizia: 'Está vendo isso? São de contrabandistas; eles devem ter feito uma parada aqui.' Eles contrabandeavam toda espécie de coisa, como petróleo, cigarros, haxixe, tudo para o que houvesse demanda", disse Mariani. Mas eles contrabandeavam também cocaína, que pessoas como Mariani ignoravam.

De acordo com fontes confiáveis: "toda a extensão da crescente ligação entre os jihadistas e os cartéis da América Latina ficou evidente quando, em 2009, oficiais militares localizaram um Boeing 727 incendiado no meio do deserto no Mali. Haviam enchido o avião com cocaína e outros tipos de contrabando na Venezuela, atravessaram o Atlântico, fizeram um pouso forçado no deserto e o incendiaram para destruir provas."[11] Naquele mesmo ano, apenas dois antes de Mariani ter sido sequestrada e levada para Mali, a Agência das Nações Unidas de Repressão ao Tráfico de Drogas e ao Crime Internacional (UNODC, na sigla em inglês) estimou que entre cinquenta e sessenta toneladas de cocaína chegavam anualmente à Europa via África ocidental, onde eram contrabandeadas pelas rotas transaarianas, cargas que respondiam por cerca de 13 por cento do total comercializado na Europa. Drogas destinadas ao Velho Continente chegavam à África vindas da Colômbia, de longe o mais importante entre os países latino-americanos atuantes no setor, mas vinham também do Peru, Bolívia, Venezuela e Brasil.[12]

Desde o início, entre 2002 e 2003, foi fácil para a vasta rede de traficantes africanos — que já controlava as rotas de contrabando transaarianas do Sahel que ligavam a parte ocidental da África às praias mediterrâneas — passar a explorar o novo negócio que o cartel colombiano havia levado para a África ocidental. Em sua maioria, os contrabandistas eram da Argélia, Mauritânia, Mali e Marrocos, entre os quais havia vários grupos de jihadistas. Seu centro de operações era em Gao, uma cidade localizada às margens do Rio Níger, no nordeste do Mali. Em pouco tempo, Gao se tornou um dos principais centros de transbordo no tráfico de cocaína para a Europa. De Gao, a caravana das drogas rumava para o Norte, atravessando o deserto do Saara, visando alcançar, principalmente, as praias mediterrânicas da Líbia. Em fevereiro de 2011, Maria Sandra Mariani viajou na companhia de seus sequestradores justamente na direção oposta.

O negócio do tráfico de cocaína era muito lucrativo e reavivou ainda mais as antigas rotas de contrabando, impulsionando as economias locais do Sahel numa época de grande dificuldade econômica. Todavia, embora essas atividades houvessem servido para manter os negócios locais a salvo de um naufrágio geral, desestabilizaram ainda mais uma região que, desde a queda do Muro de Berlim, tinha ficado politicamente à deriva. Aliás, Guiné-Bissau era das mais vulneráveis. "O terceiro país mais pobre do mundo, com uma taxa de analfabetismo de 60 por cento e sem quase nenhuma fonte de geração de energia, Guiné-Bissau havia se tornado uma das muitas vítimas do desmantelamento do Bloco Soviético. Em 1998, depois do esboroamento de seu governo marxista, o país mergulhou numa guerra civil. Numa situação como essa, foi fácil para o cartel colombiano comprar a elite política, bem como a força policial, e assim decidir o resultado das eleições de 2005", explicou Daniel Ruiz.

A inexistência de uma forte autoridade governamental e a importância das lealdades pessoais, tribais e étnicas facilitaram também o objetivo dos contrabandistas de prosseguirem com seus negócios sem serem incomodados e de formarem uma rede de autoridades corruptas — uma medida essencial para garantir a passagem de drogas ilegais pelo país. Por fim, os lucros com essas atividades, gastos por eles na própria região, fizeram com que conquistassem o respeito das tribos locais. Assim como na Cornualha, no século XVIII, foi fácil ressuscitar essa prática no Sahel, visto que há séculos as atividades de contrabando estavam no sangue das pessoas dessa região africana. "Antes mesmo que o tráfico de escravos prosperasse, os povos da África setentrional e ocidental comungavam no apego a fortes tradições de contrabando através do Sahel, tradições que tinham sobrevivido à globalização", escreveu Colin Freeman no *The Daily Telegraph*.[13] Após a queda do Muro de Berlim, por exemplo, a economia do Mali ficou totalmente dependente do contrabando de produtos argelinos, que eram mais baratos, pois eram subsidiados pelo governo militar da Argélia.[14]

Numa situação como essa, o tráfico de drogas no Sahel não só prosperou, mas se tornou também praticamente a única atividade econômica da região. Era apenas uma questão de tempo para que esses contrabandistas adicionassem um novo produto ilícito às suas práticas maléficas: comércio de seres humanos. Afinal, segundo pensavam, estrangeiros como Mariani, sequestrados para fins de extorsão financeira, e migrantes lhe pagariam um bom dinheiro para serem traficados e escapar da hostil desestabilização da África ocidental.

O *MODUS OPERANDI* DA AL-QAEDA
NO MAGREB ISLÂMICO

Levou uma semana para que Maria Sandra Mariani chegasse ao seu destino final: um acampamento no norte do Mali. Durante a viagem, ela percebeu que seus sequestradores sabiam muito bem como se orientar pelo Saara. "Ao longo da viagem, eles paravam para armazenar mantimentos, gasolina, estepes nos esconderijos do deserto. Sabiam exatamente onde ficavam os suprimentos e como tirá-los de lá", diz ela. Mariani não sabia, mas seus sequestradores tinham despendido quase uma década aperfeiçoando o transporte de reféns pelo deserto do Saara.

Por um lado, a Al-Qaeda no Magreb Islâmico foi criada com os rendimentos das operações de contrabando e, por outro, com o dinheiro de resgate obtido com o primeiro grande sequestro de estrangeiros na região. Em 2003, o Grupo Salafista de Pregação e Combate (GSPC),[15] uma facção do argelino GIA, tinha sequestrado trinta e dois europeus, os quais levara para o norte do Mali. Seu líder era Mokhtar Belmokhtar, um ex-mujahid argelino caolho. Quando os países europeus pagaram 5,5 milhões de euros pela libertação de seus reféns, Belmokhtar usou parte do dinheiro do resgate para financiar a AQMI.[16] Depois disso, um número absurdo de pequenos grupos jihadistas e de criminosos, incluindo o GSPC, se aliou à nova organização.

Em vista do fato de que a AQMI não tinha nenhuma ligação com os tradicionais financiadores da Al-Qaeda na região do Golfo Pérsico, desde o início ela se autofinanciou por meio das várias atividades ilegais de seus membros na África ocidental e no Sahel, principalmente as rentabilíssimas operações de contrabando e sequestro de estrangeiros. Analistas estimam que a AQMI gastava cerca de 2 milhões de dólares por mês com armas, veículos e compensações dadas a famílias cujos filhos haviam entrado para *katibas* locais ou unidades de combate. Em 2012, as Nações Unidas informaram que famílias do norte do Mali recebiam cerca de 600 dólares mensais por soldado juvenil cedido aos grupos de combate, seguidos de pagamentos mensais de 400 dólares se o jovem permanecesse na ativa.[17] Portanto, os custos de recrutamento eram altos.

A atitude de pagar imensas quantias advindas de lucros de atividades ilegais e de assalariar bem os membros de sua *katiba* tornou Belmokhtar muito famoso e benquisto dentro da AQMI. Anos antes, em fins da década de 1990, com a lucrativíssima rede de contrabando criada por ele estendendo-se da Argélia ao Mali, o contrabandista acabou ganhando o apelido de "sr. Marlboro", em razão dos cigarros que traficava. De acordo com Jean-Pierre Filiu, professor do Departamento de Estudos do Oriente Médio da Escola de

Assuntos Internacionais de Paris, a popularidade de Belmokhtar se deveu também à decisão de fomentar suas relações com as tribos do deserto por meio de alianças matrimoniais, evitando extorquir dinheiro das populações locais, ao contrário do que o GSPC fez em seu reduto em Kabylia,[18] localidade situada na região de montanhas dos Atlas Telianos, no norte da Argélia. O curioso é que, quase vinte anos depois, tanto na Síria quanto no Iraque, o Estado Islâmico — conhecido também como Estado Islâmico do Iraque e da Síria (Levante) ou ISIS, na sigla em inglês — poria em prática uma estratégia semelhante para obter a aceitação unânime de suas políticas pelas tribos locais.

De fato, para compensar a perda de receitas por causa de sua decisão de não extorquir as populações locais, Belmokhtar em 2003 ampliou suas atividades, passando a sequestrar estrangeiros, enquanto continuava envolvido no tráfico de drogas e armas.[19] Antes de 2003, o sequestro de cidadãos estrangeiros nunca havia sido considerado um negócio lucrativo na região, principalmente se levarmos em conta que o contrabando de cocaína para as praias do norte da África gerava boas receitas. Contudo, o sucesso dos primeiros sequestros em 2003 foi para os criminosos e a comunidade jihadista uma prova de que valia a pena abraçar esse novo negócio.[20]

Ao contrário do contrabando de cocaína, o sequestro de estrangeiros era um negócio que a AQMI podia controlar sozinha, sem ter que se envolver com organizações externas, tais como o cartel de drogas colombiano. Assim, em pouco tempo suas receitas superaram os lucros obtidos com o contrabando de drogas, tanto que, de acordo com uma investigação do *The New York Times*, de 2003 até 2011, ano em que Mariani foi sequestrada, a AQMI havia acumulado uma fortuna de 165 milhões de dólares com o dinheiro de resgates.[21]

A presença de estrangeiros na região era enorme. Antes da captura, nenhum dos reféns tinha a mínima ideia de quanto o Sahel se tornara perigoso no espaço de apenas alguns anos, tampouco sabia que as rotas transaarianas eram movimentados canais de contrabando de cocaína e tráfico de migrantes. Tal como Maria Sandra Mariani até a ocasião do próprio sequestro, eles ignoravam o risco que corriam viajando para essas áreas. "Poucos dias antes de minha partida para a Argélia, assisti a um programa no France 24 sobre dois reféns franceses que tinham sido sequestrados no Sahel seis meses antes. Sarkozy disse que a França não pagaria nenhum resgate", diz Mariani. "Achei que para ele era fácil dizer isso, mas, para aqueles reféns, o resgate significava a diferença entre a vida e a morte. Contudo, jamais achei que algo assim pudesse acontecer comigo. Afinal, havia cinco anos que eu vinha fazendo visitas ao deserto argelino e nunca me sentira alvo de algum tipo de ameaça."

Os governos do Ocidente conseguiram manter o crescente problema dos sequestros longe dos meios de comunicação, reforçando assim um falso senso de segurança com relação à aldeia global não só em turistas como Mariani, mas também entre jornalistas.[22] Desse modo, notícias de pessoas sendo sequestradas eram apresentadas como casos isolados, excepcionais, naquela que, normalmente, era uma região tranquila e segura da África. Por isso mesmo também, o público não sabia que o cartel de drogas colombiano tinha estabelecido novas rotas de tráfico através do Sahel e que uma nova espécie de criminoso estava florescendo nessa região, tampouco que organizações jihadistas vinham enriquecendo com ambos os negócios.

Em pouco tempo, o negócio de sequestros de estrangeiros ficou tão lucrativo que, no Afeganistão, a central da Al-Qaeda elaborou e divulgou instruções para orientar sua prática em outras regiões, incentivando grupos jihadistas afiliados seus a entrar para o negócio de sequestros de ocidentais, imitando a AQMI no Sahel. Dali por diante, o sequestro de estrangeiros ficou conhecido como o *modus operandi* da Al-Qaeda no Magreb Islâmico, um modelo de extorsão que, tal como veremos, foi copiado em todo o mundo jihadista.[23]

Os métodos de ação da AQMI se centravam no sequestro de estrangeiros em regiões sem a existência de órgãos de segurança e administração pública decentes, estados falidos ou semifalidos, regiões que, no Sahel, eram muitas, entre as quais se enquadravam o Níger, o sul da Argélia, a Mauritânia, o Mali e outros mais. O acesso da AQMI a um esconderijo seguro no norte do Mali, uma dessas regiões semifalidas, era algo fundamental também. Contudo, os maiores fatores de seu sucesso eram uma rigorosa divisão do trabalho e uma disciplina severa dentro da organização.

Mariani e todos os outros reféns foram sequestrados por membros da organização pouco qualificados e de baixo escalão. Normalmente, essas pessoas agiam com base nas ordens que recebiam de seus chefes e não podiam tomar decisões práticas com relação à vida dos sequestrados. E um grupo de pessoas ainda menos qualificadas cuidava dos reféns nos acampamentos. Esses homens extremamente simples dividiam tudo com os reféns, incluindo alimentos. "Os que cuidaram de mim eram pessoas muito, muito simples", disse Mariani. "Tinham receio até de olhar de soslaio para mim quando vinham me trazer comida. Eram todos muito religiosos e rezavam cinco vezes por dia, sempre na mesma hora. Não faziam muita coisa além de rezar."

Com o passar dos meses, os carcereiros de Mariani passaram a tratá-la com uma grosseria cada vez maior. Diziam que queriam o dinheiro deles, sua parcela do resgate, e que estavam ansiosos para deixar o campo — voltar para suas casas e gastar o dinheiro. Apesar da impaciência, da grosseria e do tédio, nenhum de seus captores lhe causou algum tipo de ferimento ou dano físico. Ao contrário, depois que ela foi picada duas vezes por um escorpião, eles providenciaram uma cama de lona dobrável para ela e quando, certa noite, ela acordou com uma cobra enroscada na cabeça, dali por diante eles passaram a vistoriar suas acomodações todas as noites para se certificarem de que não havia nenhuma cobra na barraca.

Uma das poucas tarefas de seus carcereiros era manter Mariani separada dos outros reféns no acampamento. "Eu sabia que havia outros dois reféns ali, os dois franceses que eu tinha visto no France 24. Eu os tinha visto a distância, mas não pudemos conversar uns com os outros; éramos mantidos em extremidades opostas do acampamento", contou Mariani. De fato, Mariani foi mantida em cativeiro no mesmo acampamento em que ficaram Marc Féret e Pierre Legrand, os quais seriam libertados em outubro de 2013.

Quando chegava a hora de negociar o resgate, somente membros do alto escalão da AQMI participavam da negociação. Ao contrário dos carcereiros, esses homens eram sofisticados, muito instruídos e, geralmente, cuidavam de várias negociações ao mesmo tempo. O negociador do resgate de Mariani foi Abu Alid Saravi. Ele falava vários idiomas, tinha diploma universitário e era um saarauí,[24] membro de um povo autóctone do sudoeste da Argélia. Depois que foi libertada, enquanto era interrogada, Mariani se deu conta de que ele era um dos sequestradores de outra italiana, Rossella Urru. "Eu disse várias vezes ao serviço secreto que ele era o mesmo sujeito que sequestrou Rossella, mas os agentes relutaram em acreditar em mim", diz Mariana. Urru foi sequestrada em 23 de outubro de 2011, junto com dois trabalhadores espanhóis de ajuda humanitária, Ainhoa Fernández de Rincón e Enric Gonyalons, que trabalhavam num campo de refugiados dos saarauís em Tindouf, no sudoeste da Argélia. A essa altura, Abu Alid tinha deixado a AQMI para ingressar num grupo dissidente dessa organização, formado principalmente por saarauís argelinos, conhecido como Movimento pela Unificação da Jihad na África Ocidental (MUJAO). O sequestro dos três trabalhadores de ajuda humanitária foi o primeiro ato terrorista do MUJAO, e Mariani tem certeza de que foi Abu Alid quem arquitetou a operação.

"Não vi Abu Alid uma única vez sequer durante o verão de 2011. Quando ele voltou, no começo de outubro, não usava mais barba e parecia muito diferente. Quando lhe perguntei onde estivera, ele respondeu que tinha deixado a África, que fizera uma viagem ao exterior. Acredito que ele tinha sumido por um tempo para organizar o sequestro de Rossella Urru e dos outros reféns."

Antes de outubro de 2011, Abu Alid fizera várias visitas a Maria Sandra Mariani no cativeiro para atualizá-la do andamento das negociações para sua libertação. Era educado e comunicativo nessas ocasiões, tendo mencionado várias vezes que os italianos não estavam cooperando, talvez porque ela fosse apenas uma turista. Alegou que tinha entrado em contato com o governo italiano em 17 de fevereiro de 2011, mas que não obtivera resposta de ninguém. Assim, em junho de 2011, ele procurara a família de Mariani, a qual, por sua vez, tentou estabelecer um contato direto com o governo de Berlusconi.

"A certa altura, deram à minha irmã o número de um telefone para falar diretamente com Berlusconi", conta Mariani. "Quando ligaram para esse número, uma secretária atendeu. Disse que o presidente estava ocupado com a campanha eleitoral e recomendou que voltassem a ligar após o pleito. Quando pedi a Abu Alid que me mostrasse o número, eu soube que não era de um telefone celular, mas de um telefone fixo. Eles tinham dado à minha família o número do telefone da secretária de Berlusconi! Mais tarde, minha irmã admitiu que, no verão de 2011, o Ministério das Relações Exteriores pedira à minha família que tivesse paciência, pois eles estavam lidando com dezenove sequestros ao mesmo tempo."

Tal como veremos nos capítulos seguintes, realmente os governos tratam os casos de sequestro por ordem do grau de importância dos reféns e vinculam a cada um deles uma indicação do valor do resgate que estariam dispostos a pagar para salvar suas vidas. Em outras palavras, não apenas sequestradores, mas também governos, dão preços diferentes a reféns diferentes, lançando mão de critérios em que uma vida vale mais do que outra.

Capítulo Dois

Alimentando os Ursos

Em 18 de julho de 2012, depois de terem ficado nove meses no cativeiro, Rossella Urru, Ainhoa Fernández de Rincón e Enric Gonyalons foram libertados, ao passo que Maria Sandra Mariani permaneceu no cativeiro durante quatorze meses. De acordo com os sequestradores, os governos da Espanha e da Itália pagaram 15 milhões de euros para libertar os três reféns.[25] Ficou claro, portanto, que a libertação de trabalhadores de ajuda humanitária tinha prioridade sobre a libertação de turistas.

Sequestradores conhecem muito bem a forma pela qual governos classificam a importância de reféns. O MUJAO, por exemplo, escolheu Urru, Fernández de Rincón e Gonyalons como vítimas de sua primeira operação de sequestro de propósito, objetivando causar o maior impacto possível. Os reféns trabalhavam para organizações de ajuda humanitária sediadas em diferentes países: Urru para o *Comitato Internazionale per lo Sviluppo di Popoli* (CISP), Fernández de Rincón para a *Asociación de Amigos del Pueblo Saharaui de Extremadura* e Gonyalons para a ONG basca Mundubat. Eles foram raptados no interior de um campo de refugiados de saarauís e,[26] por causa disso, foi muito chocante não apenas para o público italiano e espanhol, mas também para a comunidade de ajuda humanitária internacional. Existem cinco campos de refugiados saarauís na África, todos perto de Tindouf, cidade próxima à fronteira entre a Argélia, o Marrocos e a Mauritânia, e a população local depende principalmente de ajuda humanitária para a própria subsistência, já que atividades de geração de renda são muito escassas na região. Segundo estimativas de 2015, havia 165 mil refugiados nesses campos. Com a atitude de pôr esses trabalhadores humanitários na mira de suas operações de sequestro, o MUJAO deu um recado claro: dali por diante, os campos de refugiados saarauís — terreno fértil para o recrutamento de jihadistas — seriam áreas proibidas às atividades das ONGs.

Os sequestros visavam a três objetivos: livrar os campos de refugiados saarauís da presença de organizações de ajuda humanitária do Ocidente; libertar alguns jihadistas ligados ao grupo terrorista e a obtenção de dinheiro de resgate. A libertação de um único turista como Maria Sandra Mariani jamais poderia ter sido condicionada a exigências como essas.

Os três reféns foram levados para um acampamento diferente daquele em que Mariani estava, embora localizado também no norte do Mali, acampamento controlado, por sinal, pelo MUJAO, e não pela AQMI. Em 10 de dezembro de 2011, um vídeo mostrando os três trabalhadores de ajuda humanitária com homens armados e rostos encobertos no plano de fundo começou a circular pela Internet. Contudo, negociações para libertá-los haviam começado antes, talvez logo depois de terem sido sequestrados, e iniciadas por suas próprias organizações humanitárias. "É o procedimento padrão", explica um negociador europeu que entrevistei.[27] "Organizações de ajuda humanitária têm um programa para lidar com essa situação e sabem o que fazer." No entanto, somente grandes organizações de ajuda humanitária têm condições financeiras para pôr em prática um programa de segurança apropriado. Pequenas ONGs não têm dinheiro ou capacidade organizacional para fazer isso e, portanto, precisam contar com governos para negociar a libertação de seus integrantes tomados como reféns.

ENFRENTANDO SITUAÇÕES DE EMERGÊNCIA

Na década de 2010, a onda de sequestros levou doadores de campanhas humanitárias a exigir que as ONGs criassem programas de segurança, contratassem consultores para lidar com casos de sequestro e qualificassem funcionários. "Foi uma medida muito boa", afirma Liban Holm, membro da equipe de Segurança Global do Conselho Dinamarquês de Refugiados (DRC, na sigla em inglês), uma das maiores e mais bem-dotadas ONGs do mundo, financeiramente falando. "Essa medida incentivou a comunidade de organizações humanitárias a desenvolver programas de segurança específicos."[28] Por exemplo, o DRC, em seu planejamento, valeu-se muito de sua experiência com o sequestro de dois de seus trabalhadores humanitários em 2011, a americana Jessica Buchanan e o dinamarquês Poul Hagen Thisted, por um grupo de piratas somalis que havia transferido suas atividades para terra firme.

Os dois trabalhadores de ajuda humanitária, cuja tarefa era aumentar a conscientização sobre a forma de se evitarem acidentes com minas terrestres, estavam servindo no norte da Somália, mas o sequestro aconteceu quando voltavam para a região sul, uma parte do país mais perigosa e para a qual tinham se dirigido com o objetivo de fazer um treinamento. Em seu livro *Impossible Odds*, Buchanan fala sobre a questão do modo pelo qual a segurança em torno da viagem poderia ter sido melhorada. "O plano da minha ONG é para que eu siga de avião de Hargeisa para Galkayo do Norte, onde, por uma questão de segurança, a viagem do Norte para o Sul deverá ser feita numa caravana com três veículos. A caravana de segurança é a nossa forma tradicional de viajar, e não me surpreende nem um pouco o fato de que é assim que estou viajando agora. Mas algo que meus colegas não me disseram é que, nessa região, estrangeiros correm o risco de sequestro e que nosso destino fica a cerca de quinhentos metros de distância de um conhecido covil de piratas." [29]

Provavelmente, os piratas souberam que Buchanan e Thisted iriam realizar a sessão de treinamento e decidiram sequestrá-los. É um procedimento corrente entre grupos criminosos em áreas de grande instabilidade.

Desde o episódio, o DRC tem feito grandes esforços para melhorar seus programas de segurança destinados a lidar com situações de emergência, tanto a partir de sua sede em Copenhague quanto no próprio local dos fatos, onde quer que ocorram os sequestros. São situações enfrentadas por equipes capazes de entrar em operação com extrema rapidez. "Temos equipes preparadas para lidar com situações de emergência tanto a partir de nossa sede quanto nos países em que operamos", explica Holm. Em outras palavras, elas agem com plena consciência de quanto podem ser importantes as primeiras horas após um sequestro para se determinar o encaminhamento do desfecho do caso.

Ademais, o Conselho Dinamarquês de Refugiados providenciou para que, além de poder contar com sua própria capacidade interna para o enfrentamento de crises, a ONG possa socorrer-se do apoio de uma equipe especializada externa. O relacionamento entre a equipe de emergência e a empresa de seguros é crucial. Como parte da preparação para lidar com situações emergenciais, membros da equipe de segurança se reúnem regularmente com especialistas em antissequestro, quase sempre informalmente, durante um jantar, para conversar sobre os desdobramentos políticos relacionados ao caso e o risco de ocorrência de sequestros nos trinta e sete países em que o DRC opera.

Durante a troca de informações, a contribuição de trabalhadores de ajuda humanitária é também essencial para a empresa de seguros, já que os trabalhadores dessas missões podem fornecer informações úteis sobre as regiões onde estão atuando. Esse sólido relacionamento é construído com o tempo, visando evitar situações em que, por exemplo, alguém é sequestrado na Somália e a empresa de seguros acaba enviando um especialista em antissequestro estabelecido no Afeganistão. Em qualquer ocasião a unidade de enfrentamento de emergências do DRC sabe exatamente a quem recorrer para lidar com problemas em cada um desses lugares.

Em 2003, quando a AQMI sequestrou os trinta e dois europeus, e até mesmo em 2011, quando Rossella Urru foi sequestrada, ninguém tinha criado um programa de segurança tão complexo e eficiente. Além disso, naquela época, a função dos especialistas e das famílias das vítimas não era considerada tão essencial quanto hoje. Mas a orientação de especialistas em sequestro e resgate é fundamental: eles têm ampla experiência no ramo, já que lidam com centenas de sequestros ao longo de suas carreiras, enquanto a experiência das organizações humanitárias pode limitar-se apenas a alguns casos de sequestro, se houver. Holm acha crucial também a participação da família: "Quando as famílias participam, a presença de um tarimbado especialista serve para confirmar que estamos fazendo a coisa certa." Em outras palavras, essa participação reforça a estratégia adotada pela organização de missões humanitárias e ajuda a incentivar a família a abraçar o programa de enfrentamento do problema.

O relacionamento entre as ONGs e os governos dos países de origem dos reféns pode ser muito difícil. "Nós sempre explicamos nossa estratégia a eles e por que seríamos as melhores pessoas para enfrentar o problema do sequestro com base numa estratégia de busca de ajuda dos moradores da comunidade de origem dos sequestradores", explica Holm. Contudo, alguns governos encontram muita dificuldade em deixar que organizações de ajuda humanitária façam isso, querem assumir o controle da situação, principalmente porque essas organizações não se envolvem em negociações diretas com os sequestradores. Por outro lado, outros governos preferem não ter nenhum envolvimento direto com o caso. Negociações de libertação de reféns são problemas muito arriscados para os governos por causa do interesse que esses crimes despertam na opinião pública; além do mais, geralmente os governantes não têm nenhum conhecimento da área e da população em que se deu a ocorrência, ao contrário das ONGs. Portanto, na maioria dos casos, quando surge a necessidade de lidar com sequestros, eles costumam sentir-se impotentes e simplesmente empacam. Isso pode ser — e quase sempre é — desastroso. A estratégia de "esperar para ver" é, na maioria das vezes, justamente o que não deveriam fazer.

Países que não pagam resgates "oficialmente" costumam intrometer-se menos nos casos, mas não são necessariamente menos ativos na solução do problema. No caso de Buchanan e Thisted, por exemplo, os americanos tinham um plano para resgatar os reféns. No entanto, o DRC não havia sido informado de que os Seals, unidade de operações especiais da Marinha americana, iriam realizar uma operação de resgate. Quando Buchanan ficou muito doente, ninguém se surpreendeu quando realizaram a operação de resgate. Felizmente, a missão de resgate foi um sucesso. De um modo geral, essas operações apresentam altas taxas de insucesso, tanto que uma em cada três fracassa e provoca a morte dos reféns ou dos que tentam libertá-los. Daí o fato de serem usadas de forma tão limitada.

Naturalmente, o DRC, uma organização de ajuda humanitária, jamais teria colaborado para a realização de uma operação de resgate militar armada. Sua forma de lidar com sequestros e negociações é muito, muito diferente da empregada por governos. Sobretudo porque o DRC é contra o pagamento de resgate. "Se você aceita pagar resgate, acaba estabelecendo um preço para a vida humana", explica Holm. Segue-se daí que o DRC não classifica os reféns segundo uma escala de valores; para essa organização, todas as vidas são igualmente importantes.

Visto que, para os sequestradores, os reféns são um investimento que os faz incorrer em despesas já a partir do momento do sequestro em si, as negociações podem ser feitas com base nestas variáveis de custo: transporte, alimentação, despesas com auxiliares e outras coisas mais. Essa forma de tentar solucionar o problema, apenas ressarcindo os sequestradores, teria salvado Buchanan e Thisted? Teria feito com que Rossella Urru, Ainhoa Fernández de Rincón e Enric Gonyalons pudessem voltar para casa sem a necessidade de se gastar 15 milhões de euros do dinheiro dos contribuintes? É impossível saber, mas, com certeza, como governos pagam somas tão altas, fica sempre mais difícil para as ONGs buscarem estratégias alternativas para solucionar o problema. "Se você der comida aos ursos, eles sempre voltarão ao acampamento",[30] escreveu Amanda Lindhout em seu livro *A House in the Sky*, em que relata seu caso de sequestro na Somália.

Logo depois do sequestro de Buchanan e Thisted, os funcionários da DRC mobilizaram a população local. Elas pediram ajuda aos anciãos locais, providenciando uma aproximação entre os clãs rivais. Explicaram que esses tipos de ação não eram bons para ninguém, principalmente para a população local, muito necessitada da ajuda fornecida por programas humanitários, cujos membros, geralmente, são forçados a encerrar suas atividades depois de um sequestro. Em última análise, o sequestro de um trabalhador de missão humanitária é um problema com o qual líderes locais devem envolver-se na busca de uma solução. Portanto, a política de ação do DRC é procurar contar com a participação da população local. No caso de Buchanan e Thisted, por exemplo, a equipe de emergências soubera que os sequestradores viviam mudando o cativeiro dos reféns, transferindo-os para outros lugares, fato que os levara a concluir que só podia ser um sinal de que o apoio que os criminosos tinham por parte da população era limitado. Eles eram piratas com parentes na comunidade que tinham se mudado para terra firme, pois os negócios estavam ruins nos mares. Foi assim que os ex-piratas tomaram conhecimento da presença de trabalhadores de ajuda humanitária estrangeiros na localidade. O DRC obteve essa informação graças às estreitas relações que mantinha com as autoridades e a população locais. Serviços secretos dos países dos reféns jamais teriam tido acesso a essas pistas.

O modo de agir do DRC, que poderia ser considerado "suave" em comparação com a política de enfrentamento de sequestros por parte de governos, se baseia em alguns princípios fundamentais: a vida de um ser humano não tem preço; missões de resgate armadas devem ser evitadas e que é sempre possível achar uma solução pacífica para um sequestro envolvendo a participação da população local nas negociações. Portanto, para o DRC, ações de sequestro devem ser tratadas como fenômenos isolados e, pois, enfrentados dentro do âmbito restrito em que ocorrem.

De um modo geral, a estratégia usada por governos para enfrentar o problema do sequestro de seus cidadãos não é tão bem estruturada quanto a empregada pelas principais organizações de ajuda humanitária quando seus funcionários são vítimas desse tipo de ato criminoso. Quando os reféns são de países que costumam pagar resgate, tais como Itália e Espanha, seus governos sempre controlam a negociação e pagam o resgate, desprezando qualquer participação das ONGs na solução do caso. Já pequenas organizações de ajuda humanitária não veem nenhum problema em transferir a tarefa para autoridades governamentais, principalmente quando seu programa de segurança apresenta falhas, como ficou comprovado nos casos de sequestro de Simona Torretta e Simona Pari em 2004.

O CASO DAS DUAS SIMONAS

Em 7 de setembro de 2004, uma unidade de assalto militar invadiu as dependências do escritório da ONG italiana *Um ponte per...* e capturou duas mulheres de 28 anos de idade, Simona Torretta e Simona Pari. As duas reféns e seu caso ficaram conhecidos como as Duas Simonas. Juntamente com dois italianos, os sequestradores levaram consigo também dois colegas iraquianos de ambas, Raed Abdul Aziz e Mahnaz Bassam, que trabalhavam para outra organização de ajuda humanitária, a INTERSOS.[31] No dia seguinte, no site islamic-minbar.com, o grupo Ansar al-Zawahiri (sectários de al-Zawahiri) reivindicaram a responsabilidade pelo sequestro.

"Não foi um sequestro com finalidade política", afirma Karin Weber, trabalhadora de ajuda humanitária aposentada e ex-colega das duas Simonas. "No Iraque, havia dois tipos de sequestro: político e financeiro. Os sequestradores de Simona Torretta e Simona Pari eram criminosos comuns. Eles queriam dinheiro, e nada mais. Por isso, eles as trataram muito bem; [afinal,] as jovens eram mercadoria valiosa." Mas não foi assim que o governo italiano e a mídia caracterizaram o sequestro. De acordo com autoridades do governo italiano e a imprensa, as duas Simonas foram vítimas de jihadistas iraquianos. Tão poderosa foi essa propaganda que o Jamaat al-Tawhid wal-Jihad, o grupo terrorista comandado por al-Zarqawi, chegou a divulgar uma declaração negando responsabilidade pelo sequestro.

Em 2003, Weber estava trabalhando como administrador na *Un ponte per...* em Baçorá. Após a captura de Saddam Hussein, ela redigiu um memorando explicando em detalhes que, no ambiente político do Iraque, em processo de rápida deterioração, a segurança de seus trabalhadores de ajuda humanitária estava em risco, pois o programa de segurança da instituição era frágil. Na sede da *Un ponte per...*, em Roma, Weber recebeu uma resposta que tentava dissipar seus receios. Disse que o Iraque era seguro. Mas Weber tinha razão, tanto que, logo depois da invasão do Iraque, em março de 2003, operações de sequestro se tornaram uma fonte de financiamento das atividades de vários grupos de criminosos e insurgentes.

"O que vimos, principalmente no Sul, onde eu estava estabelecido na época", conta Maiolini, o ex-embaixador italiano no Iraque, "foi um número crescente de sequestros de profissionais liberais e iraquianos ricos realizados por vários grupos." Já no fim de 2003, quando a maioria dessas pessoas havia deixado o país, estrangeiros se tornaram as presas mais cobiçadas. Uma década depois, essa forma de levantamento de recursos se repetiria na Síria durante a guerra civil no país.

"Quando eu disse às duas Simonas que eu estava me exonerando do cargo por causa da falta de segurança, uma delas me acusou de covarde", rememora Weber. "Não me importei com isso. Afinal, ela era jovem e muito inexperiente. Mas eu era uma mulher de meia-idade, com uma sólida carreira profissional no campo da ajuda humanitária. Eu não estava com medo. É que eu sabia quanto havia se tornado perigoso permanecer no Iraque sem um esquema de proteção apropriado." As duas Simonas foram sequestradas dois meses depois que Karin Weber deixou o Iraque.

"Expliquei também a elas que a falta de segurança poderia acabar prejudicando nossa missão humanitária. Quando um trabalhador de ajuda humanitária é sequestrado em zonas de guerra, e em 2004 o Iraque era uma zona de guerra, isso significa que as ONGs passaram a ser visadas por eles. Portanto, por questões de segurança, todo mundo foi retirado do local, ficando para trás apenas os funcionários não essenciais e livres de risco, tais como trabalhadores de ajuda humanitária locais. Um dos mais importantes princípios das Nações Unidas e de todas as ONGs é *não causar danos*. Quando se quer ajudar pessoas, você precisa fazer tudo para evitar prejudicá-las", explica Weber, refletindo a opinião de Holm sobre missões de resgate, consideradas por ela prejudiciais a missões humanitárias.

Tal como previsto por Weber: "O sequestro das duas Simonas provocou a retirada de todas as ONGs do Iraque, deixando a população nas mãos das milícias e dos jihadistas que estavam travando uma sanguinária guerra contra as forças de coalizão.

"O problema com a *Un ponte per...* estava no fato de que essa era uma ONG muito pequena, com não mais de sete pessoas em Roma trabalhando em prol dela e apenas um único contrato: aquele cuja execução as duas Simonas supervisionavam no Iraque. Como não haviam dinheiro para oferecer um esquema de segurança adequado, sua única opção era a retirada de seus funcionários do local. Mas isso implicaria a necessidade de encerrar todas as atividades ali, medida que os levaria a perder os doadores e a ter que demitir todos os trabalhadores da missão, incluindo as duas Simonas. Deixar o Iraque significava perder o emprego de seus sonhos. Assim, resolveram continuar lá, fingindo que o lugar era seguro e ignorando as consequências que o sequestro geraria para a missão de ajuda humanitária como um todo no Iraque."

As duas Simonas permaneceram no Iraque, mesmo depois que os integrantes da missão diplomática italiana foram retirados do país. "Após a tragédia de Nassíria,[32] saímos do Iraque. Portanto, quando as duas Simonas foram sequestradas, não estávamos mais lá. Foi por isso que não participei da negociação para libertá-las", conta o embaixador Maiolini. Talvez isso explique por que a Cruz Vermelha italiana participou das negociações.

"O serviço secreto italiano e a Cruz Vermelha negociaram o resgate. Acho que a Cruz Vermelha contribuiu com 1 milhão de dólares", explica Weber. "Não sei quanto os contribuintes de impostos italianos pagaram. Tudo que sei é que pagaram o resgate." Em 28 de setembro, a Al Jazeera exibiu imagens das duas Simonas sendo recebidas pelo extraordinário representante da Cruz Vermelha, Maurizio Scelli, que as levou de volta para a Itália. "Imagine quantas coisas poderíamos ter feito com o dinheiro do resgate. Poderíamos ter construído escolas, hospitais... Em vez disso, a comunidade de ajuda humanitária teve que fazer as malas e sair do Iraque, enquanto o dinheiro que deveria ter sido empregado na ajuda aos necessitados acabou nos bolsos de uma gangue de criminosos iraquianos", observa Weber.

Com sua estratégia de lidar com sequestros, ou seja, pagando resgate aos sequestradores, os governos negligenciam conscientemente o fato de que esse dinheiro serve para financiar atividades terroristas ou criminosas, incentivando assim mais pessoas a sequestrar estrangeiros. Já a política de organizações de ajuda humanitária, tais como o DRC, para o enfrentamento do problema, consiste apenas em reembolsar as despesas dos sequestradores, não serve para financiar futuras atividades criminosas dessa espécie. Ao mesmo tempo, visam mobilizar os líderes da comunidade local a que pertencem os sequestradores e pôr um fim a esses atos criminosos, buscando uma solução duradoura para o problema dos sequestros em certas regiões do planeta. No entanto, muitas vezes a prática de sequestros se torna uma questão política para os governos, a ser facilmente manipulada para fins de propaganda.

Quando voltaram para seu país de origem, as duas Simonas foram consideradas heroínas da missão das forças de coalizão no Iraque para libertar os iraquianos de um ditador odioso. Foram pintadas num quadro em que apareciam como as pombas da paz sequestradas por jihadistas malignos. Chegaram a estampar a capa da revista *Time*.[33] O governo e a mídia italianos desenvolveram seu caso de vítimas de sequestro nas linhas de uma justificativa ficcional ao ataque preventivo ao Iraque para provar que, realmente, a invasão era algo extremamente necessário e que a presença de soldados no Iraque era fundamental para se levar a paz ao país.

AS CONTRADIÇÕES DO JAPÃO

No Japão, uma recepção totalmente diferente aguardava os três reféns japoneses sequestrados no sul do Iraque em 2004 pelo grupo Saraya Al-Mujahedin (Brigadas dos Mujahedin). Os reféns eram: Noriaki Imai, 18 anos de idade, um dos participantes da Campanha para Abolir o Uso de Urânio Empobrecido que chegou ao Iraque em 1º de abril, planejando estudar os efeitos de urânio empobrecido em crianças das áreas mais pobres do país; Naoko Takato, 34 anos, pacifista e membro de um projeto humanitário que estava em sua terceira viagem ao Iraque para ajudar crianças desabrigadas em Bagdá; e Soichiro Koriyama, um ex-soldado de 32 anos de idade que fora ao Iraque como fotojornalista autônomo para fornecer material à revista japonesa *Asahi Weekly*.

Em vez de terem sido tratados como heróis do humanitarismo, eles foram acusados de ser um motivo de vergonha para o Japão, bem como causadores do próprio martírio, com sua atitude de contrariar o conselho do governo japonês recomendando que não viajassem para o Iraque. Depois que foram libertados, a cada um dos reféns foi apresentada uma conta de 6 mil dólares, referente à despesa com a compra da passagem para seu retorno ao país, embora não incluísse o valor do resgate pago para sua libertação.

No início, os sequestradores exigiram apenas a retirada dos soldados japoneses do Iraque, mas depois decidiram exigir o pagamento de resgate com negociações feitas por intermédio da Associação de Clérigos Islâmicos, um grupo de teólogos sunitas. Em dezembro de 2003, o governo japonês enviara seiscentos soldados à cidade sulista de Samawa. Embora as autoridades governamentais nipônicas houvessem deliberado que o envolvimento direto do Japão com a situação no Iraque deveria restringir-se exclusivamente a ações de manutenção da paz, qualquer participação na Guerra contra o Terror, campanha militar engendrada por Bush e Blair, seria considerada extremamente controversa, e a maior parte da população japonesa continuava a opor-se à guerra naquele país. Aliás, a julgar pela raiva demonstrada contra a ideia de libertação dos reféns, os japoneses eram mesmo avessos a qualquer tipo de envolvimento com a situação no Iraque, mesmo que o objetivo desse envolvimento fosse descobrir fatos que se mostrassem úteis a uma atitude de oposição à guerra nesse país do Oriente Médio.[34] Essa posição um tanto contraditória, reveladora de grande apreensão para com qualquer guerra que não objetive uma reação em legítima defesa, será tratada mais a fundo no Capítulo Treze.

Em 2004, a volta de outro refém japonês para casa, Junpei Yasuda, causou uma indignação semelhante na população japonesa. Yasuda havia deixado o cargo de chefe de reportagem de um jornal de importância regional para dirigir-se ao Iraque na condição de jornalista autônomo, movido pelo objetivo de cobrir a atuação dos soldados nipônicos no país. Sua motivação se originava da pouca atenção dada pela mídia japonesa à guerra no Iraque, fenômeno particularmente notável na maioria dos países que participaram da coalizão militar de Bush.

As duras críticas a Junpei Yasuda quando ele voltou para casa não o impediram de prosseguir na busca da verdade. Em julho de 2015, ele foi sequestrado mais uma vez assim que entrou secretamente na Síria pela fronteira com a Turquia. Ele havia contrariado outra vez o conselho de seu governo recomendando a seus cidadãos que não fossem à Síria fazer reportagens sobre a guerra e questões fundamentais relacionadas com seu país, tais como a execução de Kenji Goto, um jornalista autônomo e amigo de Yasuda, decapitado pelo Estado Islâmico.

Embora a reação da Itália e do Japão aos sequestros de seus próprios cidadãos tivesse sido totalmente diferente, apresentando ambos os estados relatos opostos para justificar seu envolvimento no Iraque e o pagamento de resgates, os dois países negociaram e aceitaram as condições para libertar seus cidadãos. Por isso, o caso das duas Simonas, o primeiro sequestro de estrangeiros no Iraque de grande repercussão, num país que resvalava para um estado de anarquia política pelas mãos de grupos criminosos e jihadistas, bem como o caso do sequestro dos japoneses, mostrou aos insurgentes que o rapto de estrangeiros, principalmente trabalhadores de missões humanitárias e membros da comunidade filantrópica internacional, era um negócio lucrativo que poderia financiar sua violenta insurgência. Esses casos reforçaram a crença de que a maioria dos governos do Ocidente pagaria milhões de dólares para levar seus cidadãos de volta para casa, uma ideia introduzida no país, menos de um ano antes, como resultado do pagamento de resgate para a libertação dos trinta e dois estrangeiros sequestrados pela AQMI. Governos do Ocidente estavam alimentando o vício insaciável dos ursos que continuavam a voltar ao acampamento em busca de mais e mais comida humana.

Entre 2003 e 2004, a temporada de caça a estrangeiros começou para valer e foi migrando de um país para outro, ano após ano, e continuará seguindo essa tendência enquanto os resgates continuarem sendo pagos. Antes, eram os trabalhadores de ajuda humanitária e funcionários das Nações Unidas as presas especiais, mas não demorou muito para que qualquer portador de um passaporte estrangeiro passasse a ser considerado uma presa valiosa também.

Capítulo Três

O Tráfico de Migrantes

Em abril de 2009, o oásis estava transbordante de vida renovada. Era primavera no Saara e, no inverno, as chuvas haviam sido excepcionalmente abundantes. As acácias e os arbustos vicejavam com um verdor e uma fragrância exuberantes. Na primavera, o deserto exala o perfume da renovação da vida, dizem os tuaregues. Mas Robert Fowler e Louis Guay, os dois emissários especiais da ONU no Níger que a Al-Qaeda no Magreb Islâmico tinha sequestrado dois meses antes, não conseguiam sentir o cheiro de nenhuma dessas coisas boas da natureza. Afinal, depois de 126 dias no cativeiro num dos campos de prisioneiros de Mokhtar Belmokhtar, seus sentidos estavam embotados e eles não se importavam mais com isso.

Esse oásis era o local de transferência dos reféns. Trancados no interior da caminhonete em que foram levados para lá, Fowler e Guay viram enxames de combatentes da AQMI cumprimentarem os homens que os mantinham no cativeiro. De vez em quando, alguns dos combatentes, armados com Kalashnikovs, gritavam "Allahu Akbar!". Outros levantavam as armas, apontando-as para o céu, como se para mostrar o poder de armas portáteis ao Criador imaginado por eles. Para o observador de fora, essa reunião talvez parecesse algo surreal e, ao mesmo tempo, uma espécie de comemoração, com os integrantes do exército de esfarrapados, homens fortemente armados pulando de alegria, abraçados uns aos outros como crianças que tivessem acabado de marcar o gol da vitória numa partida de futebol. Todavia, para Fowler e Guay, a alegria de seus captores parecia um sinal de algo muito perigoso e real.

Pouco depois, chegou outro comboio de caminhonetes que trazia duas reféns a bordo de um dos veículos: Marianne Petzold, uma professora de francês aposentada, oriunda de uma cidade próximo a Hamburgo, Alemanha, com 70 e poucos anos de idade, e Gabriella Greiner, uma cidadã suíça com pouco mais de 50 anos. Em janeiro de 2009, elas tinham sido sequestradas perto da fronteira da Argélia com o Mali, juntamente com outros turistas europeus, incluindo o marido de Greiner, Werner. Mas seus sequestradores não pertenciam à *katiba* de Belmokhtar. Eles eram membros de um grupo liderado por seu rival, o outro comandante da AQMI na região do Saara, Abdelhamid Abu Zeid.[35]

De acordo com Fowler,[36] naquele dia de primavera, quando Belmokhtar deu uma olhada no interior de uma das caminhonetes que acabaram de chegar, ficou horrorizado com as condições físicas das duas mulheres. Realmente, estavam em péssimo estado. Uma delas havia sido picada por um escorpião e seu braço estava inchado e enegrecido. Além do mais, ambas sofriam de um estado avançado de disenteria. Durante as negociações para sua libertação, os governos de seus países tinham enviado remédios para elas, mas Abu Zeid se recusara a permitir que elas os ingerissem.

Belmokhtar pediu a Fowler que lhe desse seus comprimidos de tratamento de disenteria e os repassou às reféns. Depois disso, teve uma discussão com Abu Zeid em torno da libertação das duas. Aparentemente, Abu Zeid tinha mudado de ideia e não queria mais libertar as mulheres, tal como pretendera fazer no início. Observando a discussão entre ambos, Fowler ficou surpreso com o que achou que fosse uma atitude de empatia de Belmokhtar para com as duas reféns idosas e doentes.

Durante algum tempo, as reféns, tomadas de apreensão, ficaram observando, pelas janelas de vidro fumê da caminhonete, os dois comandantes discutirem. Como dois escorpiões do Saara, pareciam brandir seus rabos ameaçadoramente na frente dos homens de suas *katibas*. Mas os jihadistas não estavam interessados na discussão, porquanto se achavam felizes demais com a oportunidade de pôr a conversa em dia com velhos amigos. Tudo que queriam era desfrutar dessa breve pausa na difícil vida que levavam como criminosos jihadistas.

DA JIHAD PARA O CRIME

A jihad sustentada por ações criminosas é uma atividade relativamente nova no campo do terrorismo. Para descrevê-la, é necessário ter uma compreensão prévia do significado de terrorismo — tarefa nada fácil, considerando-se que não existe uma definição internacionalmente aceita. Em todo caso, o professor Paul Gilbert propôs uma excelente e sucinta definição do significado de terrorismo: "Um crime com objetivos de guerra." [37] Sua motivação pode ser nacionalista, como foi o caso da organização basca ETA e do Exército Republicano Irlandês (IRA, na sigla em inglês), ou pode ser exclusivamente política, como vemos no exemplo das forças paramilitares italianas, as Brigadas Vermelhas. Contudo, às vezes as atividades criminosas e os lucros que esse ativismo ilícito gera acabam corrompendo os membros de organizações armadas, fazendo com que se desviem de seus objetivos políticos. Como é difusa a fronteira entre os objetivos bélicos e os meios ilegais usados para alcançá-los, terroristas se transformam em criminosos. Aliás, foi isso o que aconteceu com a Organização para a Libertação da Palestina (OLP), um grupo político que, muito antes da morte de seu líder, Arafat, deixou-se impregnar de corrupção e começou a ser movida por pura ganância. Outras vezes, o objetivo militar ou a meta política podem sair fracos e mesquinhos do nascedouro que os engendra, servindo como mero pretexto para legitimar uma vida de crimes. Com certeza, é o caso da AQMI.

Desde o início, conforme observado no Capítulo Um, a AQMI apresentava um componente com características marcantemente criminosas, recorrendo a intensas atividades ilegais para se financiar: a prática de sequestros com finalidades extorsivas e o tráfico de seres humanos e drogas nas áreas ingovernáveis do Sahel. Isso explica por que essa organização nunca trabalhou com grupos insurgentes locais, os quais, aliás, se voltaram contra a organização no Chade em 2004 e no Mali em 2006. Ao contrário, vários de seus fundadores mantinham fortes ligações com as redes de contrabando que se estendiam da África ocidental à África setentrional, das quais faziam parte organizações criminosas de pequeno e médio portes que operavam pelo Sahel saariano.

No início dos anos 2000, os países da região do Sahel se tornaram um terreno ideal para a eclosão de práticas jihadistas criminosas.[38] A insanável miséria da região forneceu à AQMI uma provisão constante de novos sequazes, os quais a organização acolhia independentemente da pequenez de seu compromisso com a jihad ou da enormidade de suas motivações criminosas. E de forma alguma o fenômeno se restringe a essa região. "Grupos criminosos e alguns grupos políticos se fundiram nos últimos vinte anos e criaram essas espécies de híbridos",[39] disse Vincent Cochetel, que fora sequestrado em 29 de janeiro de 1998 em Vladikavkaz,[40] numa parte do norte do Cáucaso perto da Chechênia, quando trabalhava para o Alto Comissariado da ONU de Amparo a Refugiados. Tal como vimos, práticas jihadistas criminosas surgiram no Iraque após a invasão de 2003.

O curioso é que, no Sahel, sentimentos jihadistas não geraram mais do que simples atos de guerrilha de pouca intensidade entre gangues criminosas e forças governamentais. Não ganharam a forma de uma verdadeira insurgência. A jihad não passava de uma fachada ideológica para ocultar a verdadeira natureza criminosa da maioria dos membros da AQMI. Assim, a evolução da AQMI segue um padrão bem conhecido, observável nas atividades do crime organizado em áreas propensas à desestabilização política: quando as oportunidades aparecem, a organização se dedica a explorar novas atividades ilegais, procurando maximizar seus lucros. Desse modo, passou do contrabando de cigarros para o transporte de cocaína através das rotas transaarianas; depois, começou a centrar seus esforços no sequestro de estrangeiros e acabou se envolvendo com o tráfico de migrantes da África ocidental para a Europa. Com base no exame do currículo de Belmokhtar, podemos conhecer as linhas dessa evolução.

Portanto, aquilo que, em abril de 2009, Robert Fowler achou que fosse um tratamento humanitário por parte de Belmokhtar a seus reféns pode não passar de uma manifestação de seu tino comercial. Afinal de contas, Belmokhtar era um traficante de seres humanos. Ele ambicionava lucrar com a vida humana e sabia muito bem que deixar de honrar acordos estabelecidos durante as negociações de libertação dos reféns minaria seu negócio no futuro. Sabia também que a entrega de mercadoria danificada — aliás, para ele, o que valia para esses reféns talvez fosse válido também para as drogas ou os cigarros que ele contrabandeava através do Saara — era ruim para futuros negócios.

Nesse sentido, seu rival Abu Zeid era diferente. Este era a alma jihadista da AQMI. Para ele, infiéis não mereciam outra coisa que não fosse brutalidade. Ele não era mercador de homens e desprezava aqueles que eram; não estava interessado no ramo do "negócio de reféns". Para ele, estrangeiros eram apenas inimigos, e não mercadoria. Drukdal, o chefe do GSPC em Kabylia, tinha escolhido Abu Zeid de propósito como o outro chefe da região para contrabalançar o poder de Belmokhtar. A tarefa de Abu Zeid era impedir o aumento da popularidade do argelino e restringi-la ao círculo de membros da AQMI. Mas não era uma tarefa fácil. Afinal, Belmokhtar era um ex-mujahedin e membro da GIA que havia contribuído muito também para financiar a criação da AQMI, algo que tinha gerado muita admiração entre seus integrantes.

Existia, portanto, uma rivalidade pessoal no âmago da relação entre os dois comandantes da AQMI, e o sequestro de ocidentais se tornou a disputa ideal para sua manifestação, conforme Robert Fowler pôde ver por si mesmo. Nessa época, operações de sequestro representavam a principal fonte de recursos da AQMI. De 2003 a 2012, o valor dos resgates tinha aumentado e variava de 1 milhão a 4 quatro milhões de dólares por refém ocidental. O modelo de sequestro da AQMI havia se tornado uma fonte de recursos muito generosa até para outras organizações jihadistas, tais como o Talibã, que introduzira o modelo em seu próprio território.

Em fins de 2009, à medida que Belmokhtar e Abu Zeid foram ficando cada vez mais competitivos entre si, sua rivalidade gerou uma nova onda de sequestros. "Três espanhóis foram capturados na estrada costeira da Mauritânia. Um casal italiano foi capturado na Mauritânia, perto da fronteira com Mali. Um cidadão francês, que trabalhava havia muito tempo como missionário de ajuda humanitária no norte do Mali, foi sequestrado na cidade oriental de Ménaka."[41] Depois, em Arlit, na República do Níger, Abu Zeid realizou a mais ousada de suas operações e capturou sete estrangeiros, incluindo quatro cidadãos franceses. Por fim, em junho de 2009, Abu Zeid executou Edwin Dyer, um refém britânico sequestrado junto com Marianne Petzold e Gabriella Greiner no Níger em janeiro do mesmo ano, todos mantidos em cativeiro num acampamento no norte do Mali. Dyer foi morto quando o governo britânico se recusou a pagar resgate e libertar Abu Qatada, mantido prisioneiro na Grã-Bretanha enquanto aguardava deportação para a Jordânia, sua terra natal. Contudo, a execução de Dyer objetivava também intimidar outros governos europeus que pagam resgates. Tal como veremos, é uma técnica que o Estado Islâmico usou também em 2013.

O surto nas operações de sequestro acabou com a lucrativa indústria turística em Timbuktu, com seus sítios históricos se tornando áreas de visitação proibida para turistas estrangeiros. Turistas passaram a evitar também aventurar-se em caminhadas por trilhas do deserto na Mauritânia. Uma das desvantagens do financiamento de atividades criminosas e terroristas por meio de sequestros é que, como negócio, acaba provocando o esgotamento repentino de sua própria fonte de recursos. No Iraque, o sequestro das duas Simonas levou à retirada de todos os funcionários de organizações de ajuda humanitária do país — como potenciais reféns que eram. Na Mauritânia e no Mali, o aumento do número de turistas vítimas de sequestros causou a extinção das atividades turísticas.

Sem turistas como possíveis alvos de suas operações de sequestro no Mali e na Mauritânia, em pouco tempo a AQMI teve problemas com suas finanças. Além disso, a disputa pessoal entre Belmokhtar e Abu Zeid fez com que a AQMI se visse sob o risco de ter que abandonar suas atividades. Para prosseguir com sua caçada a seres humanos e conseguir novos reféns, a AQMI teve de passar a fazer viagens até o leste da Argélia e do Níger. Lá, o negócio ainda era lucrativo, conforme comprovado pelo sequestro de Maria Sandra Mariani, no começo de 2011.

Embora a infraestrutura que a AQMI montou para tocar seu negócio de sequestros fosse muito eficiente, foi ficando cada vez mais difícil e caro operar a parte de logística em regiões distantes, tais como o Níger ou o sudeste da Argélia. "Se você precisa viajar milhares e milhares de quilômetros pelo deserto do Saara para sequestrar alguém, tem que enterrar provisões suficientes ao longo do caminho, bem como saber a quem subornar e quanto dinheiro precisa dar a essas pessoas", explicou um ex-proprietário de uma loja de venda de aparelhos celulares usados em Trípoli que ficou na cidade até a queda de Kadafi e depois se mudou para o Mali, onde passou a trabalhar num acampamento de sequestrados. Conforme Maria Sandra Mariani observara, seus sequestradores tinham chegado tarde demais ao local para capturar outros turistas. Alguém deve tê-los avisado do perigo.

De 2003 em diante, em todo o Sahel, autoridades governamentais e políticos se tornaram importantes fatores de sustentação do negócio de sequestros. Em suas memórias, intitulada *A Season in Hell*, Robert Fowler afirma que Tandja, o presidente da Nigéria na época, detestava tanto a ONU e sua missão que Fowler passara a acreditar que o governante nigeriano não lhes proporcionava nenhum tipo de segurança.[42] "Acredito [...] que o governo do presidente Mamadou Tandja providenciou, embora indiretamente, para que informações relativas à nossa movimentação pela região chegasse ao conhecimento da AQMI", diz Fowler na obra.[43] Desnecessário dizer que a compra de informações sobre os dois enviados especiais da ONU deve ter custado bem caro à AQMI.

Apesar da necessidade de ir tão longe em busca de reféns, quando as operações de sequestro corriam bem, os lucros continuavam altos. Em 2010, por exemplo, a AQMI libertou Pierre Camatte, que tinha passado apenas noventa dias no cativeiro. Foi dinheiro fácil e rápido para a organização. As negociações tinham corrido conforme planejado. A França convencera o governo do Mali a libertar quatro jihadistas, tal como solicitado pela Al-Qaeda no Magreb Islâmico. De acordo com a ex-embaixadora americana no Mali, Vicki Huddleston, o resgate pago para libertar Camatte era parte de uma quantia de 17 milhões de dólares que a França pagara em 2010 para libertar quatro reféns franceses sequestrados pela AQMI.[44]

Mas negociações rápidas e pronta libertação de reféns eram casos muito excepcionais. De fato, negociações para libertar sequestrados geralmente demoravam muito, principalmente quando governos se envolviam nos casos, em parte também porque, normalmente, burocratas não têm senso de urgência, mesmo quando lidam com sequestros. Fowler conta que, menos de dez dias após ter sido sequestrado, ofereceram um vídeo ao governo canadense mostrando-o no cativeiro, possivelmente com seus autores pedindo um alto preço pelas imagens, mas as autoridades recusaram a oferta ou até mesmo iniciar negociações com os intermediários, pois não confiavam neles. Somente seis semanas mais tarde, depois que viram reportagens da Agence France-Presse apresentando detalhes do que havia no vídeo, os canadenses resolveram comprá-lo.[45]

Foi nessas circunstâncias que, quando surgiram novas oportunidades de negócio, graças à permanente desestabilização política na África ocidental, pessoas como Belmokhtar convergiram às pressas para a região. Na aurora do novo milênio, o tráfico de imigrantes estava se transformando rapidamente na principal fonte de recursos da África.

TRAFICANDO VIDAS

A Organização Internacional de Reassentamento de Migrantes (IOM, na sigla em inglês) publicou, em 2004, um documento com dados estatísticos chocantes sobre a década anterior: mais de um milhão de pessoas da África ocidental e central haviam migrado clandestinamente para a Europa ao longo da década. O tráfico de seres humanos tinha se tornado o maior negócio do crime organizado na África depois do tráfico de drogas.[46] Hoje, esse número parece muito, muito baixo, principalmente se comparado com a quantidade de refugiados que se aventuram atualmente em longas viagens em busca de asilo na Europa. Somente em 2015, um milhão de migrantes conseguiram entrar na Alemanha. No inverno de 2016, chegaram em média três mil novos migrantes ao Novo Continente todos os dias. A discrepância entre esses números e os de há pouco mais de uma década demonstra que, ao contrário dos sequestros, o tráfico de seres humanos é um negócio de longo prazo e pode ser cada vez mais lucrativo.

Em 2004, a obtenção de um passaporte e de um visto falsificados para ingressar na União Europeia podia custar até 4 mil dólares em países ricos, tais como a Costa do Marfim, enquanto em nações mais pobres, como, por exemplo, a República Centro-Africana, o preço para se conseguir um desses documentos era bem menor, cerca de 1.900 dólares. Em 2004, para as pessoas que não podiam comprar uma passagem aérea da Costa do Marfim ou do Senegal para a Europa, os traficantes ofereciam uma viagem por terra até as praias da Líbia, de onde eram levadas de barco para a Itália a um custo oscilando entre mil e 2 mil dólares.[47] Em 2015, antes que a União Europeia abrisse extraoficialmente suas fronteiras a países signatários, um sírio que quisesse entrar na Europa com um passaporte legal, vindo de avião da Romênia ou da Bulgária, podia dar como certo que teria de pagar entre 10 mil e 15 mil euros. O preço de uma viagem por terra da Síria à Europa variava entre 2 mil e 4 mil euros. Os traficantes sempre cobraram preços diferentes a pessoas diferentes, dependendo do tipo de viagem que elas tivessem condições de custear.

A Interpol estimou, em 2004, que os controladores do tráfico de imigrantes na Costa do Marfim ganhavam entre 50 milhões a 100 milhões de dólares por ano, enquanto os intermediários do negócio no Senegal embolsavam mais de 100 milhões de dólares anuais. Hoje, esses números são dez vezes maiores para os que traficam migrantes para a Europa provenientes do Oriente Médio e da Ásia. Em 2015, apenas na Líbia, esse negócio gerou um lucro líquido de cerca de 300 milhões de euros. Já em 2004, o tráfico de migrantes da África ocidental para a Europa usando as rotas transaarianas era muito mais lucrativo do que o sequestro de estrangeiros. Da mesma forma, hoje, o tráfico de refugiados sírios é um negócio mais fácil e lucrativo do que o sequestro de cidadãos de outros países.

Pessoas como Belmokhtar e seus comparsas de crimes jihadistas, os quais tinham uma infraestrutura para operações de sequestro e contrabando através das rotas transaarianas, bons contatos na Líbia e um centro de comando no norte do Mali, estavam em boas condições para explorar o tráfico de mercadorias. Assim, a mudança para o ramo de tráfico de migrantes e refugiados parecia a tendência natural de qualquer empreendimento envolvendo sequestros.

No começo do milênio, por exemplo, o Mali era não apenas o local favorito dos sequestradores para esconder reféns, mas se tornou também o principal ponto de transbordo do tráfico de carga humana. Quase todas as caravanas de migrantes ilegais rumando para a Europa através da Líbia partiam do Mali. Algumas eram conduzidas por *katibas* da AQMI, porém os migrantes não conseguiam distinguir traficantes comuns de jihadistas criminosos. Entre esses migrantes, estava M, um imigrante em situação ilegal que chegou à Itália em 2009 e participou da rebelião em Rosarno, na Calábria.[48]

"Eu tinha 19 anos de idade quando parti de Conacri, na Guiné. Era o ano de 2006. Eu tinha me mudado para lá em busca de trabalho; Conacri era a maior cidade perto de meu povoado. Como não achei trabalho, paguei a um contrabandista para que me levasse para a Líbia. Ele me pediu mil dólares e eu só tinha 800, mas ele aceitou. Porém, disse que eu tinha de chegar a Bamaco, no Mali, por conta própria. Fiquei apenas uma noite lá. Havia muitos, muitos caminhões. Eu soube que alguns tinham transportado cigarros da Argélia e agora estavam viajando vazios, mas depois descobri que havia cocaína escondida dentro deles. Outros, que pareciam muito mais antigos, eram usados para transportar pessoas como eu para a Líbia.

"Atravessamos o deserto num comboio de três caminhões. Entramos na Líbia pelo Níger. Na estrada, parávamos apenas para pegar suprimentos; os motoristas sabiam exatamente onde a gasolina e a água estavam escondidas. Eram todos do Mali e pareciam conhecer a rota muito bem", lembra M.[49]

Em 2007, Fabrizio Gatti, um jornalista investigativo italiano, publicou um livro intitulado *Bilal*, no qual relata sua viagem chocante do Senegal para a Itália disfarçado de migrante ilegal. Ele viajou do Senegal para Bamaco, onde sua viagem pelo deserto começou. Gatti, que chegou à Líbia também através do Níger, afirma na obra que o negócio do tráfico de pessoas pelas rotas de contrabando transaarianas constitui uma indústria gigantesca, a maior de toda a região, e uma indústria estruturada como uma pirâmide do crime.

No topo, ficam os mercadores de seres humanos e os traficantes de drogas, que se escondem entre os caminhões velhos rodeados de multidões de pessoas desesperadas, numa atividade ilícita em que os novos caminhões são usados para transportar cigarros e cocaína. Na base da pirâmide estão os donos de táxi que levam os migrantes para os locais de embarque em automóveis velhos; lojistas, geralmente tão miseráveis quanto os migrantes, ficam espalhados pela rota migratória; e também policiais e militares corruptos, que muitas vezes roubam os migrantes nos postos de controle. Gatti estimou que, em 2006, os encarregados de controlar as rotas do deserto conseguiram uma receita líquida mensal variando entre 1 milhão e 2 milhões de euros, obtida com propinas ou roubos. Em suma, o tráfico de imigrantes sustenta a economia da região.

Foi nesse quadro que, no início do século XXI, o Sahel era um mundo mais infestado de pobreza e ações criminosas do que um terreno fértil para a jihad. Assim sendo, a rivalidade entre Belmokhtar e Abu Zeid pode ter sido causada por algo muito maior do que motivos pessoais, resultando, na verdade, do conflito entre duas visões opostas em relação a essa parte do mundo e do papel exercido por organizações como a AQMI. Para Abu Zeid, a desestabilização do Sahel foi um avanço em direção às condições propícias para a execução da principal tarefa da AQMI: desencadear a jihad para a criação do Califado. O sequestro de ocidentais não era bem um negócio, mas uma forma de enfraquecer o inimigo longínquo, o Ocidente, e financiar a jihad. Por outro lado, o tráfico de migrantes não tinha nada a ver com jihad. É por isso que Abu Zeid não tinha interesse em participar desse tipo de atividade.

Já para Belmokhtar, a AQMI era um instrumento para se ganhar dinheiro numa região do mundo muito instável, em que oportunidades de negócios nasciam de outras atividades ilegais. Ele não estava interessado na jihad ou na criação do Califado. Um verdadeiro explorador das misérias humanas, para ele não havia diferença entre contrabandear cigarros ou cocaína, sequestrar estrangeiros ou traficar migrantes. Afinal, todos esses negócios de comércio ilícito lhe davam muito dinheiro.

NEGÓCIO SUJO COM KADAFI

Em 2008, quando os homens de Belmokhtar sequestraram Fowler e Guay, sua *katiba* já estava envolvida com o tráfico de migrantes para a Líbia. Essa atividade era uma espécie de "negócio secundário" que estava se tornando mais lucrativa do que sequestros. Talvez tenha sido por isso que Belmokhtar aceitou um resgate muito "modesto", de cerca de 1 milhão de dólares, para libertar os dois enviados especiais da ONU. Provavelmente tenha sido por causa disso que, naquela manhã de abril de 2009 no deserto do Mali, Abu Zeid ficou irritado com ele.

Ao longo dos anos, as atividades criminosas da AQMI foram se ampliando cada vez mais, englobando tanto motivações políticas quanto religiosas e turvando a linha divisória entre ações terroristas e atos criminosos, conforme comprovado por uma cisão entre Belmokhtar e o Conselho Consultivo Islâmico da AQMI. Em 2013, a Associated Press achou uma carta num dos esconderijos da Al-Qaeda no Mali.[50] No documento consta uma declaração do conselho criticando o pequeno resgate exigido para libertar Fowler e Guay. A carta fazia menção também ao fato de que, em 2010, a constante insubordinação de Belmokhtar levou seu grupo a separar-se da AQMI.[51] De acordo com autoridades malinesas, Mokhtar Belmokhtar foi expulso da AQMI por sua participação no tráfico de drogas, atividade condenada pela crença dos jihadistas. Integrantes do conselho alegaram também que, juntamente com sua *katiba*, ele foi se insubordinando cada vez mais, frustrando os dirigentes da AQMI e seus membros.[52]

A Líbia era o país que oferecia as maiores oportunidades para se ganhar dinheiro com o tráfico de migrantes africanos, tornando-se o principal centro de partida dos que seguiam ilegalmente para a Itália e outras partes da Europa. Belmokhtar tinha boas conexões na Líbia, estabelecidas por meio de seu negócio de contrabando de cigarros. Assim, foi fácil para ele e seus comparsas explorarem esse mercado. Aliás, entre os motivos das críticas feitas pelo Conselho Consultivo Islâmico à insubordinação de Belmokhtar estavam suas frequentes e longas viagens à Líbia.

Esse país tem lucrado constantemente com o tráfico de migrantes. Em 2003, o governo de Berlusconi iniciou negociações secretas com o ditador líbio Muammar Kadafi, objetivando estabelecer um acordo para "restringir" e "impedir" o fluxo de migrantes que viajam através do território líbio. Nesse mesmo ano, a Itália enviou "suprimentos" para ajudar Trípoli a lidar com o problema dos migrantes: barcos, caminhonetes, caminhões, equipamento de mergulho, doze mil cobertores, mil sacos funerários e um grande número de contêineres que Kadafi usou para transportar migrantes africanos do litoral de volta para campos de detenção no deserto líbio.

"Esses contêineres são de dois tipos: um pequeno e outro grande. Viajei dentro de ambos", disse um ex-migrante. "Dizem que foram fornecidos pela Itália, um presente do governo italiano para Kadafi."[53]

Aquilo que a mídia italiana chamou de "viagem da esperança", a viagem dos imigrantes para a Europa e uma vida melhor, foi, na verdade, uma viagem mortal e desumana para o inferno, com o posterior retorno para o ponto de partida, conforme descrito por alguns migrantes africanos que acabaram sendo trocados como mercadorias e transportados em contêineres de um lugar para outro na Líbia.[54]

"Quando chegamos a Misurata, havia um contêiner esperando por nós", disse um migrante. "Era muito comprido. Eles nos obrigaram a entrar nele. Nem sabíamos o que era aquilo. Depois, ainda conosco lá dentro, eles trouxeram mais cem pessoas da prisão. Elas provinham de vários países; muitas eram da Somália, do Sudão, da Eritreia. Eu pretendia chegar à Itália e, em vez disso, de Misurata, preso num contêiner, voltei para o Sul, para

Kufra."⁵⁵ Nos limites do Saara líbio, perto da fronteira com o Sudão, Kufra era o local do maior centro de detenção de Kadafi. Mais cedo ou mais tarde, todos os migrantes acabavam parando em Kufra.

"Eles me trancaram num contêiner junto com outras 110 pessoas. A metade delas desmaiou durante a viagem. Quando chegamos ao destino, verificaram que a prisão estava lotada e não podia nos receber. Estávamos em Ajdabia. Portanto, eles nos puseram no contêiner de novo e, sem nos dar um gole de água sequer, nos levaram de volta para Kufra. Vi pessoas começarem a morrer perto de mim", conta outro migrante.⁵⁶

Para ajudar Kadafi no controle dos "fluxos migratórios", a Itália lhe forneceu dinheiro também. Com a lei financeira de dezembro de 2004, os italianos deram uma ajuda de 25 milhões de euros à Líbia para que enfrentasse o problema em 2005, e 20 milhões de euros, de modo que prosseguisse com a tarefa em 2006. Em 2007, a carta de agradecimento do ditador líbio chegou rapidamente ao solo italiano na forma de uma concessão: a Eni, uma multinacional italiana de exploração de gás e petróleo sediada em Roma, participaria do desenvolvimento do sistema de fornecimento de gás na Líbia por meio de um acordo no valor de 28 bilhões de dólares. Foi um contrato redigido e assinado com o sangue dos migrantes.

O acordo entre a Itália e a Líbia foi um negócio sujo que beneficiou os traficantes, transformou os migrantes em reféns e mão de obra escrava e serviu para desviar grandes quantias do dinheiro dos contribuintes italianos para os bolsos de Kadafi, enriquecendo também as empresas italianas ligadas à elite política. Berlusconi prometeu destinar à Líbia, num prazo de vinte e cinco anos, 200 milhões de euros na forma de investimentos em projetos líbios de infraestrutura, dos quais fazia parte o de implantação de um sistema de radares construído pela empresa de segurança italiana Finmeccanica, destinado a monitorar as fronteiras da Líbia.

Em 29 de dezembro de 2007, o governo de centro-esquerda italiano de Romano Prodi (ex-chefe da comissão europeia) concedeu outros 6 milhões de euros à Líbia e assinou um acordo com o governo líbio para restringir fluxos migratórios da África para a Itália. Em 2008, durante a campanha eleitoral, Berlusconi defendeu abertamente o estabelecimento de um acordo total com a Líbia sobre a questão da migração, acordo que acabou sendo assinado depois que ele foi eleito. Para comemorar a assinatura do acordo, Kadafi foi a Roma com suas guarda-costas. O chefe líbio mandou que instalassem suas tendas nos parques públicos da capital, onde recepcionou políticos, entretendo-os em seu interior como um verdadeiro rei beduíno.

Foi um acordo chocante, o qual legalizou o sistema de gulags líbio do século XXI.[57] No entanto, a comunidade internacional acolheu bem a nova amizade entre as duas nações e não deu nenhuma atenção aos protestos de organizações como a Human Rights Watch. "De amizade esse acordo não parece ter nada; é mais parecido com um negócio sujo para permitir que a Itália despeje na Líbia a indesejada carga humana de migrantes e pessoas em busca de asilo, visando eximir-se de suas obrigações", comentou Bill Frelick, um diretor de políticas de refugiados da Human Rights Watch.[58] Estaria Angela Merkel tentando conseguir os mesmos resultados em negociações com a Turquia? Realmente, parece ter sido o objetivo do acordo em torno de 3 a 6 bilhões de euros negociados pela União Europeia em 2015 e oferecidos à Turquia em troca de providências para repelir migrantes de seus portões de acesso à Europa.

NO INTERIOR DOS GULAGS LÍBIOS

Para os migrantes, o efeito do acordo é desastroso: gerou mais tentativas fracassadas de chegarem à Europa e maiores lucros para mercadores de seres humanos, como Belmokhtar, e também para traficantes e autoridades líbias. Os traficantes levavam os migrantes para o litoral e depois avisavam à polícia, que os prendia imediatamente ou os sequestrava. Os traficantes, por sua vez, recebiam o pagamento do resgate. Depois, presos dentro de contêineres de metal, os migrantes enfrentavam mais uma travessia pelo deserto do Saara, sendo levados numa viagem para o Sul, em direção à fronteira do Sudão, e acabavam parando em Kufra, um gulag em pleno século XXI, onde ficavam detidos por algum tempo.

"Viajei com minha irmã. Eu tinha 25 anos, e ela, 22", contou Salima, uma somali que agora mora no Canadá. "Quando chegamos a Kufra, eles nos trancaram num recinto com outras 120 pessoas. Era muito quente lá dentro e ficamos morrendo de sede. Não havia água suficiente. Eles nos davam uma garrafa de água por dia e tínhamos que usá-la para tudo — para beber e para nos lavarmos. Ficamos todas muito, muito sujas. Quase todo mundo teve sarna; algumas mulheres chegaram a ficar com feridas, que sangravam o tempo todo. Havia tanta gente naquele recinto que, à noite, era difícil as pessoas conseguirem deitar-se. No recinto ao lado ficavam os homens. As coisas foram muito mais difíceis para eles; frequentemente levavam surras dos guardas. Ouvíamos seus gritos, mas, como não podíamos fazer nada, algumas mulheres simplesmente choravam, choravam e choravam. Achei que eu tinha chegado ao inferno. Tudo que eu queria era morrer."[59]

Depois de algumas semanas ou alguns meses, os carcereiros fingiam que iriam soltar os que tinham sobrevivido. "Eles nos diziam que seríamos expulsos para o Sudão", relatou um migrante. "Dois cruzadores terrestres da polícia, viaturas que disseram que tinham sido fornecidas a eles pelo governo italiano, vinham nos pegar na prisão, mas, em vez de levar os prisioneiros para a fronteira, levavam-nos para os traficantes locais, que ficavam esperando do lado de fora da prisão, prontos para comprá-los. Alguns deles eram do Sudão e pagavam 30 dinares por migrante. Não é muito dinheiro. Mas depois eles ganhavam muito mais vendendo os prisioneiros para traficantes líbios, que os levavam de volta para Trípoli, onde cobravam 400 dólares [para libertá-los]."

Os migrantes eram vendidos várias e várias vezes para uma série de intermediários. Sempre que isso acontecia, os criminosos mandavam que telefonassem para casa e pedissem que alguém pagasse um resgate para libertá-los. "Minha família enviou o dinheiro para Mesfin, [uma localidade] do Sudão. Mesmo que a pessoa pagasse, eles a detinham pelo caminho. Eu fui detido em Adjdabia [na Líbia], onde me pediram mais dinheiro. Se a pessoa não pagasse, eles a amarravam como um animal ou a entregavam à polícia, que a levava de volta para Kufra, onde o tormento se repetia."[60]

Como se fossem vítimas de um ritual que sempre se repetia, os migrantes eram capturados e recapturados, levados através do deserto em contêineres e depois sequestrados várias e várias vezes. "Achei que a viagem seria do Sudão para Kufra, de Kufra para Trípoli e depois para a Itália", contou outro migrante. "Em vez disso, antes mesmo que eu chegasse à Itália, fiz uma série de idas e vindas do litoral da Líbia para Kufra, tendo sido comprado e vendido cinco vezes e sequestrado outras sete."[61]

O governo italiano sabia a forma pela qual Kadafi mantinha os migrantes longe de seu território? Em 2005, uma delegação italiana fez uma visita a Kufra. "Os guardas prenderam todos os criminosos comuns junto com as pessoas que vieram da Nigéria, do Chade, do Senegal e de Darfur, as quais estavam conosco", rememora um migrante que, na época, estava preso em Kufra. "Os italianos chegaram em carros novos e lustrosos com uma bandeira de seu país. Um jovem da Eritreia começou a conversar com eles em italiano, de modo que os guardas não entendessem o que ele estava dizendo. Eles perguntaram se estávamos gostando do lugar, se havia comida suficiente, se tínhamos acesso a chuveiros, sabonetes etc. E o jovem disse que o lugar era um gulag. [Disse também que] éramos surrados com frequência, vendidos para intermediários e sequestrados pela polícia. Quando eles partiram, disseram que estávamos sob a proteção da ONU e que as coisas melhorariam dali por diante. Mas nada mudou."

A União Europeia sabia o que estava acontecendo na Líbia, graças a acordos estratégicos para impedir a migração de africanos para a Europa? Em 2007, uma delegação da Frontex, a agência da União Europeia criada em 2004 para administrar a cooperação entre guardas de fronteira, organizou uma missão para a Líbia e fez uma visita a Kufra. Quando, alguns anos depois, um ex-detento de Kufra perguntou ao presidente da Frontex se ele sabia das condições dos migrantes em Kufra, ele respondeu que não estava muito a par da situação, mas lhe tinham informado que "havia necessidade de se melhorarem algumas coisas".

Algumas das tarefas da Frontex são detectar e impedir imigrações ilegais, tráfico de seres humanos e infiltração de terroristas; contudo, a julgar por seu relatório de 2007, está claro que ela não descobriu os gulags líbios nem denunciou sua existência. Em vez disso, os membros da delegação da Frontex observaram o seguinte em seu relatório: "Durante a visita à região sul da Líbia, os membros da delegação tiveram a oportunidade de conhecer a extensão e as características variadas do deserto; nenhuma região europeia pode ser comparada a ela." É óbvio, portanto, que eles não atravessaram o deserto do Saara dentro de um contêiner.

Capítulo Quatro

A Economia da Pirataria

No décimo aniversário da tragédia do 11 de Setembro, Judith e David Tebbutt, um casal britânico de meia-idade, chegou ao Kiwayu Safari Village, um resort no norte da cidade litorânea de Lamu, na parte setentrional do Quênia. As acomodações do casal eram um bangalô numa praia de areias brancas, situado apenas a alguns metros das águas oceânicas. À noite, os Tebbutt jantaram no restaurante do resort, após o qual tomaram alguns drinques com o dono do estabelecimento. Eles eram os únicos hóspedes do hotel.

Num exame retrospectivo da ocasião, Judith Tebbutt admitiu que ficara um pouco preocupada com o fato de que não havia outros hóspedes no Kiwayu Safari Village naquele momento e que seu bangalô ficava distante da recepção e do restaurante.[62] Ela não gostou também do fato de que não havia portas ou janelas com trancas e que o quarto deles ficava totalmente aberto. Disseram ao casal que o Kiwayu Safari Village era tão seguro que não havia necessidade de fechaduras ali. No entanto, a gerência aconselhou os Tebbutt a guardar suas joias numa caixa para protegê-las das travessuras de macacos. Estava claro, pois, que o local era seguro ou, pelo menos, foi o que os Tebbutt acharam.

O casal adormeceu ao som delicado das ondas do Oceano Índico, marulhando suavemente de encontro ao trecho de praia arenosa, estendendo-se logo à frente do quarto deles. As férias deveriam ser um sonho, mas essa seria a última vez que Judith Tebbutt se deitaria ao lado do marido. Quando, no meio da noite, ela acordou, seu marido estava em pé, gritando com um homem armado, enquanto outro apontava uma arma para a cabeça dela. No espaço de alguns segundos, Judith viu seu marido cair no chão enquanto dois homens a arrastavam para fora da cama e depois em direção à praia. Ela achou que David tinha sido agredido e desmaiara. Descalça, de pijamas. Judith logo percebeu que estava sendo sequestrada. Dois homens a puseram num barco que os esperava apenas a alguns metros da varanda de seu bangalô, no qual, poucas horas antes, ela estava sorrindo para a câmara do marido deitada numa rede.

O barco partiu em alta velocidade, rumando para o litoral da Somália, que ficava apenas a uns 40 quilômetros de distância dali.

GLOBALIZANDO A MÃO DE OBRA DO CRIME

Judith Tebbutt foi a primeira refém a ser capturada por sequestradores somalis no litoral do Quênia. Até 11 de setembro de 2011, o mundo ouvira falar apenas da existência de piratas somalis, chusmas de malfeitores que, utilizando pequenos barcos, sequestravam grandes navios cargueiros no Golfo de Áden. O sequestro de Tebbutt, porém, foi o primeiro de uma série de capturas semelhantes no Quênia. Nas semanas seguintes, Marie Dedieu, uma francesa com necessidades especiais, foi levada de outra praia no norte do Quênia; depois disso, dois espanhóis trabalhadores de ajuda humanitária foram sequestrados num campo de refugiados. Ficou claro, portanto, que o Quênia, um país que os ocidentais consideravam um bom local para passar as férias, não era seguro.

Judith Tebbutt foi mantida como refém por mais de seis meses. Os sequestradores a transfeririam de um lugar para outro com frequência, às vezes para acampamentos montados nas profundezas de manguezais do litoral sul da Somália. Enquanto no cativeiro, na ocasião em que fez seu primeiro telefonema para o filho, ela soube que seu marido não tinha sobrevivido ao ataque. Seu drama foi semelhante ao de muitos outros reféns estrangeiros: ela recebia alimentos suficientes apenas para que permanecesse viva; os sequestradores tentavam desumanizá-la; ela adoeceu por causa da alimentação ruim, de ingestão de água suja, das péssimas condições do cativeiro e da falta de higiene. Assim como Maria Sandra Mariani, Judith teve tempo para observar o convívio entre os sequestradores e chegou à conclusão de que seus captores eram pessoas muito simples e que o grupo funcionava de acordo com uma hierarquia bem definida, numa estrutura de poder respeitada por todos os seus membros.[63]

Mariani e Tebbutt perceberam que a disciplina era mantida com a aplicação de punições; contudo, não chegaram a saber que eram aplicadas predominantemente na forma de multas em dinheiro, quantias que eram deduzidas da parcela do valor do resgate exigido pelos sequestradores. Aliás, esse sistema era uma regra geral seguida por todos os sequestradores, independentemente de onde operassem. Na Somália, por exemplo, piratas que maltratavam tripulações ou dormiam no posto tinham que pagar uma multa de 5 mil dólares, mas o dobro quando se recusavam a obedecer a uma ordem.[64] Por outro lado, roubos eram uma infração que podia levar o autor à morte. O marinheiro dinamarquês Søren Lyngbjørn, por exemplo, que havia sido sequestrado em 2011 por piratas somalis, disse que, quando alguns dos sequestradores tentaram roubar um carro cheio de *khat*,[65] a droga que os piratas mastigam o dia inteiro, foram capturados e fuzilados ali mesmo.[66]

Na Somália, tal como no Mali e no Sahel, da base da pirâmide dos trabalhadores do negócio de sequestros fazem parte jovens sem instrução e nenhum tipo de qualificação, que abraçam uma vida de crimes para sobreviver. Em 2011, a oferta desse tipo de mão de obra na Somália era simplesmente enorme. Entre 1950 e 2010, o país passou por uma explosão demográfica sem precedentes: sua população crescera de 2 milhões de habitantes para 8 milhões, embora nessas décadas houvesse ocorrido um êxodo de mais de 2 milhões de somalis. Paradoxalmente, esse crescimento demográfico excepcional ocorreu num tempo em que a economia e o estado organizado foram desaparecendo aos poucos.

SOMÁLIA: VÍTIMA DA GUERRA FRIA

Muitos acreditam que os graves problemas da Somália começaram em 1992, quando as Nações Unidas e os Estados Unidos iniciaram a Operação Restore Hope (Restauração da Esperança). Após a queda do ditador Muhammad Siad Barre nas mãos das milícias rebeldes locais, a ONU enviou uma força de paz com cerca de 30 mil soldados à Somália para restabelecer a lei e a ordem no país e proteger a população civil. Quando, porém, em 3 de outubro de 1993, dois helicópteros Black Hawk US UH-60 foram derrubados em Mogadíscio e rebeldes arrastaram o corpo de um americano pelas ruas da capital somali como um grosseiro troféu de guerra,[67] soldados americanos e da ONU foram retirados da Somália e o país foi rapidamente declarado um estado falido.

Apesar do apelo dessa clichê história de ruína da Somália, a verdadeira gênese dos problemas do país ocorreu décadas antes, mais exatamente no fim da década de 1960, quando a Somália foi arrastada para uma guerra por procuração nos tempos da Guerra Fria. Em 1969, o general Siad Barre tinha derrubado o governo da frágil democracia somali e transformara o país num estado socialista. Sob os auspícios da União Soviética, ele começou a receber armas e ajuda estrangeira. Todavia, quando, no fim da década de 1970, Moscou decidiu apoiar a Etiópia na disputa pelo controle da região de Ogaden, Barre se voltou para Washington, que acolheu sua tentativa de aproximação. Com isso, mais armas e ajuda foram logo despachadas para Mogadíscio. Essa militarização, porém, bem como a relação clientelista da Guerra Fria, prejudicaram a economia do país e o deixaram muito abastecido de armas, criando condições para problemas futuros.

Frank Crigler, embaixador americano na Somália de 1987 a 1990, alega que os EUA forneceram armas a Barre por motivos estratégicos: "Era importante que o país tivesse aparatos de reserva, além dos recursos e instalações militares [existentes então], pois poderiam ser necessários."[68] Mas Barre nunca tivera interesse em combater pelas superpotências, tanto que, lançando mão de seu profundo conhecimento dos clãs somalis, ele distribuiu armas entre os que eram leais a ele, localizados principalmente no Sul, e os incentivou a atacar os clãs do Norte, que se opunham ao seu regime. Por conseguinte, durante duas décadas, armas soviéticas e americanas serviram para fomentar uma violenta guerra civil na Somália, incentivada por seu ditador e financiada para manter seu próprio poder.

Com o fim da Guerra Fria, os Estados Unidos pararam de apoiar Barre, que foi tirado do poder por facções rebeldes logo depois. Sua destituição, contudo, não serviu para restabelecer a paz. No começo da década de 1990, a Somália era um país embrutecido pela guerra e uma nação imersa num oceano de armamentos. O Norte se declarou independente e adotou o nome de Somalilândia, enquanto o Sul mergulhou numa guerra civil. Não admira que a Operação Restore Hope tenha fracassado. Ela foi iniciada em 1992, quando o estrago já estava consumado. Infelizmente, o conflito entre facções civis na Síria, cuja eclosão se deu algumas décadas depois e se transformou numa guerra por procuração, está criando o mesmo tipo de situação distópica nessa parte do Oriente Médio.

Como estado falido, a Somália se tornou rapidamente alvo das ações criminosas de elementos da comunidade global, pessoas sem o menor escrúpulo. Por exemplo, uma vez que, sem marinha, ela não podia mais patrulhar seu litoral, tornou-se vítima de ações desenfreadas de pesca ilegal. Estima-se que, no início do ano 2000, setecentos navios estrangeiros se dedicaram integralmente à prática de pesca ilegal nas águas somalis, apossando-se de espécies marinhas de alto valor comercial, como atum, cação, lagostas e camarões de águas profundas. Em poucos anos, a pesca ilegal destruiu a rica indústria de pesca somali, mergulhando uma grande parcela de sua população nas águas turvas de uma pobreza extrema. As águas litorâneas da Somália se tornaram também um local de desova de lixo eletrônico e radioativo de origem global. Em 2009, o custo de operações para se livrar de lixo tóxico nas águas marítimas somalis correspondia a cerca de 1 por cento do custo para o descarte desse mesmo lixo na Europa.[69]

Era apenas uma questão de tempo para que criminosos somalis começassem a explorar o vasto litoral despatrulhado de seu próprio país, uma área de milhares de quilômetros quadrados se estendendo do Canal de Moçambique ao Mar Vermelho. "Estrategicamente, a extensão de seu litoral e sua localização geográfica, na entrada do Mar Vermelho, tornam a Somália um país sem igual", explicou Giacomo Madia, um agente de seguros italiano. Ademais, como a Somália fica muito perto da principal fonte de energia da Europa, os campos de petróleo da Arábia Saudita e do Golfo Pérsico, navios petroleiros atravessam regularmente suas águas costeiras.

Examinando o passado, podemos concluir que ter deixado a Somália cair na situação de estado falido foi realmente um grande erro: afinal, o fato de o mundo capitalista ter vencido a Guerra Fria não modificou a geografia do planeta. Ao contrário, a posição estratégica da Somália se tornou de suma importância, pois a globalização impulsionou o comércio internacional, e uma parcela cada vez maior dos materiais e produtos movimentados por esse comércio acabou passando pelas águas costeiras da Somália e pelo Chifre da África. Essa despatrulhada rota de comércio criou para os criminosos uma nova fonte de recursos, ao alcance das ações rapinadoras de piratas somalis por meio de operações de sequestro de seres humanos e veículos de transporte.

NEGOCIANDO COM PIRATAS

Em 6 de abril de 2009, piratas somalis sequestraram o *Malaspina Castle* e sua tripulação no Golfo de Áden, ao largo da costa da Somália. Embora o dono do navio fosse italiano, o *Malaspina Castle* estava navegando com uma bandeira britânica. Essa circunstância foi um fator importante, pois a lei italiana impede o pagamento de resgate para a devolução de navios sequestrados congelando os bens dos proprietários vítimas desse tipo de crime. Houvesse o navio sido registrado na Itália, o dono não teria sido capaz de negociar um resgate.[70]

O *Malaspina Castle* tinha zarpado alguns dias antes de Novorossisk e estava indo para a China. Como era o último navio de um comboio que vinha atravessando o Canal de Suez em direção ao Oceano Índico, para os piratas ele representava o alvo mais fácil do grupo. A nave transportava uma carga delicada — FDR, ou ferro diretamente reduzido, um produto ferroso que, exposto a altas temperaturas, pode explodir. Era fundamental que esse material fosse mantido em condições ideais durante o sequestro. E realmente foi o que os sequestradores fizeram.

"Desde o início, vimos que estávamos lidando com profissionais", contou Giacomo Madia, que atuou como coordenador para o proprietário na negociação de liberação do *Malaspina Castle*.[71] "Pusemos imediatamente em operação uma equipe de emergência em que um advogado especializado em transportes marítimos, nosso diretor de reivindicação de indenização de avaria de casco, sr. Nunzio Natale, um engenheiro naval de bordo e o gerente de frota ficaram nos assessorando o tempo todo e monitorando tudo, para o caso de alguma emergência. Eles [os sequestradores] estabeleceram imediatamente um bom relacionamento conosco, numa atitude clara para evitar tensões e qualquer tipo de problema durante as negociações. Aliás, o único impasse que tivemos foi quando nos recusamos a pagar o valor do resgate exigido — eles estavam querendo mais de 3 milhões de dólares. Naquela época, o valor usual oscilava entre 1,5 milhão e 2,5 milhões de dólares. Depois, logicamente, em 2010 e 2011, os valores aumentaram, chegando a 5 ou 6 milhões. Mas, em 2009, 3 milhões era um valor alto demais."

Uma equipe de negociadores profissionais, a ArmorGroup, foi imediatamente encarregada de cuidar do caso, iniciando conversas com os sequestradores, um dia após a captura do navio, por intermédio de uma linha telefônica exclusiva, e depois a cada dois dias. "Eles eram negociadores muito qualificados", observou Madia. "Tentaram até nos pressionar utilizando a tripulação. Permitiram que os tripulantes conversassem com seus familiares. Depois disso, os parentes telefonavam para o proprietário e [o] pressionavam a aceitar as condições exigidas para o resgate... O capitão teve permissão também de conversar com o gerente da frota e mantê-lo informado da situação dos tripulantes, bem como dos níveis de umidade e temperatura que poderiam acabar afetando as condições de vulnerabilidade do navio por causa do tipo de carga especial, o FDR, que ele estava transportando. Em determinado momento, após nossa insistente recusa em pagar, chegaram a ameaçar levar dez membros da tripulação para a praia e matá-los. Perguntei ao negociador da ArmorGroup (a empresa britânica que contratamos não apenas para nos orientar na negociação, mas também para nos assessorar durante todo o restante do processo) se eles estavam falando sério mesmo e ele respondeu que estavam blefando. Disse que era um jogo psicológico para nos fazer pagar um valor maior. De fato, vinte e quatro horas depois, reiniciamos as negociações e, quase um mês mais tarde, baixaram o valor do resgate para 1,8 milhão [...] e aí nós aceitamos."

Os sequestradores do *Malaspina Castle* eram também muito bem organizados quando se tratava de receber o dinheiro do resgate. Explicaram detalhadamente a Madia o que a empresa dona do navio deveria fazer: o dinheiro do resgate tinha de ser entregue no local em que o navio estava retido. Portanto, assim que o dinheiro tivesse sido transferido para Djibuti, deveria ser sacado em espécie e posto em maletas, as quais, por sua vez, deveriam ser seladas com plástico. Por fim, o ArmorGroup teve que fretar um PiperJet e lançar as maletas de paraquedas sobre o navio. "Eles foram muito meticulosos quando nos disseram como deveríamos lançar o dinheiro sobre o navio. Afinal, era uma operação perigosa, pois todas as instruções foram transmitidas via rádio e qualquer um poderia ouvi-las." Se o lançamento fosse feito muito longe do navio, outros grupos piratas, tomando conhecimento das instruções passadas via rádio, poderiam chegar aos locais da aterrissagem das maletas primeiro. "Se isso tivesse acontecido, teríamos tido problemas sérios, pois não tínhamos nenhum seguro para enfrentar esse tipo de risco", explicou Madia. "Mas, durante as negociações, tivemos a cooperação bem-sucedida de nossa empresa de seguros de Londres, a qual visitei imediatamente após o sequestro do Malaspina, e conseguimos usar nosso seguro contra risco de guerra para pagar o resgate." O seguro contra risco de guerra incluía risco de atos de pirataria, conforme especificado na cláusula de avaria grossa, e Giacomo Madia conseguiu a autorização dos agentes de seguro do *Malaspina Castle* para pagar não apenas o resgate, mas também todas as despesas extras com as quais o dono do navio teve que arcar, incluindo o fretamento do PiperJet, de modo que pudesse transportar o dinheiro do resgate de avião até o local designado pelos sequestradores, e outras coisas mais. Despesas que surgiram no dia a dia, entre as quais estavam as referentes à contratação do ArmorGroup, cuja taxa diária de serviços era de 1.750 libras esterlinas.

A INDÚSTRIA DA PIRATARIA

Em geral, operações de sequestro geravam despesas fixas e variáveis para os piratas também. Quanto mais longas as negociações, menores eram os lucros. Esse princípio se aplica a qualquer tipo de sequestro. No modelo de negócio desenvolvido pelos piratas na Somália, sequestros eram considerados uma espécie de recurso natural, e negociações para o pagamento de resgates, classificadas como parte do custo de sua exploração.

O modelo de pirataria somali evoluiu, pautando-se seus praticantes pelas mesmas diretrizes do modelo do negócio de sequestros da AQMI no Sahel. Quase refletindo a natureza distópica do estado falido em que viviam, tanto os jihadistas criminosos da AQMI quanto os piratas somalis substituíram o clássico sistema mafioso dos séculos XIX e XX por uma forma de organização criminosa descentralizada e desestruturada, visando principalmente a estrangeiros e aos seus interesses comerciais. Conforme descrito mais adiante, no Capítulo Quatorze, esse modelo é usado pelos traficantes de seres humanos atualmente.

Todavia, os piratas somalis acabaram se tornando mais sofisticados do que os jihadistas criminosos da AQMI. No início, as ações dos piratas visavam a um dos negócios que mais se beneficiaram da globalização: o comércio internacional. Depois, esses piratas passaram a sequestrar somente tripulações, mas junto com seus navios e suas cargas. Nesses casos, pois, as negociações envolviam mais do que a libertação de reféns.

A pirataria exigia investimentos iniciais mais altos do que os de sequestros, além de financiadores. Geralmente, o sequestro de embarcações envolvia um navio-base. Portanto, o custo do investimento era alto; tanto que financiadores podiam gastar nada menos do que 30 mil dólares com uma tripulação no Oceano Índico e mais de 10 mil dólares no Golfo de Áden. Além disso, para impedir que clãs rivais roubassem os reféns ou o dinheiro do resgate, os piratas contratavam milícias locais por nada menos que 10 mil dólares mensais. Eles precisavam de dinheiro também para comprar aparelhos eletrônicos com vistas a interceptar navios e coordenar os ataques.

Por fim, a pirataria demandava o emprego de um número maior de pessoas mais bem equipadas e mais qualificadas do que as operações de sequestro de estrangeiros no deserto do Saara. E os piratas precisavam de marinheiros. Em parte, isso explica por que, no início, o recrutamento era feito entre ex-pescadores, pessoas que conheciam o mar e tinham visto seu meio de sobrevivência desaparecer por causa da pesca predatória.

Ao contrário do modelo de sequestro da AQMI, que exigia grandes investimentos iniciais, a pirataria copiou o clássico modelo de investimento do capitalismo em seus primórdios. Daí o fato de que o retorno sobre o capital investido era muito maior do que o custo da força de trabalho, graças à abundante oferta de mão de obra barata. Investidores podiam embolsar até 75 por cento dos lucros, enquanto os piratas ficavam com uma parcela de apenas 25 por cento. Contudo, num país em que o PIB per capita girava em torno de 600 dólares por ano, um único pirata podia ganhar 10 mil dólares ou até mais depois de um sequestro bem-sucedido, como foi o caso do *Malaspina Castle*. Dessas somas enormes, os piratas tinham que deduzir despesas e pagamentos, custos que geralmente eram altos.

A ECONOMIA DO FOMENTO INDIRETO DOS PIRATAS

De acordo com ex-piratas, quando um navio capturado era levado para um ponto no litoral da Somália, nascia no local um sistema microeconômico completo para atender às necessidades dos envolvidos na operação. Cozinheiros forneciam refeições às tripulações e aos piratas. O *khat* chegava às praias também, bem como muitos outros produtos e serviços, incluindo bebidas alcoólicas e prostituição. Todas essas pessoas, incluindo os empreendedores envolvidos com pirataria, eram pagas assim que os sequestradores recebiam o dinheiro do resgate. Todo tipo de despesa era devidamente registrado e os recibos ficavam guardados em lugar seguro até o dia do pagamento.

O irônico é que a tomada de empréstimos e o efeito cascata dessa "liberalidade econômica", ambos tão valiosos para os adeptos da doutrina neoliberal do Ocidente, foram essenciais para o sucesso do modelo de pirataria na Somália. Os investidores arcavam com os custos do sequestro e, durante as negociações, os piratas se financiavam contraindo dívidas. Em outras palavras, os investidores se responsabilizavam pelos custos fixos da operação, ao passo que os custos variáveis eram cobertos por empréstimos obtidos de empresários locais. Por conseguinte, com os juros cobrados, que podem chegar a 100 por cento, a dívida aumenta até o recebimento do dinheiro do resgate. Por exemplo, se um pirata pede o equivalente a 10 dólares em crédito para usar o celular e se compromete a pagar o que deve assim que receber o dinheiro de um resgate, ele terá que pagar 20 dólares ao lojista que lhe forneceu o serviço.[72]

Quando um resgate é pago, é dia de pagamento para todos. Os anciães locais e os chefes de clãs exigem algo entre 5 e 10 por cento do valor do resgate por direitos de ancoragem. Outros 10 por cento desse valor são distribuídos entre os membros da equipe de segurança, incluindo milicianos e intérpretes. Os piratas, seu comandante, a tripulação do navio-base e as flotilhas de ataque ficam com uma parcela de 30 por cento do dinheiro do resgate, com a qual pagam suas dívidas pessoais. "O escriturário procura cada um dos devedores e recolhe o dinheiro assim que [o resgate] é pago", explicou um ex-pirata.[73] Às vezes, parte desse dinheiro é usada para pagar a chefes guerreiros que fornecem proteção aos piratas contra possíveis ações de seus próprios clãs, mantendo suas identidades sob sigilo, de forma que os piratas não tenham que dividir o dinheiro com membros de sua tribo. Por fim, os negociadores do resgate ganham também uma porcentagem desse dinheiro.

Em seu livro de memórias, intitulado *A Long Walk Home*, Judith Tebbutt descreve o efeito cascata gerado pelo pagamento do resgate: "O resgate pago pela minha libertação teve que ser dividido de muitas formas: é muito provável que a primeira fatia desse dinheiro tenha sido usada para pagar um empréstimo a juros que os piratas tomaram para financiar a operação. Afinal, o custo para me manter no cativeiro era alto: embora me tivessem dado comida barata, os guardas que usaram para me vigiar eram caros, e eles pagavam o serviço desses homens com alimentos bem preparados, *khat* e salários. Quando saldavam todas essas dívidas, o dinheiro que sobrava era dividido, entre todos os envolvidos, de cima para baixo."[74]

O efeito cascata continua depois na comunidade dos participantes da operação. Piratas de baixo escalão, por exemplo, gastam seu dinheiro muito, muito rapidamente no mercado local. Numa entrevista feita com membros da Organização Juvenil de Ações contra Pirataria de Garowe (a capital da região autônoma da Puntlândia, na Somália), um dos ex-piratas contou que participara de um sequestro que proporcionou um resgate de 2,5 milhões de dólares. Seu investidor recebeu cerca de 800 mil dólares, e a parcela do ex-pirata foi mais ou menos de 40 mil dólares. Ele comprou um carro por 10 mil dólares, emprestou 20 mil dólares a um amigo que queria reinvestir em outro sequestro, operação que acabou fracassando, e depois gastou os 10 mil dólares restantes em "atividades de lazer" em Garowe, tais como noitadas embaladas por bebidas alcoólicas e prostitutas.[75]

O modelo de pirataria é estruturado de tal modo que força soldados de infantaria a voltar para os mares. Ele transformou também esse negócio ilegal numa indústria nacional, financiando um grande número de outros negócios na Somália. A ONU estima que, de abril de 2005 a dezembro de 2012, a pirataria gerou cerca de 350 milhões a 420 milhões de dólares no Chifre da África. Durante esse período, o número de sequestros de seres humanos e navios cresceu exponencialmente. Em 2006, 188 pessoas se tornaram vítimas desses crimes, enquanto, em 2009, esse número chegou a 1.050 e, em 2010, subiu para 1.181. Paralelamente a isso, os valores dos resgates aumentaram, da casa das centenas de milhares de dólares em 2006 para uma média de 5 milhões de dólares em 2011. Em 2011, a pirataria foi a segunda maior fonte de renda na Somália, rendendo para seus participantes mais de 200 milhões dólares ao longo do período, ficando atrás apenas das remessas de dinheiro das vítimas da diáspora somali, um total estimado em cerca de 1 bilhão de dólares por ano.

Como seria de esperar, os piratas somalis consideravam suas atividades algo plenamente justificável, chamando a si mesmos de *badaadinta badah*, ou *salvadores dos mares*, expressão que, geralmente, é traduzida como *guarda costeira*, em vez, pois, de se autodenominarem *burcad badeed*, expressão somali que significa *pirata*.

ESTRANGEIROS: A PRESA MAIS VALIOSA DO OCEANO ÍNDICO

Muito antes de Judith Tebbutt ter sido sequestrada e o seu marido ter sido assassinado, numa ação que se dera a apenas 40 quilômetros de distância da Somália, a sociedade civil somali havia deixado de existir. Quando os Tebbutt chegaram às praias arenosas de Lamu, a maior parte da população desse país tinha regredido a um primitivismo quase absoluto. Presas no interior de clãs cada vez mais violentos, lutando para sobreviver, as pessoas tinham perdido sua bússola moral.

Numa entrevista à BBC, Judith Tebbutt se lembrou de que, um dia, o sequestrador somali anglófono que atuou como seu tradutor disse a ela que seu irmão queria fazer uma pergunta. Ele queria saber se ela achava que eles eram pessoas más em virtude do que estavam fazendo com ela. A italiana tentou explicar por que era errado o que eles estavam fazendo com ela, mas parece que os jovens irmãos somalis não conseguiram entender o que ela disse. Mariani teve experiências semelhantes com seus captores mais jovens no Mali também.

Em 1998, enquanto trabalhava para o Alto Comissariado da ONU de Amparo a Refugiados, Vincent Cochetel chegou à mesma conclusão depois que foi capturado e mantido em cativeiro por 317 dias na Chechênia.[76] Encarcerado num porão, imerso numa escuridão total, durante vinte e três horas e quarenta e cinco minutos por dia, seus captores lhe davam uma vela que permanecia acesa por apenas quinze minutos, juntamente com um grande pedaço de pão e uma tigela de sopa. Um dia, um novo carcereiro se aproximou dele. Num tom de voz muito suave, ele disse: "'Gostaria de agradecer a ajuda que sua organização deu à minha família quando ficamos desalojados no vizinho Daguestão.' O que eu poderia responder diante disso?", indaga Cochetel. "Foi muito doloroso para mim. Foi como ter levado uma facada no estômago. Passei semanas absorto em reflexões íntimas para tentar conciliar as boas razões que tínhamos para ajudar essa família com a atitude do mercenário que ele se tornou. Ele era jovem. E tímido também. Nunca vi seu rosto. Talvez ele quisesse me consolar ou até me ajudar de alguma forma. Mas, naqueles quinze segundos, ele me fez questionar tudo que fizemos, todos os sacrifícios."[77]

Na Somália, tal como na Chechênia, em meio a uma situação política cada vez mais distópica, o bem e até o mal viraram fumaça, e estrangeiros caíram nas garras de predadores, eles mesmos vítimas do estado falido. A caça a estrangeiros acontecia em toda parte: no mar, na praia e até nos países vizinhos.

Todos parecem estar envolvidos nessas caçadas, incluindo, tal como Jéssica Buchanan informa no relato de seu drama na Somália, crianças. "Escureceu e mudamos de veículos algumas vezes. Chegam mais pessoas. Estão gritando. E ouço atrás de mim a voz fina de um somali gritando sem parar. E penso: 'Meu Deus, eles envolveram uma mulher nisso!' Mas, quando me viro, vejo uma pequena criança na traseira do cruzador terrestre com um AK-47 coberto de fitas de munição. E penso na ironia que acabou se revelando o motivo que me fizera ir para a África."[78] Essa criança guerreira estava, nas palavras de Buchanan, "aprendendo o ofício". A globalização tem um lado negro estarrecedor. Transformou várias regiões do planeta em selvas modernas, nas quais criminosos procuram jovens aprendizes para ensiná-los a extorquir com violência estrangeiros e turistas. Embora governos continuem a relutar em admitir essa realidade, ela existe de fato.

Logo depois do sequestro de Judith Tebbutt, as autoridades do Quênia iniciaram uma investigação. A explicação oficial foi a de que dois somalis e seis quenianos tinham forçado um dos guardas do resort a revelar, sob a mira de armas, qual dos bangalôs estava ocupado. De acordo com a polícia, eles eram criminosos comuns que tinham sido avisados por um funcionário do Kiwayu Safari Village da presença de hóspedes no estabelecimento.

Embora os sequestradores nunca tenham sido achados, as autoridades quenianas condenaram Ali Babitu Kololo, um lenhador de um povo vizinho que a polícia acreditava que tinha levado os sequestradores ao Kiwayu Safari Village. As autoridades não fizeram mais nenhuma investigação.

Em outubro de 2015, porém, a Al Jazeera revelou o teor de um pequeno relatório da MI6, preparado apenas dois dias depois do sequestro de Judith Tebbutt. De acordo com o documento, fazia vários anos que o resort queniano em que o casal britânico ficou hospedado vinha sendo vigiado pela Al-Shabaab (uma organização jihadista somali criada em fins de 2006) antes do ataque. No relatório, constava uma citação do serviço secreto queniano que dizia que, em setembro de 2008, quatro homens tidos como membros da Al-Shabaab haviam sido presos perto do Kiwayu Safari Village enquanto, aparentemente, realizavam uma operação de reconhecimento, com vistas a obter informações sobre seu sistema de segurança. Em fevereiro de 2010, os serviços secretos quenianos tinham conseguido impedir uma tentativa da Al-Shabaab de sequestrar ocidentais hospedados nesse mesmo hotel.

Estariam os criminosos trabalhando com jihadistas? Ou, o que parece mais provável, estaria a Al-Shabaab no Quênia seguindo uma sugestão da liderança da Al-Qaeda para que ingressasse no ramo de sequestros, seguindo na esteira do modelo de sucessos da AQMI? O valor do resgate para a libertação de Judith Tebbutt foi de 1,1 milhão de dólares, um lucro e tanto para apenas seis meses de trabalho. Aliás, o relatório informava também que, dois meses antes do sequestro de Judith, Kahale Famau Khale, um comandante da Al-Shabaab, discutiu com outros a possibilidade de sequestrarem turistas ocidentais na ilha de Lamu e até falou em conseguir um barco para levá-los para o litoral norte da Somália. Alguns dias antes do ataque ao Kiwayu Safari Village, Khale foi visto em Ras Kamboni, uma cidade fronteiriça vizinha à localidade.

Em seu livro, *A Long Walk Home*, Tebbutt afirma que seus sequestradores eram piratas e "conheciam perfeitamente as características das marés locais e dos perigosos recifes de corais próximos à praia, os quais podiam tornar a navegação algo muito arriscado".[79] Contudo, não seria improvável que a Al-Shabaab tivesse alguns marinheiros qualificados entre seus seguidores ou que fingissem ser de outro grupo. Como veremos adiante, muitas vezes sequestradores dissimulam a identidade e as características da organização a que pertencem. Aliás, ainda mais pertinente é a política do governo britânico de não se envolver em nenhum tipo de barganha ou negociações com organizações terroristas como a Al-Shabaab. Portanto, Judith Tebbutt teve sorte, pois as autoridades estavam convictas de que seus sequestradores eram piratas, e não terroristas, apesar de que a distinção entre ambos possa ter sido, no fundo, apenas semântica.

Aliás, o vazado documento da MI6 parece indicar que a Al-Shabaab andou se aventurando também em incursões pelas águas da pirataria somali e sequestrando grandes navios. Todavia, como vimos pelo exemplo somali, a pirataria era uma indústria nacional sofisticada. É muito improvável, portanto, que a Al-Shabaab tivesse investidores, a estrutura e o conhecimento especializado para sequestrar navios cargueiros. Tampouco contava com o apoio da população local. Aliás, não existem provas de que houvera algum dia a prática de atos de pirataria contra navios comerciais por parte de grupos islâmicos somalis. No entanto, com uma forte presença em algumas partes do país, a Al-Shabaab se beneficiou indiretamente desse tipo de pirataria. Em Harardere, por exemplo, uma cidade portuária ao norte de Mogadíscio, piratas pagavam uma "taxa de desenvolvimento" de 20 por cento à Al-Shabaab, que controlava a região.[80]

A incursão aventurosa da Al-Shabaab no terreno do sequestro de estrangeiros, tanto na Somália quanto em países vizinhos, não foi tão bem-sucedida quanto a da AQMI no Sahel. Embora tenha conseguido sequestrar vários barcos e seus ocupantes, a Al-Shabaab entrou nesse ramo de negócios tarde demais, apenas alguns anos antes de estrangeiros terem começado a perceber o perigo de viajar para esses países ou navegar ao longo do litoral somali.

Pessoas como os Tebbutt não sabiam que a total desestabilização político-econômica da Somália e da região do Chifre da África tinha avançado tanto que acabou afetando o Quênia e outros países vizinhos e, desse modo, havia transformado seu destino turístico de sonhos numa zona proibida. Talvez não soubessem nem mesmo que, em 1998, a Al-Qaeda tinha bombardeado as embaixadas americanas no Quênia e na Tanzânia, os primeiros ataques transnacionais ordenados por Osama bin Laden. Foi uma espécie de ensaio geral para o 11 de setembro, uma prova da presença da jihad nesses países muito antes de grupos como a Al-Shabaab terem aparecido na Somália.[81]

Em 2011, os britânicos ainda consideravam o Quênia um país amigo, uma ex-colônia em que se podiam passar férias exóticas. Mas essa foi uma das muitas fantasias que europeus haviam criado em relação à África após o 11 de Setembro. O Quênia era parte de uma região — cujo epicentro era a Somália — que se tornara uma das muitas vítimas da nova ordem mundial, um processo desencadeado pela queda do Muro de Berlim e pelo advento da globalização. O sequestro de estrangeiros e navios era apenas alguns dos sintomas disso. A jihad criminosa era outro.

Judith e David Tebbutt não foram apenas vítimas de seus sequestradores, mas também da falsa sensação de segurança incutida neles por governos do Ocidente perfeitamente cientes dos perigos reais a que seus cidadãos poderiam expor-se.

Capítulo Cinco

A Ligação do Golfo Pérsico com os Imigrantes Somalis

Em 12 de janeiro de 2011, piratas somalis sequestraram o *Leopard*, um navio dinamarquês que transportava uma carga de explosivos destinada à exploração de minas nas regiões orientais da Malásia. Como navio-base, os piratas usaram um barco de pesca chinês, o *Shiuh Fu Nº 1*, que eles tinham sequestrado no Oceano Índico e cuja tripulação, de 28 tripulantes, foi forçada a ajudar a sequestrar o *Leopard*.

O grupo de ataque partiu do litoral de Omã, no dia seguinte que o navio--escolta armado do *Leopard* se separou dele. A escolta tinha começado a acompanhar o *Leopard* na extremidade sul do Canal de Suez com o objetivo de protegê-lo em sua travessia pelo Mar Vermelho e pelo Golfo de Áden, cujas águas tinham fama de viver infestadas de piratas. Além do mais, o navio estava envolto em fios de arame farpado, visando impedir que piratas chegassem ao convés com escadas. Porém, depois que a escolta se separou dele, os sequestradores conseguiram subir a bordo do *Leopard* através de uma pequena parte de seu costado sem proteção. Por sorte, como os piratas apertaram alguns botões com violência e, com isso, acabaram danificando o sistema de navegação, não conseguiram levá-lo para o litoral da Somália e usá-lo como trunfo em negociações com o proprietário.[82]

Antes que os piratas subissem a bordo, Lopez conseguiu também enviar uma mensagem de socorro via rádio, pedido de ajuda que foi captado por um avião de patrulha naval japonês. Com isso, um navio de guerra da OTAN, navegando a 250 milhas náuticas dali, foi contatado imediatamente. Mas, quando, dois dias depois, finalmente acharam o *Leopard* boiando à deriva no Oceano Índico, esse navio estava vazio. Sua tripulação e os piratas haviam desaparecido.[83]

A TRIPULAÇÃO DESAPARECIDA

A tripulação se tornara refém dos piratas. Quando eles entenderam que o navio tinha ficado inoperacional, sequestraram os seis membros da tripulação: dois dinamarqueses — o capitão Lopez, nascido no Chile, e Søren Lyngbjørn — mais quatro filipinos. Eles os levaram para terra firme, para um trecho do litoral sul de Hobyo, na Somália. Pouco depois, a empresa proprietária do navio, a dinamarquesa Shipcraft, começou a receber exigências de pagamento de resgate.

Desde o início, o sequestro do *Leopard* foi um episódio sem igual: o ataque veio de um local distante da Somália, possivelmente quando os piratas estavam voltando da operação de sequestro do barco de pesca. De acordo com Søren Lyngbjørn, o barco chinês tinha sido sequestrado perto de Madagascar, em dezembro de 2010; porém, alguns dias depois, eles tiveram que abandonar o *Leopard* e sua carga. Por fim, depois de terem mantido a tripulação no navio *Polar* durante seis meses, ao largo da costa da Somália, os piratas resolveram levá-lo para a praia, ou seja, a captura do *Leopard* se transformara no sequestro de seres humanos. As primeiras negociações demoraram bastante, talvez por causa de todos esses fatores peculiares.

"Envoltas num sigilo absoluto, as negociações do proprietário com os piratas se arrastaram por um ano e meio", relata o historiador Karsten Hermansen, que escreveu um livro sobre o drama da tripulação do *Leopard*.[84] "Com exceção das famílias dos reféns e do governo, ninguém na Dinamarca sabia o que tinha acontecido. Durante esse tempo, os piratas transferiram os tripulantes para diferentes esconderijos, demonstrando claramente com isso que receavam ser descobertos. Por fim, em julho de 2012, eles disseram aos negociadores dinamarqueses que, dentro de dez dias, os reféns seriam libertados. As partes haviam chegado a um acordo." Então, de repente, um dos tabloides dinamarqueses, o *Ekstra Bladet*, divulgou o caso de sequestro e iniciou uma campanha pela mídia para "libertar os reféns". "Aparentemente, [seus jornalistas] tomaram conhecimento da história por intermédio de uma pessoa que morava no mesmo povoado de Søren Lyngbjørn, um dos reféns dinamarqueses, pessoa que, mentindo, disse que era seu melhor amigo", conclui Hermansen.

O *Ekstra Bladet* publicou várias reportagens de primeira página sobre o sequestro e afixou cartazes em toda parte para divulgar sua cobertura do caso. Em pouco tempo, o público dinamarquês começou a exigir a libertação dos reféns. A campanha da mídia foi também um acontecimento crítico para os sequestradores. Poucos dias após a publicação, pelo *Ekstra Bladet*, da notícia do sequestro, os criminosos disseram aos negociadores que o acordo inicial não valia mais. Eles tiveram de começar tudo de novo. "Estava claro que os sequestradores sabiam da campanha midiática na Dinamarca. Eles tinham contatos entre a população de imigrantes somalis", inferiu o Karsten Hermansen.[85] Realmente, é muito improvável que os sequestradores soubessem dinamarquês e houvessem tido acesso a publicações da imprensa sensacionalista dinamarquesa.

OS IMIGRANTES SOMALIS

De acordo com as Nações Unidas e o Banco Mundial, piratas somalis vêm mantendo ligações com seus compatriotas radicados no exterior desde o início dessa onda de sequestros. No curso da investigação dessas ligações, o Grupo de Monitoramento de Violações do Embargo de Venda de Armas à Somália e à Eritreia descobriu a existência de muitas "transferências financeiras entre piratas somalis e membros de grupos de imigrantes somalis relacionadas a alguns casos de sequestros".[86] Segundo um relatório do Banco Mundial sobre pirataria, instituições bancárias na América do Norte, África, Ásia e Europa estão enredadas na administração de recursos financeiros "advindos de casos de pirataria marítima e sequestros com finalidades extorsivas nas águas litorâneas da Somália".[87]

Os piratas que atacaram o *Leopard* exploraram inteligentemente a divulgação que os meios de comunicação deram na Dinamarca ao caso do sequestro da tripulação do navio e usaram os imigrantes somalis para induzir a mídia a entrevistar os reféns. Com isso, um jornalista somali-norueguês autônomo realizou várias entrevistas com os reféns num acampamento em que estes eram mantidos em cativeiro, registrando a visita com fotografias e vídeos. "Depois, ele vendeu a reportagem aos veículos da imprensa dinamarquesa. E todos na Dinamarca puderam ver as condições deles. Estavam num estado estarrecedor", relata Hermansen.

Depois de libertado, o capitão Eddy Lopez revelou que, antes das entrevistas, os sequestradores tinham dado uma surra tremenda nele e em Lyngbjørn para fazê-los parecer mais amedrontados e vulneráveis.[88] Tal como no caso do *Malaspina Castle*, os piratas queriam exercer pressão psicológica nos negociadores, procurando transmitir uma imagem exagerada das já chocantes condições enfrentadas pelos reféns, com o objetivo de mobilizar a opinião pública dinamarquesa em favor do pagamento de um grande resgate.

O capitão Lopez abriu um processo legal contra a imprensa, por exploração de sua condição de refém. Em maio de 2016, Søren Lyngbjørn e Eddy Lopez ganharam o caso contra o *Ekstra Bladet*. A Corte Municipal de Copenhague decidiu que as ações do *Ekstra Bladet* foram erradas e condenou o tabloide a pagar a Søren Lyngbjørn e Eddy Lopez 30 mil coroas suecas (cerca de 40 mil dólares). Os dois marinheiros ficaram satisfeitos com o desfecho do caso e disseram que dariam o dinheiro aos quatro filipinos membros da tripulação. O *Ekstra Bladet* preferiu não recorrer da decisão.

"Logicamente, os jornalistas não eram piratas", observa Hermansen. "Contudo, eles tinham algum tipo de ligação com os sequestradores por intermédio de imigrantes somalis na Dinamarca ou na Noruega. Do contrário, pessoas como [o jornalista] Abdi Fitah Gelle nunca teriam conseguido acesso aos reféns."[89] E o curioso é que, embora os sequestradores da tripulação do *Leopard* transferissem os reféns de um acampamento para outro com frequência, por receio de que descobrissem seu paradeiro e, possivelmente, para evitar ataques de sequestradores rivais, eles deixaram que jornalistas visitassem os reféns no cativeiro. Está claro, portanto, que confiavam neles e nos intermediários pertencentes à comunidade de imigrantes que haviam organizado essas visitas.

Entre a espada que é a estrutura organizacional pirata somali, que demanda a participação de investidores, e a cruz das penosas circunstâncias que lhes forjam a crença inelutável, professada pela maior parte da população local, de que a pirataria não é crime, mas um válido fator de sobrevivência, os membros da comunidade mundial de imigrantes somalis veem poucas restrições a se tornarem parte da indústria da pirataria. Assim, trabalhando por vias diretas e indiretas, eles forneciam recursos financeiros a familiares e amigos envolvidos nesse negócio; ajudavam também a lavar o dinheiro lucrado com o pagamento de resgates; e, no caso dos reféns dinamarqueses do *Leopard*, é provável que tenham agido como intermediários entre a imprensa e os piratas, num trabalho conjunto para fazer com que o resgate das vítimas pago pelo governo fosse o mais alto possível.

Portanto, a pirataria tem sido um bom negócio para alguns somalis residentes no exterior. Tanto que, conforme revelado por uma investigação da ONU: "Entre as partes interessadas na pirataria estão financistas/investidores, piratas, membros da comunidade de imigrantes, bem como integrantes de populações locais. Os perfis dos investidores vão desde o de empresários internacionais ao de investidores privados locais, tais como Sahra Ibrahim, uma mulher divorciada de 22 anos de idade, que deu como contribuição ao negócio uma bazuca recebida do marido como pagamento de pensão alimentícia e usada na operação envolvendo um ataque a um barco de pesca de atum espanhol. Sua compensação financeira pelo investimento na forma de bazuca foi de 75 mil dólares, recebidos ao longo de 38 dias."[90]

De acordo com Hermansen, a população somali, tanto na Somália em si quanto na Dinamarca, foi cúmplice do suplício pelo qual passaram os reféns do *Leopard*. "Na Somália, logicamente, visto que o dinheiro de resgates é gasto quase totalmente nas comunidades locais, a pirataria se tornou uma fonte de renda para suas populações. Por isso, a pirataria é aceita. Não há alternativa. Seus lucros fazem parte da economia nacional. Embora não seja o caso na Dinamarca nem em nenhum outro dos países nórdicos, os integrantes das comunidades de imigrantes somalis dessas nações demonstram, em sua maioria, a mesma indiferença que seus desesperados parentes na Somália têm para com o martírio dos reféns do *Leopard*."[91]

Depois que o *Ekstra Bladet* e a imprensa dinamarquesa começaram a falar sobre o sequestro do *Leopard* e de sua tripulação, somalis residentes na Dinamarca desencadearam várias iniciativas para condenar o sequestro. Alguns líderes das comunidades chegaram a criticar publicamente o sequestro. Contudo, muitas pessoas na Dinamarca partilhavam a visão de Hermansen, segundo a qual, por si sós, essas críticas não eram suficientes.

O sequestro do capitão Lopez e de Søren Lyngbjørn, acontecimento negativo agravado pela campanha da mídia, prejudicou as relações entre a população dinamarquesa e a comunidade somali. Muitos dinamarqueses começaram a ver os imigrantes somalis com desconfiança. Aliás, a campanha da imprensa não só provocou o aumento do valor do resgate para a libertação dos tripulantes reféns, mas também fomentou a discriminação racial e dividiu a sociedade. Os que lucraram com isso foram os piratas, que embolsaram um resgate maior do que o inicialmente negociado, bem como seus patrocinadores, onde quer que estivessem, e, logicamente, os meios de comunicação em si.

"A campanha da mídia foi muito agressiva e acabou beneficiando os negociadores dos piratas", observa Hermansen. "Por exemplo, a certa altura, ela revelou que o dono do *Leopard*, que é da Suécia, mas mora na Dinamarca, estava comprando uma casa na Espanha por quase 20 milhões de dólares.

A população dinamarquesa ficou indignada. E pensaram: 'Como ele pode fazer uma coisa dessas?' Mas, com certeza, os piratas ficaram contentes em saber que ele tinha muito mais dinheiro." É provável que essa informação sobre a liquidez financeira do proprietário do navio tenha sido usada durante as negociações.

Por fim, em abril de 2013, 839 dias depois, as partes chegaram a um acordo. O valor do resgate foi fixado em 6,8 milhões de dólares. Era muito dinheiro na época, muito mais do que os somalis costumavam exigir.

Tal como havia sido feito no caso do *Malaspina Castle*, o dinheiro foi lançado de paraquedas, por um jato fretado, no local designado pelos piratas. Houve dois lançamentos: o primeiro foi de 1,5 milhão de dólares e se destinava a Fadhi, o chefe dos piratas. O segundo, uma carga com um total de 5,3 milhões de dólares, foi para o restante dos sequestradores. O capitão do navio acompanhou os piratas na tarefa de recolhimento do resgate e da contagem do dinheiro para confirmar se haviam feito mesmo a entrega da quantia combinada.

LAVANDO O DINHEIRO DA PIRATARIA

Embora os piratas gastassem em espécie, na Somália mesmo, sua parte ganha com a extorsão, investidores, principalmente os que moravam no exterior e os pertencentes à comunidade de imigrantes, não faziam isso. Por isso, para eles era fundamental providenciar a lavagem do dinheiro. Conforme relatado pelo Grupo de Monitoramento de Violações do Embargo de Venda de Armas à Somália e à Eritreia, o melhor e mais conveniente local para se fazer isso era no Golfo Pérsico. Depois do caso do navio belga *Pompei*, por exemplo, sequestrado em 18 de abril de 2012, as autoridades belgas localizaram contas bancárias e números de identificação em Dubai vinculados ao pirata negociador da liberação do navio.[92] "Além do mais, as autoridades belgas acham que, após o lançamento do resgate de paraquedas, o dinheiro foi levado para Djibuti, donde o remeteram para Dubai via serviços de transferência de valores."[93]

Entre 2006 e 2012, no auge da pirataria somali, Djibuti e Dubai funcionaram como os principais pontos de distribuição de dinheiro de resgates. Para lavarem seu dinheiro sujo e enviá-lo para os investidores no exterior, piratas o disfarçavam com suas receitas de vendas de gado para Dubai ou para os Emirados Árabes Unidos. Recursos financeiros desses negócios circulavam regularmente entre Djibuti e Dubai via cartas de crédito. Faturas eram facilmente manipuladas para incorporar dinheiro de resgates. Muitos exportadores somalis que moravam no exterior haviam aberto escritórios em Dubai e transferiam dinheiro de um lugar para outro sem nenhum problema.

Numa espécie de operação geográfica triangular, os imigrantes somalis investiam em atos de pirataria de qualquer lugar em que estivessem, da América do Norte ou do norte da Europa, e depois lavavam o dinheiro por intermédio de contatos somalis no Golfo Pérsico. Era um negócio muito lucrativo, no qual grandes quantias retornavam para investidores em lugares como Seattle ou Vancouver, bem como para somalis morando nos países nórdicos.

Interceptar essas remessas de valores era muito, muito difícil. A maior parte do dinheiro enviada ou repatriada para o Ocidente era remetida pelo sistema *hawala*, o antigo método de transferência de recursos financeiros islâmico. No Golfo, as receitas de pirataria circulavam pelo sistema bancário islâmico, disfarçadas de pagamentos de operações de comércio de produtos primários. Por isso, é impossível determinar a quantidade de dinheiro que a pirataria somali gerou para os envolvidos no negócio que moravam no exterior.

A pirataria, no entanto — assim como as operações de sequestro de estrangeiros no Sahel —, teve vida curta. Em sua reação aos sequestros, empresas de comércio internacional e companhias de seguros decidiram manter guardas armados a bordo de navios durante toda a viagem, fazendo que, quase sempre, as naves fossem escoltadas por barcos com armamentos.

Com essas medidas, em fins de 2012, a pirataria somali começou a enfrentar grandes dificuldades. A reação do setor de transportes marítimos e da comunidade internacional tinha sido um sucesso. Como piratas somalis e seus investidores logo perceberam que a pirataria tinha apenas mais alguns anos de vida pela frente, passaram a procurar outras oportunidades de negócio, como alternativas ao sequestro, tais como o tráfico de migrantes para o Iêmen. Assim como seus congêneres no Sahel, piratas somalis e jihadistas se tornariam, talvez por uma ironia do destino, traficantes de seres humanos que lucravam com a tragédia da diáspora de somalis e de cidadãos do leste da África.

DE PIRATAS A TRAFICANTES

Desde 2009, piratas somalis vinham participando do tráfico de migrantes, principalmente como um negócio complementar à pirataria. No sequestro do *Pramoni*, por exemplo, um navio-tanque de produtos químicos de Singapura com uma tripulação de vinte e quatro pessoas a bordo, o navio dos piratas estava retornando do Iêmen, onde ele havia deixado imigrantes ilegais, para o litoral somali da Puntlândia. Em 1º de janeiro de 2010, durante a travessia, os piratas se depararam com o *Pramoni* e decidiram atacá-lo. O sequestro foi bem-sucedido, e a tripulação e o navio, liberados em 26 de fevereiro.[94] Piratas condenados pela Justiça confessaram que levavam também imigrantes da Puntlândia para o Iêmen quando iam lá pegar cargas de armamentos para a Somália.

O tráfico de imigrantes acabou se revelando um negócio mais fácil de realizar do que a prática de pirataria. Tanto que ex-pescadores ou até simples soldados de infantaria envolvidos depois em atos de pirataria — todos eles pertencentes ao estrato mais baixo da classe operária somali — conseguiam tocar o negócio sozinhos sem a necessidade de investidores, nem do envolvimento de milicianos. E os lucros não eram nada maus quando consideramos que uma única viagem de Bosaso, cidade da região da Puntlândia, na Somália, para o Iêmen levava apenas um dia e gerava um faturamento líquido de 10 mil dólares. Logicamente, isso era apenas um terço do que um único pirata podia ganhar após um sequestro bem-sucedido, mas, para receber as quantias enormes geradas por esse tipo de crimes, geralmente o sequestrador tinha que esperar vários meses. Por isso, sempre foi forte a atração que o tráfico de imigrantes exerceu sobre soldados de infantaria piratas desejosos de ganhar dinheiro rapidamente.

Como o sequestro de navios armados e de suas tripulações foi ficando cada vez mais difícil, o tráfico de imigrantes se transformou, de um negócio de valor meramente secundário, na principal atividade dos piratas somalis. "De 2012 em diante, o número de sequestrados nas mãos de piratas somalis teve uma queda acentuada, conforme demonstrado pela redução do número de prêmios de seguro contra sequestros e resgates", explica Giacomo Madia.

Enquanto sequestradores da AQMI se transformaram em traficantes de imigrantes da África ocidental, partindo em busca de uma vida melhor na Europa, os piratas somalis se tornaram traficantes de imigrantes da África oriental, partindo em busca de uma vida melhor na Arábia Saudita e nos ricos países do Golfo Pérsico.

ESCOLHAS DO DESESPERO

Em 2012, o Conselho Dinamarquês de Refugiados publicou o resultado de uma investigação realizada no Iêmen, entre maio e junho de 2012, em torno do tráfico de imigrantes etíopes. Intitulada *Escolhas do Desespero*, a pesquisa incluiu entrevistas com 130 pessoas que tinham sido vítimas de traficantes. As conclusões foram chocantes. "Sequestros, tortura, violência sexual, raptos e extorsão estão se tornando ameaças generalizadas e frequentes, às vezes letais, para imigrantes a caminho dos países do Golfo [Pérsico]", informa o resumo do documento.

Embora a travessia de Djibuti ou de Bosaso para o Iêmen leve apenas um dia e custe entre 80 e 150 dólares, muitos dos que podem dispor desse dinheiro acabam perdendo a liberdade durante a viagem, exatamente como acontecia com imigrantes na travessia do deserto líbio. "Éramos cerca de setenta imigrantes num pequeno barco, alguns dos quais jovens garotas.

Havia quatro contrabandistas iemenitas a bordo. Eles estupraram as jovens no barco mesmo, bem diante de nossos olhos. Não podíamos nos mexer nem falar, e essas garotas já tinham sido vendidas para traficantes iemenitas", atesta um garoto etíope a respeito de sua travessia em 2011.[95] Assim que pisavam em terra firme, os traficantes vendiam as mulheres para que fossem usadas em várias atividades, tais como a de empregadas domésticas "escravas" de famílias sauditas.

Grupos criminosos, geralmente mancomunados com contrabandistas e traficantes, capturavam os imigrantes perto do litoral do Iêmen, conforme relatado por um garoto etíope entrevistado em Haradh pelo Conselho Dinamarquês de Refugiados. "Quando conseguimos avistar o litoral do Iêmen, o barco parou. Um dos dois barqueiros ficou chamando alguém em voz alta em terra firme. Achamos que ele tinha se perdido. Algum tempo depois, entendemos que ele estava esperando que os contrabandistas chegassem antes de deixar que alcançássemos a praia."[96] Quando dois caminhões com homens armados apareceram, os traficantes soltaram os imigrantes, que foram forçados a nadar até a praia, onde os traficantes estavam esperando por eles. Lá, os imigrantes foram postos em caminhões e levados para uma casa no deserto, na qual os mantiveram em cativeiro até que seus familiares ou amigos pagassem resgates para que fossem libertados.

Às vezes, em vez de entregá-los a sequestradores, os próprios traficantes sequestram os imigrantes. Tal como na Líbia, no Iêmen também os traficantes submetem os imigrantes a maus-tratos para forçar suas famílias a pagar resgate. "Eles nos mantinham em cativeiro até que recebêssemos algum dinheiro de nossos amigos ou parentes na Etiópia", explicou um imigrante etíope. "Se nossos amigos ou parentes enviassem dinheiro, seríamos libertados. Se não, eles nos surravam até a morte. Nosso grupo era de trinta e cinco [pessoas] no início, mas três de nossos amigos morreram por causa das surras."[97] Em 2012, o valor do resgate oscilava entre 100 e 300 dólares.

Aqueles que não têm ninguém para ajudá-los são considerados mercadoria descartável. "Como eu não tinha ninguém que pudesse enviar dinheiro para me libertar, fui espancado brutalmente e minha mão foi pregada no chão", contou um jovem etíope de 22 anos de idade. "Depois de dois meses de sofrimento, fui abandonado no deserto quando viram que eu não tinha dinheiro mesmo."⁹⁸

Geralmente, os que conseguem sobreviver acabam parando nas ruas. Relatórios de 2012 da cidade de Haradh, no noroeste do Iêmen, indicam que nada menos que "doze mil imigrantes, etíopes em sua maioria, muitos deles em estado crítico, estavam dormindo [...] nas ruas, sobrevivendo de esmolas e procurando comida em latas de lixo".⁹⁹ Todos os dias, em Haradh, a Organização Internacional de Reassentamento de Migrantes trata dos casos de imigrantes que fugiram ou sobreviveram a sequestros, estupros ou torturas. Muitos são menores de idade desacompanhados ou pessoas idosas.

A despeito do martírio aterrador a que esses imigrantes são submetidos, o tráfico de seres humanos continua impune e menos arriscado para seus professantes do que a pirataria praticada por criminosos somalis, já que nenhuma grande iniciativa internacional, semelhante às empreendidas para impedir que piratas sequestrem navios comerciais, foi organizada para salvar as vítimas de tráfico de pessoas. Conforme observado por Colin Freeman, correspondente do *The Daily Telegraph*, jornalista que foi também vítima de sequestro na Somália, em contraste com sua pujante operação antipirataria, denominada Atalanta, a União Europeia demonstra relativa indiferença para com piratas quando eles assumem o papel de traficantes de seres humanos.¹⁰⁰ "Considerando-se que, muitas vezes, os mesmos grupos criminosos controlam ambos os negócios, seria de esperar que [ações contra] pessoas envolvidas com o tráfico de seres humanos tivessem tanta prioridade por parte de patrulhas marítimas internacionais quanto o combate que dão à pirataria", disse Freeman.

No entanto, "quando [, em 2009,] o Cornwall, navio da Marinha Britânica, cruzou, bem ao largo do litoral de Bosaso, com um esquife abarrotado de gente até a borda das amuradas, não fizemos nada. Os comandantes do Cornwall explicaram então que não fazia parte de suas diretrizes interceptar traficantes — primeiro, porque não tinham espaço a bordo para acomodar refugiados e, segundo, porque as quadrilhas tinham o hábito detestável de jogar passageiros para fora dos barcos quando eram perseguidas. Cornwall teria sido obrigado a resgatar as pessoas que fossem atiradas na água, antes de qualquer coisa, permitindo assim que os contrabandistas fugissem."[101] Freeman conclui, portanto, que as operações antipirataria da UE são "totalmente inúteis para o combate ao tráfico de seres humanos".

Essa falha na fiscalização internacional de atividades criminosas permite também a cooperação entre traficantes de pessoas e seus investidores globais, incluindo muitos somalis radicados no exterior. Assim como criminosos empreendimentos conjuntos exportaram carga humana da África ocidental para a Europa e da África oriental para os países do Golfo Pérsico, um fenômeno semelhante vem acontecendo na Síria após a eclosão da guerra civil. Conforme veremos adiante, receitas oriundas do pagamento de resgates sempre se transformam em capital para o tráfico de pessoas desesperadas. O capítulo mais recente dessa saga aterradora é o êxodo de deslocados de guerra da Síria e do Iraque para o Velho Continente. Embora a interdependência entre os negócios de sequestros e de tráfico de seres humanos tenha ficado clara, esses fatos relacionados ainda não se tornaram plenamente conhecidos. Afinal, o pagamento de resgates por parte de governos do Ocidente é um de seus segredos mais bem guardados.

Capítulo Seis

A Tapeação da Guerra Civil na Síria

Na Síria, a sanguinária reação de Bashar al-Assad aos reflexos locais da Primavera Árabe, em abril de 2011, abriu uma caixa de Pandora de violências políticas. Organizações criminosas e patrocinadores de guerras por procuração fomentaram a disseminação de grupos armados e criminosos disfarçados de insurgentes. Em pouco tempo, grupos jihadistas criminosos proliferaram nessa parte do mundo e, desde o início de seu surgimento, operações de sequestro foram uma de suas principais atividades ilícitas.

Desse modo, o pagamento de resgastes para libertar "inimigos" capturados acabou se tornando uma das maiores fontes de recursos financeiros para o regime de Assad, principalmente no Norte, em áreas nas quais os rebeldes e os jihadistas combatiam porta a porta contra forças leais a Damasco. O principal alvo dessa forma de extorsão era a população síria.

"Eu tinha uma fábrica de sorvete no norte da Síria, perto de Alepo", explica Muhammad, que se recusou a informar o nome completo. Eu o conheci em Milão, perto da estação ferroviária, num ensolarado dia de outono de 2015. Ainda que com roupas bastante modestas, ele parece diferente dos outros refugiados, como se uma aura de elegância irradiasse dele. Seus gestos e movimentos parecem revelar que ele foi um homem muito rico.

Seu pai, que ainda mora em Damasco, tem vinte apartamentos na capital, embora sejam imóveis que hoje não valem nada, disse-me ele. Quando o conheci, Muhammad não tinha um centavo sequer; primeiro, teve que gastar parte de sua fortuna com a transferência da família para a Turquia; depois, com sua tentativa de sobreviver sozinho na Síria durante dois anos; e, por fim, com sua decisão de chegar à Europa como refugiado.

Segundo ele mesmo contou: "Certa manhã, quando eu estava indo de carro para o trabalho, fui parado pela polícia na rua em que ficava minha fábrica. Os policiais me disseram que os rebeldes estavam controlando a rua então. Não me disseram quem eram eles, se homens do Exército da Síria Livre ou algum grupo jihadista. Tudo que disseram foi que eu não podia passar. Estávamos no início de 2012. Um ano depois, tomei providências para transferir minha esposa e minha filha para Istambul, onde elas estão morando ainda. Permaneci [na Síria] e esperei até o fim de 2013, quando finalmente as forças do governo reconquistaram a área e tive permissão de voltar à fábrica. Mas não havia nada lá dentro. Eles tinham saqueado tudo. Decidi ir à delegacia para saber o que eu devia fazer, perguntar se havia uma forma de eu ser indenizado. Mas os policiais me puseram na prisão, acusando-me de ser partidário dos rebeldes.

Havia muitas pessoas como eu na mesma cela, empresários que tinham perdido tudo por causa da guerra civil e que agora estavam sendo acusados pelo governo de fazerem parte da insurgência. Os policiais nos surravam com frequência, quase sempre apenas para matar o tempo. Foi um pesadelo. Aí minha mulher conseguiu pagar para que me libertassem. Dez mil dólares foi o valor de meu resgate. Assim que saí de lá, parti para a Europa."[102]

Desde o início da guerra civil, o sequestro de sírios ricos se tornou uma forma rápida e lucrativa de financiar o conflito. Os policiais e os oficiais militares de Assad transformados em sequestradores se tornaram cruéis carcereiros de reféns. Eles usavam as prisões do governo para encarcerar reféns sírios em condições estarrecedoras; torturavam as vítimas, fingindo acreditar que eram rebeldes ou simpatizantes seus, e providenciavam para que suas famílias pagassem resgates para libertá-los.

"Meu irmão e eu tínhamos uma fábrica de roupas em Alepo", conta Muhammad Jamil Hassan, um refugiado sírio em busca de asilo na Dinamarca. "Empregávamos oitenta e oito pessoas. Era um negócio muito bom. Num dia de junho de 2013, homens do Exército da Síria Livre apareceram lá e confiscaram a fábrica — disseram que precisavam usá-la como hospital. O edifício tinha apenas um andar, mas era muito grande, com amplas janelas ao redor. Vieram todos muito bem armados e nos expulsaram de lá. Meu irmão não estava presente nesse dia. Tentei protestar, mas eles me fizeram sair à força com uma arma apontada para minha cabeça. Com isso, acabei saindo. No fim da rua, fui parado pela polícia. Os policiais me perguntaram o que estava acontecendo. Eu disse a eles que homens do Exército da Síria Livre haviam tomado minha fábrica à mão armada. Eles disseram que eu estava mentindo. Em seguida, algemaram-me e me levaram para a prisão, acusando-me de ter parte com os rebeldes, dizendo que eu tinha dado minha fábrica ao Exército da Síria Livre por vontade própria. Fiquei um mês na cadeia. Havia muitas pessoas na cela, onde as condições eram terríveis: tínhamos que beber água suja, comer restos de comida; nunca tínhamos permissão de nos lavar; as pessoas viviam doentes, outras morreram. Eu era espancado com frequência, até que meu tio conseguiu pagar o resgate de 12 mil dólares à polícia local."[103]

Às vezes, tanto os homens do governo quanto os da insurgência ganhavam dinheiro com o sequestro de sírios ricos. "Um policial veio me buscar [na cela] e me levou para o pátio da prisão. Ele destrancou a porta principal e depois foi fumar um cigarro no lado oposto. Caminhei lentamente até a entrada e fugi", prossegue Hassan. "Lá fora, estava meu tio, esperando-me no carro. Entrei e seguimos para o norte em direção à fronteira com a Turquia. Nem sequer me despedi de minha esposa. A alguns quilômetros da fronteira, ele me entregou aos cuidados de dois bandidos de Alepo. Eu os conhecia; cometiam pequenos crimes, mas tinham ingressado num dos grupos armados jihadistas pouco tempo atrás. Estavam dirigindo uma grande caminhonete — uma daquelas que a gente vê pela televisão nos desfiles do Estado Islâmico. Era nova em folha e ainda tinha uma placa da Arábia Saudita. Levaram-me para a Turquia, atravessando a fronteira. Meu tio pagou 2 mil dólares a eles. Antes de partir, ele me deu uma pequena bolsa cheia de dinheiro 'para a viagem para a Europa', disse ele. Nunca mais vi meu tio de novo."[104]

À medida que a guerra na Síria avançou, ficou claro que as preferências de sequestro das forças em conflito diferiam entre si, pendendo cada um dos lados para a escolha de suas vítimas em dois grupos distintos. Enquanto os sequestradores do regime de Assad se concentravam na captura de sírios ricos e da classe média, os jihadistas e os rebeldes centravam seus interesses em estrangeiros, que podiam valer milhões de dólares em matéria de resgate. Ambas as vítimas eram fáceis de capturar. Os homens do regime trabalhavam com base na quantidade de sequestros, ao passo que os da insurgência davam preferência à qualidade do resgate. Porém, às vezes, jornalistas ocidentais acabavam nas mãos de Assad, e sírios eram sequestrados pela insurgência.

"Eu tinha passado duas semanas em Al-Qamishli, no nordeste da Síria, antes de ter sido sequestrado pelo serviço secreto do regime de Assad, em 15 de fevereiro de 2015", relata Joakim Medin, um jornalista investigativo sueco. "Na época, Qamishli era uma cidade dividida: uma parte era controlada pelo regime de Assad e a outra por rebeldes curdos. Eu estava fazendo a cobertura da ação e condições dos rebeldes. Naquela manhã, meu tradutor, Sabri Omar, estava me levando para uma entrevista com a polícia de trânsito curda e seguíamos caminhando por uma rua compartilhada por ambos os lados. Enquanto eu caminhava na companhia do meu tradutor, fomos parados por uma patrulha do governo. Os policiais nos fizeram entrar num carro, encapuzaram Sabri e nos levaram para um setor controlado por eles. Eles me trancaram numa solitária, numa escuridão total, enquanto puseram meu tradutor numa cela com vinte e cinco simpatizantes do Estado Islâmico. Através de uma pequena abertura, vi um escritório, no qual torturavam os presos. Vi também um garoto de 14 anos de idade sendo torturado durante um interrogatório. Ele estava sentado no chão, sendo agredido por eles o tempo todo."

Depois de três dias e meio, Joakim Medin e seu tradutor foram levados para Damasco. Seguiram para lá num avião fretado com civis a bordo. As pessoas ficaram olhando para eles, algemados, com marcas de espancamento e sujos, mas não fizeram nada. Em Damasco, foram encarcerados na Unidade 300, a prisão destinada à reclusão de espiões e usada como central de espionagem.

"Ninguém sabia quem tinha me sequestrado", disse Medin. "Eles não contataram minha família ou o governo sueco. Eu poderia ter passado o resto de minha vida sendo transferido de uma prisão para outra, submetido a interrogatórios por vários serviços secretos. Poderia ter desaparecido dentro do sistema presidiário infernal do regime [de Assad]... Mas, felizmente, como os curdos sabiam que eles tinham me capturado, fizeram uma negociação secreta para me libertar. Acabaram conseguindo nos trocar por dois oficiais sírios de alta patente que eles tinham capturado."[105]

Joakim Medin teve sorte. Já outros nem tanto.

DORMINDO COM O INIMIGO

Em abril de 2013, o jornalista italiano Domenico Quirico e o professor belga Pierre Piccinin da Prata entraram na Síria pelo Líbano. Eles confiaram os cuidados com sua segurança a um dos muitos grupos da insurgência síria. Mas isso foi um grande erro, pois, perto da cidade de Qusayr, a Brigada de Abu Omar, um grupo ligado à Brigada Al-Faruq, os sequestrou e exigiu um resgate de 10 milhões de dólares.[106] Nascida no verão de 2011, a Brigada Al-Faruq era um braço do Exército da Síria Livre, na época o maior grupo de insurgentes contra o governo de Assad. Os sequestradores de Quirico e Piccinin pertenciam à miríade de grupos insurgentes "moderados" que o Ocidente vinha apoiando desde o estouro da guerra civil na Síria.

Ambos os homens não foram os primeiros jornalistas ou intelectuais do Ocidente a serem traídos e transformados em reféns por um grupo rebelde dentro do território sob seu controle. Alguns meses antes, um sequestro semelhante tinha sido realizado no norte da Síria.

Uma década após o surgimento da jihad criminosa da Al-Qaeda no Magreb Islâmico, na região do Sahel, e alguns anos depois do nascimento de sua versão marítima, atuante no litoral da Somália, grupos jihadistas criminosos eclodiram na Síria. Só que, desta vez, a variação na mistura básica de ações criminosas com jihad foi a presença de grupos armados seculares pertencentes à insurgência contra-Assad, parte dos quais tem sido indevidamente classificada como forças insurgentes sírias "moderadas", consideradas pelo Ocidente organizações formadas por "bons sujeitos".

A insensatez dessas denominações ficou clara antes mesmo do sequestro de Quirico e Piccinin, quando, em dezembro de 2012, homens armados sequestraram Richard Engel, um correspondente de guerra americano, juntamente com outros cinco membros de uma equipe da NBC News. Eles estavam viajando sob a escolta de um comandante do Exército da Síria Livre chamado Abdelrazaq. Após alguns quilômetros em território sírio, depois de terem atravessado a famosa região fronteiriça de Bab al-Hawa, eles chegaram a um posto de controle controlado por homens que achavam que eram os *shabiha*, ou "fantasmas", uma milícia xiita treinada pelo Irã que, nos velhos tempos, administrava o tráfico de drogas e a prostituição para as elites do regime sírio. Porém, desde a eclosão da guerra civil, vem atuando como uma espécie de esquadrão da morte e de torturadores para Assad. Amarrados e vendados, os reféns passaram cinco dias num lugar chamado "a fazenda".[107]

Desde o início, os sequestradores de Engels não se mostraram muito profissionais. Enquanto revistavam os pertences dos reféns, acabaram acionando, sem perceber, o GPS de emergência das vítimas, o qual enviou imediatamente um pedido de socorro. Com isso, a NBC conseguiu descobrir a localização da fazenda e, alguns dias depois, essa notícia chegou ao conhecimento dos sequestradores. Eles ficaram desesperados e pensaram em matar os reféns, mas o principal comandante da área, Abu Ayman, os impediu de fazer isso. Engel soube depois a razão dessa atitude: Aby Ayman estava negociando com os Estados Unidos o envio de armas e não queria que nenhum jornalista americano fosse morto em seu território.[108]

Enquanto os reféns ficaram no cativeiro, os sequestradores fizeram tudo para que Engel e seus colegas achassem que pertenciam às forças do regime de Assad: falavam com um forte sotaque alauíta, bebiam e fumavam cigarros. Em seu quinto dia de cativeiro, os reféns foram postos numa caminhonete e disseram a eles que seriam levados para Foua, um bastião da Hezbollah. A certa altura da viagem, foram parados num posto de controle. Após uma troca de tiros, um grupo alegando fazer parte do Exército da Síria Livre os resgatou. Engel publicou um longo e comovente relato de seu sequestro e resgate na *Vanity Fair*, onde descreveu a brutalidade de seus captores xiitas. Somente em 2015, depois de uma longa investigação, Engel e sua equipe descobriram que seu sequestro e resgate tinham sido pura encenação, visando chamar a atenção de uma parte específica dos envolvidos no conflito.[109]

Na verdade, os sequestradores eram sunitas, pertencentes a um bando de criminosos com alianças inconstantes, como criminosas também eram as pessoas que fingiram resgatar Engel e seus colegas. Abu Ayman estava ciente do plano e cooperou publicamente com Ezzo Qussab, o sunita líder do grupo que controlava a fazenda em que Engel estava sendo mantido em cativeiro e com fama de bandido violento. Várias fontes de informação locais afirmam que, embora se proclamasse um líder rebelde, "Qussab estava mais para um chefão criminoso."[110] Portanto, longe da imagem romanceada do exército de guerreiros da liberdade nascidos da Primavera Árabe síria, na verdade a rebelião síria estava infestada de jihadistas, bandidos violentos, chefes guerreiros, criminosos e terroristas empenhados numa busca constante de dinheiro e armas.

Em razão da falta de recursos e conhecimento especializado de sua quadrilha, é provável que Qussab houvesse planejado vender os reféns para um grupo maior, tal como outro grupo havia feito com os dois reféns japoneses sequestrados em 2014, vendidos ao Estado Islâmico. Até porque muitos sabem que somente organizações como a Frente Al-Nusra ou o Estado Islâmico têm os recursos e as instalações para comprar e manter prisioneiros durante meses, às vezes por anos a fio, enquanto negociam o pagamento de resgate.

Quatro meses após a captura de Engel, Piccinin e Quirico foram sequestrados por criminosos dessa mesma espécie. "O líder do grupo que nos mantinha em cativeiro se dizia um 'emir' que gostava que o chamassem de Abu Omar, um apelido", escreve Quirico. "Ele tinha formado sua quadrilha recrutando pessoas da área mesmo, na maioria bandidos, em vez de islamitas ou revolucionários. Abu Omar encobriu as atividades criminosas de seu bando com o verniz de militância islâmica e tinha ligações com a Brigada Al-Faruq, o grupo que assumiu então o controle de nossa condição de reféns. A Al-Faruq é uma conhecida brigada na rebelião síria, faz parte do Conselho Nacional Sírio e seus representantes tiveram reuniões com membros de governos europeus."[111] Tal como Quirico percebeu, tarde demais, seus captores, embora considerados pessoas de confiança pelo Ocidente, constituem um grupo de "bandidos ao estilo dos criminosos somalis que usam o verniz de movimento islâmico e a conjuntura da revolução para controlar partes de territórios, extorquir dinheiro da população, sequestrar pessoas e encher seus cofres".[112]

O que aconteceu com Quirico e Piccinin, bem como, anteriormente, com Engels e sua equipe, vinha ocorrendo fazia pelo menos um ano. Já em 2012, vários segmentos da insurgência síria começaram a ver jornalistas e trabalhadores de ajuda humanitária como vítimas fáceis de serem capturadas e de fazer dinheiro rápido. Contudo, poucos estrangeiros se deram conta desse perigo, pois "a explicação aceita por quase todos era muito simplista: o regime de Assad é perverso e, portanto, todos que o combatem devem ser bons", explicou Joanie de Rijke, uma jornalista investigativa holandesa. Em meio à série de enganações da guerra civil síria, a mídia ocidental estava convicta de que somente as forças leais ao governo de

Assad sequestravam jornalistas ocidentais. Era uma crença ingênua que o sequestro simulado de Richard Engel reforçou e que continua difícil de erradicar. No fim de 2013, enquanto mantido numa prisão em Alepo pelo Estado Islâmico, Federico Motka ouviu James Foley, pessoa que ele conhecia, recitar trechos do Alcorão numa cela próxima. Depois, ele contou a Marc Marginedas e a outros reféns ocidentais que James Foley estava encarcerado na mesma prisão que eles. Marginedas ficou chocado, pois acreditava, assim como todo mundo, que Foley tinha sido sequestrado por homens do governo de Assad, e não por rebeldes.[113]

Apesar disso, numa atitude tola, jornalistas confiaram a grupos "insurgentes" a tarefa de proteger suas vidas, mesmo depois que colegas seus foram sequestrados quando mantidos sob a "proteção" deles. "Ao contrário do Iraque, quando a cobertura da imprensa desses acontecimentos nos fez perceber imediatamente que havia um risco enorme de sermos sequestrados, na Síria essa possibilidade ainda parecia difusa no verão de 2013. Não parecia mesmo um perigo real", escreveu Javier Espinosa para o *El Mundo*.[114] Espinosa foi sequestrado pelo Estado Islâmico, junto com o fotógrafo Ricardo García Vilanova, em setembro de 2013, na província de Raqqa, enquanto ambos voltavam para a Turquia. Na ocasião, estavam viajando sob a proteção do Exército da Síria Livre. Ironicamente, pouco antes de terem partido, o intérprete deles os advertira de que os jihadistas pagavam nada menos que 100 mil dólares por jornalistas estrangeiros.

"Na Síria, a imprensa, na prática, tomou partido. Ela infringiu a regra mais importante de nossa profissão e é por isso que não houve reportagens a respeito de sírios que apoiavam o governo de Assad", escreveu Rijke. Os que tentavam fazer isso caíam no isolamento. Por exemplo, na Itália, Monica Maggioni, uma jornalista que agora é presidente da rede de televisão italiana RAI, foi criticada por grande parte do setor midiático por ter entrevistado Assad em 2013 e 2015.[115]

De fato, essa tomada de partido impediu que a imprensa fizesse reportagens sobre o Estado Islâmico e o papel da organização na rebelião entre

2012 e 2014. A explicação foi a mesma de sempre: o Exército da Síria Livre, uma força secular, quer libertar o país do regime ditatorial de Assad. Quando tomamos conhecimento das histórias de jornalistas e fotógrafos sequestrados por grupos ligados a suas próprias escoltas, mediadores ou motoristas, temos a impressão de que todos se tornaram vítimas de uma espécie de síndrome de Hemingway: correspondentes de guerra que apoiam a revolta confiam nos rebeldes e põem em suas mãos a responsabilidade de proteger suas vidas porque são seus aliados. Obviamente, essa aliança foi pura fantasia. A Guerra Civil Síria tem pouca coisa em comum com a Guerra Civil Espanhola. Nesse país, a insurgência é apenas uma variação de jihad criminosa, um fenômeno moderno cujos engendradores têm lealdade apenas para com uma coisa: *dinheiro*.

Um ano após sua libertação, Piccinin conseguiu localizar e entrevistar um de seus captores no Líbano. Quando perguntado por que exigira dinheiro para libertar Quirico e Piccinin, os quais ele sabia que eram "amigos da revolução", o ex-sequestrador respondeu que jornalistas simpatizantes eram inúteis. Os revoltosos precisavam de "dinheiro para comprar alimentos e armas",[116] e resgates multimilionários serviam para custear essas necessidades.

Os insurgentes não demonstravam nenhuma simpatia por jornalistas ocidentais, considerados por eles ignorantes e despreparados para lidar com a complexidade da guerra civil. O sequestrador de Piccinin disse o seguinte a respeito de Quirico: "Ele não sabe nada sobre a Síria. Recusou-se a aprender árabe para se comunicar conosco [...] não sabia nada a respeito de nossa cultura, nossos grupos e nossos objetivos."[117] Ao contrário de Ernest Hemingway durante a Guerra Civil Espanhola, jornalistas que faziam a cobertura dos acontecimentos na Síria não eram respeitados. Eram tidos como simples mercadorias para serem trocadas por resgates milionários.

FINANCIANDO O CRIME E O TERRORISMO COM RESGATES

Ao contrário do que imagina grande parte da mídia, com sua visão simplista e maniqueísta da guerra civil na Síria, a árvore genealógica das organizações armadas sírias consideradas "moderadas" — as mesmas que, desde agosto de 2014, os representantes da magnífica coalizão contra o EI do presidente Obama vêm falando abertamente na necessidade de se apoiar, tanto por meio de uma campanha de bombardeios, treinamento militar, envios de armas ou até de recursos financeiros — é muito complicada. Mais do que uma árvore, esse cipoal de ramificações colidentes parece uma rede de alianças sectaristas, relações pessoais, defraudações, parcerias criminosas improvisadas, passageiras e escusos empreendimentos conjuntos entre grupos armados de pequeno e médio portes, todos operando no caos de cidades e regiões sem governo. Para esses bandos de malfeitores, a guerra por procuração na Síria se tornou uma cortina de fumaça, de que se utilizam para encobrir sua sanha de ganhar dinheiro a qualquer custo, quer pelo financiamento de suas ações por parte de patrocinadores, quer por meio de atividades criminosas, tais como sequestros, tudo por conta do prejuízo e sofrimento da população local ou de estrangeiros, como Quirico, Piccinin e Engel. Seus engendradores forjaram e romperam alianças com base nesses objetivos, dando pouco tempo aos veículos de comunicação e aos governos do Ocidente para acompanhar os fatos e entender bem o que estava acontecendo.

Vejamos, por exemplo, a experiência relatada pelo piloto de caça espanhol Luis Munar: "Em 2012, resolvi partir para a Síria com o objetivo de ajudar os rebeldes na luta contra o regime de Assad."[118] Munar contou que fechara sua empresa de seguros e se aliara aos rebeldes: "Porque se via claramente que eles não sabiam lutar. Entre outros grupos, treinei a Brigada Al-Faruq, um braço do Exército da Síria Livre, que em 2012 tinha mais de 12 mil combatentes. A insurgência era formada por muitos grupos que, em 2011 e 2012, foram financiados por países do Golfo Pérsico. Vi pessoas da Arábia Saudita e do Qatar distribuírem grandes quantias em dinheiro vivo, em dólares ou liras turcas, aos vários grupos, incluindo a Brigada Al-Faruq. O dinheiro era entregue ao capitão, que depois o repassava aos vários combatentes. Era sua fonte de renda."

Às vezes, os patrocinadores iam com jornalistas e equipes de televisão de seus países à Síria para mostrar o progresso dos financiados por seus governos na Guerra Civil Síria. "Vi os combatentes simularem batalhas para a TV do Qatar, de modo que a equipe de produção pudesse filmar o 'conflito' sem nenhum perigo. Testemunhei um desses conflitos de mentirinha à noite, o qual foi encenado pela Brigada Al-Faruq quando eu estava treinando o grupo. Os combatentes ficaram atirando no escuro, mas não havia inimigo do outro lado", relembra Munar.

Os patrocinadores alimentavam uma máquina de propaganda em seus países e, no exterior, isso confundia todo mundo, incluindo as populações do Ocidente. Quando assistiam, pela televisão, a uma dessas batalhas simuladas e vitórias de mentirinha, os telespectadores acreditavam que a insurgência estava vencendo a luta, mas, na verdade, ela estava afundando mais e mais na areia movediça da jihad criminosa. Basicamente, os países e a imprensa do Ocidente foram ludibriados por seus aliados do Golfo Pérsico e pelos grupos rebeldes.

Dinheiro, embora abundante no início, nunca era suficiente para os vários grupos de insurgentes. Assim, quando o Estado Islâmico se fortaleceu, "os patrocinadores decidiram investir nele e pararam de financiar os outros grupos, incluindo a Brigada Al-Faruq. Entre a primavera e o inverno de 2013, a fonte secou", conta Munar. A essa altura dos acontecimentos, entrar para o negócio de sequestros se tornou uma necessidade.

Foi nessa época que a Brigada Al-Faruq passou a sequestrar jornalistas estrangeiros. Segundo confirmado pelo sequestrador de Piccinin, quando lhe perguntaram depois o que tinha feito com o dinheiro, ele respondeu: "É simples: não tínhamos mais o apoio vindo de fora da Síria — digo, de outros países. Nem mesmo do Golfo; eles pararam de nos ajudar. Portanto, precisávamos [arranjar] esse dinheiro para comprar armas, alimentos, medicamentos e assim por diante. Não tínhamos escolha se quiséssemos sobreviver e continuar a lutar."[119]

O sequestro de Quirico e Piccinin foi vantajoso para a Brigada Al-Faruq e seus cúmplices. De acordo com Motaz Shaklab, membro do oposicionista Conselho Nacional Sírio que atuou como negociador para o governo italiano junto aos sequestradores, as autoridades italianas pagaram 4 milhões de dólares para libertar os dois reféns. Como o governo belga se recusou a envolver-se no problema, os italianos negociaram o resgate e pagaram pela libertação de ambos os reféns.[120] Até que foi um bom negócio para o *la Farnesina*, o Ministério das Relações Exteriores italiano, considerando-se que o valor inicial do resgate fora fixado em 10 milhões de dólares.

Para os rebeldes seculares também, aliar-se ao jihadistas era outra forma de financiar suas operações, ainda que isso implicasse a necessidade de se tornarem religiosos. "Para poderem pagar suas contas, os combatentes da Brigada Al-Faruq formaram o Grupo Islâmico Al-Faruq, que se tornou parte da Frente Islâmica, que ainda recebia dinheiro de vários patrocinadores", acrescentou Munar. "Naturalmente, a Brigada Al-Faruq nunca foi um grupo religioso. Ela era secular, embora existissem pessoas religiosas entre seus integrantes. Contudo, combatentes podiam transferir-se de um grupo para outro à vontade, movidos por [melhores] salários. Com o tempo, todos os membros da Brigada Al-Faruq acabaram ingressando em outros grupos. Alguns foram para a Frente Al-Nosra, enquanto outros se aliaram ao Estado Islâmico. Afinal, eram organizações que tinham dinheiro."

OS TRAFICANTES DE SERES HUMANOS DA SÍRIA

Apesar das circunstâncias especiais geradas pela insurgência, os traficantes de seres humanos da Síria apresentam muitas características semelhantes às de seus congêneres da África ocidental e setentrional. Embora, na Síria, possíveis vítimas de sequestro do Ocidente fossem jornalistas e trabalhadores de ajuda humanitária, e não turistas, tal como no Sahel, tanto naquele país quanto nessa região logo se formou uma rede de grupos criminosos especializados em sequestro de estrangeiros, compostos de ex-rebeldes e jihadistas. Quase sempre, sequestravam suas vítimas para revendê-las imediatamente.

Conforme explica um negociador de resgates sírio que conheci em Paris, "a rede se estendia até a Turquia, a via de entrada da imprensa na Síria." No território turco, ex-rebeldes sírios ou simples criminosos "fingiam-se de refugiados e se estabeleciam nas cidades em que jornalistas procuravam mediadores e motoristas para entrar na Síria". Ainda conforme relatado pelo negociador, esses rebeldes disfarçados ofereciam ajuda às vítimas escolhidas por eles. "Às vezes, prometiam a elas reportagens exclusivas sobre a guerra civil." Disseram a Engel, por exemplo, que ele poderia filmar quatro combatentes iranianos e dois libaneses que o Exército da Síria Livre tinha capturado, fato que serviria para provar que o governo iraniano e grupos armados do Líbano estavam dando apoio direto ao presidente Bashar Al-Assad e a seus esquadrões da morte. Como achavam essas indicações irresistíveis, jornalistas caíam nas armadilhas dos sequestradores.

As melhores vítimas, no entanto, eram as menos experientes, jornalistas amadores autônomos, na maioria pessoas muito jovens viajando apenas com uma câmera e um gravador de bolso. Todavia, jornalistas profissionais, como Quirico, Piccinin, a equipe da BBC e muitos outros, incluindo o correspondente de guerra francês Didier François, um repórter de 53 anos de idade da estação de rádio francesa Europe 1, estavam também longe de ficarem imunes a operações de sequestro. François em si acabou parando nas prisões do Estado Islâmico, juntamente com outros reféns estrangeiros, incluindo James Foley e outros dois jornalistas franceses, Nicolas Hénin e Pierre Torres, sequestrados perto de Raqqa, em junho de 2013.

De acordo com um jornalista sírio que trabalhava para a BBC, Omar al-Muqdad, o motorista que levou Didier François e Edouard Elias, um fotógrafo de 23 anos de idade, para a Síria em junho de 2013 foi a mesma pessoa que, um ano depois, levaria para lá também ambos os reféns japoneses quando foram sequestrados em dois incidentes separados.[121] Não é possível que isso seja mera coincidência.

Os dois jornalistas franceses foram sequestrados num posto de controle ao norte de Alepo, logo depois de terem cruzado a fronteira. Homens armados até os dentes pararam o carro, algemaram seus ocupantes e lhes disseram, em inglês, que não se preocupassem — eles só queriam verificar suas identidades. O motorista alegou que mandaram que ele partisse, ordem a que ele obedeceu sem pensar duas vezes.[122]

Segunda Parte

Capítulo Sete

O Negociador de Sequestros

"Sou um negociador de resgates profissional. Não tenho nenhum problema em dizer que faço isso por dinheiro, embora meus serviços não sejam baratos. Afinal, não trabalho por caridade. Sou um profissional.

"Se eu me importo com os reféns? Se tenho empatia por eles? Ora, claro que sim. Mas nunca deixo meus sentimentos obscurecerem meu discernimento.

"Trato cada caso com calculado desapego. Eu não poderia fazer o meu trabalho de outra forma. Se deixar que seus sentimentos interfiram nesse negócio, você acaba pondo a própria vida e a dos reféns em risco. Embora, em todos os casos, exista uma vida em perigo, cada caso é diferente do outro. Neste trabalho, não existem regras fixas, nem soluções fáceis. Se quiser levar vantagem sobre os sequestradores, você tem que ser capaz de pensar de forma inovadora ou criativa, de modo que possa reinventar sua estratégia em todas as etapas da negociação.

"Sem dúvida, é um negócio arriscado. Você nunca está a salvo de fracassos, nunca sabe se terá sucesso e fica apreensivo o tempo todo, aguardando o próximo passo de seu oponente. Eu quase não durmo. É um luxo que desconheço.

"Algumas pessoas condenam minha profissão. Outras me veem como mercenário, alguém pago para libertar seus entes queridos do cativeiro. Quando governos impedem que famílias negociem diretamente com terroristas, como foi o caso de James Foley e muitos outros reféns, meus serviços chegam até a ser considerados ilegais. Eu não me importo; não me interesso por política internacional. Acredito que tentar salvar a vida de pessoas queridas é um direito humano. É contrariar nossa natureza não tentar fazer isso.

"É um trabalho que nunca termina. Acho que, quando você finalmente consegue acomodar-se na cadeira de um avião, a mais de 10 mil metros de altitude, com um drinque na mão e a pessoa sentada ao seu lado é um ex-refém, aí, sim, você pode dizer que terminou o serviço. No entanto, você sabe que, quando aterrissar, receberá outras solicitações urgentes e terá que começar tudo de novo. Para cada pessoa que você leva para casa em segurança existem muitas outras, muitas mesmo, que permanecem em cativeiro.

"Sou negociador há trinta anos. Trabalho com governos, empresas de segurança privada, companhias de seguro, famílias e até ONGs internacionais, mas nunca vi um aumento tão grande no número de sequestros como o que se deu ao longo da última década. Estamos tendo uma onda de sequestros de proporções globais. Talvez você ache que isso seja bom para pessoas como eu, mas está enganada se pensa assim. Esse crescimento exponencial torna meu trabalho mais difícil, pois aumenta os riscos e reduz a possibilidade de sucesso. O negócio de sequestros é como um câncer que gerou metástase: reféns ocidentais são negociados e defraudados em vários lugares porque são muito valiosos. Especuladores, espoliadores, intermediadores governamentais e políticos corruptos, mediadores locais, toda espécie de gente desonesta que quer ganhar dinheiro rápido, à custa do sofrimento de pessoas sequestradas, alimenta uma indústria subsidiária, dificultando as coisas para pessoas como eu. Vai ficando cada vez mais difícil, saber em quem se pode confiar ou qual o melhor caminho a seguir quando se negocia com sequestradores.

"O fim da Guerra Fria e a globalização são responsáveis por essa crise. O negócio de sequestros tem prosperado principalmente em duas regiões do Globo: nas em que o Estado está se esfacelando e nas em que o crescimento econômico vem ocorrendo a taxas excepcionalmente altas, como, por exemplo, na China. Podemos dizer que aquilo que alimenta a indústria de sequestros é a anarquia política, a prosperidade econômica e, logicamente, a ganância, os principais fatores da nova desordem mundial.

"Quando o Estado desmorona e ocorre o esfacelamento da lei e da ordem, sequestros se tornam um meio de sobrevivência. Foi o que aconteceu no Afeganistão, na Somália, no Mali e em muitos outros países. No início, pessoas da própria área são sequestradas para financiar grupos insurgentes, tal como aconteceu na Síria logo depois da Primavera Árabe. Profissionais liberais, empresários, industriais e até comerciantes eram sequestrados e libertados depois que suas famílias pagavam resgates. Contudo, quando o país mergulhou numa guerra civil, pessoas ricas se mudaram para o exterior, e os estrangeiros se tornaram a principal fonte de recursos financeiros para todos que tivessem algum poder: chefes guerreiros, jihadistas, grupos criminosos e empresários locais.

"As vítimas mais fáceis dessas ações são sempre jovens ocidentais que viajam para zonas de guerra, estados falidos ou qualquer área perigosa do Globo; jovens inexperientes que querem conhecer o mundo, relatar suas atrocidades e consertá-lo, sonhando em tornar-se jornalistas autônomos ou trabalhadores de ajuda humanitária. Às vezes, eles se comportam como se estivessem prestes a partir para uma aventura nos rincões da natureza selvagem, acampar ou excursionar por terras distantes como mochileiro. Eles não têm a mínima ideia dos riscos a que se expõem. São ingênuos, além de um perigo para si mesmos e para aqueles com quem se relacionam. São também mal-orientados: Como pode alguém conquistar perfeito domínio de uma profissão, tal como a de correspondente de guerra ou de trabalhador de ajuda humanitária, simplesmente dando as caras no meio de uma área de conflito armado?

"Obviamente, são pessoas fáceis de sequestrar, fáceis de amedrontar, fáceis de vender 'no mercado de sequestros secundário', fáceis, enfim, de serem trocadas por resgate. Em 90 por cento dos casos, suas famílias ou os governos de seus países pagam para libertá-las. Logicamente, não estamos falando aqui de milhões de dólares. Para obter algo na casa dos sete dígitos, o sequestrador precisa capturar alguém realmente valioso — um grande executivo de uma multinacional do petróleo, o parente de um político —, mas essas pessoas são mais difíceis de capturar, pois são profissionais e, como tais, são devidamente protegidas por profissionais.

"Geralmente, jornalistas valem muito pouco, algumas centenas de milhares de dólares. Ninguém se importa muito com eles, a menos que, logicamente, tenham um passaporte italiano, francês, alemão ou de outro país europeu que costuma pagar resgates. Por isso, eles acabam nas mãos de grupos terroristas profissionais, como a Al-Qaeda no Magreb Islâmico, a Frente Al-Nusra ou o EI. Esses repórteres são quase sempre boas presas porque, como os governos de seus países temem a opinião pública, pagam [o dinheiro exigido], às vezes quantias enormes também — dinheiro suficiente para provocar uma mudança na economia local. No norte do Mali, depois do pagamento de vários milhões de euros para libertar um grupo de trabalhadores de ajuda humanitária italianos e espanhóis, o euro se tornou a moeda corrente mais importante na economia local.

"Ninguém tem uma ideia clara e perfeita das circunstâncias em que determinado sequestro ocorre, nem mesmo governos ou negociadores de libertação de reféns do Ocidente, pois ninguém possui todas as informações, todas as peças do quebra-cabeça. Não sabemos o que acontece quando os reféns estão no cativeiro, tampouco sabemos o que passa pela cabeça dos sequestradores, mediadores, pequenos criminosos envolvidos no negócio, políticos corruptos e assim por diante. Nunca sabemos a verdade. Logicamente, podemos fazer suposições, mas jamais termos certeza disso ou daquilo. Certeza é uma palavra que nunca usamos, pois, geralmente, pode causar mortes.

"Portanto, podemos ver o fenômeno sob muitos aspectos. Sob o ponto de vista daquilo que, por exemplo, geralmente os ex-reféns fazem, como seja voltar para casa, escrever seu livro de memórias e conversar com jornalistas, revelando sua luta para sobreviver em condições quase sempre desumanas.

Mas isso é apenas um pequeníssimo aspecto do negócio de sequestros. Depois existem também pessoas como eu que negociam sua libertação. Elas trabalham em segredo, longe dos olhos da mídia, e muito raramente divulgam o que sabem.

"Os sequestradores, por sua vez, têm uma visão distorcida do fenômeno como um todo. Em muitas regiões do mundo, por exemplo, o sequestro é visto como um mecanismo que transfere riquezas do Ocidente para as áreas mais pobres do planeta. As regras do jogo são muito semelhantes às aplicadas em Wall Street. Reféns se tornam para eles o instrumento financeiro que engendra um complexo esquema de investimentos, uma operação lucrativa em que o retorno sobre o capital investido é muito maior do que o gasto com a mão de obra. Na Somália, investidores locais que apoiam financeiramente bandos de piratas embolsam o grosso do resgate, deixando uma pequena parcela do dinheiro para os sequestradores de fato. Até mesmo a forma pela qual as negociações são conduzidas não difere muito do frenesi da bolsa de valores, pois reféns são mercadorias cujo valor muda de acordo com certos fatores, tais como sua nacionalidade, sua profissão e circunstâncias de tempo. Assim como operadores do mercado financeiro cuidam da correção do valor dos títulos de sua carteira de ações, os sequestradores procuram levantar todas as informações possíveis acerca dos reféns antes de fixarem o valor do resgate. O valor do resgate do *Sirius Star*, um navio petroleiro avaliado em 150 milhões de dólares e transportando uma carga de petróleo saudita no valor de 100 milhões de dólares, foi de 3 milhões de dólares. Portanto, proporcionalmente falando, foi um valor razoável e as negociações foram concluídas em dois meses. Foi um negócio muito bom também para os investidores somalis, pois, assim como em qualquer negócio, tempo é dinheiro, e sai caro manter reféns no cativeiro.

"As negociações podem durar meses ou até mesmo anos quando não há governos ou dinheiro de seguro disponível e é delegado aos familiares e amigos o cumprimento das demandas dos sequestradores, assim como aconteceu com a família de Daniel Rye Ottosem. Esses são os casos mais complicados. Investidores ficam nervosos, sequestradores ficam impacientes, reféns são maltratados e alguém sempre tenta tomar o negócio, seja fisicamente sequestrando os reféns ou pressionando a negociação.

"Muitas vezes, o custo das negociações é maior do que o valor do resgate, pois pessoas como eu têm que viajar para áreas de alto risco e precisam de esquemas de segurança e dinheiro para comprar informações e fazer contatos. O irônico é que esses recursos financeiros são gastos na economia local, nas áreas em que os reféns estão sendo mantidos, alimentando assim a indústria subsidiária gerada pelas operações de sequestro, formada por agentes que vão desde motoristas e mediadores a lojistas que vendem recargas para celulares. É um processo que injeta dinheiro vivo nessas economias, o que leva os membros da comunidade a considerar sequestros como um bom negócio.

"Querem ouvir algo inesperado e surreal no que acabei de relatar? Pois bem. Se existem vários reféns de países que costumam pagar, aí o valor de sua libertação aumenta, em razão da competição entre autoridades governamentais dos diferentes países para tirar seus compatriotas do cativeiro antes dos outros. Os sequestradores sabem disso e fazem os negociadores travarem uma disputa entre si.

"É uma luta pela sobrevivência; e não pense que existe alguma cooperação nisso. E é uma indústria controlada por homens, cheios de testosterona. Todos competem para tirar seus reféns do cativeiro e todo mundo se empenha para atingir essa meta, não importando as consequências. Assim, competimos pelos serviços de motoristas, mediadores, seguranças, informantes... e, logicamente, como governos têm mais dinheiro do que famílias, para conseguir o que eles querem, eles pagam valores mais altos. Foi o que aconteceu nas negociações para libertar os vinte e cinco reféns mantidos no cativeiro pelo Estado Islâmico de fins de 2012 até o verão de 2014. Os primeiros libertados provinham de países que costumam pagar os resgates mais altos.

"Portanto, como pode ver, este é, na maioria dos casos, um negócio de fachada. Os Estados Unidos e o Reino Unido alegam que o pagamento de resgates fomenta o negócio de sequestros de grupos terroristas. Por exemplo, eles dizem que, com o Estado Islâmico, o dinheiro de resgates é uma importante fonte de receitas para o Califado. Entretanto, dos vinte e cinco reféns nas mãos do Estado Islâmico, 67 por cento foram libertados mediante pagamentos de resgates totalizando algo entre 60 milhões e 80 milhões de euros. Ora, isso não é muito dinheiro para um grupo que se transformou num Estado e cobra impostos diários de uma população de 8 milhões de pessoas. Mas o dinheiro obtido pela indústria subsidiária formada por pessoas como eu, que agem em nome das famílias, bem como por governos que pagam resgates e realizam negociações, funciona como um grande incentivo para os integrantes de comunidades locais, levando-os a apoiar a indústria de sequestros. E, quanto mais competimos e mais as negociações se arrastam, mais lucrativo esse negócio se torna. Por exemplo, para empregar os melhores mediadores, informantes e motoristas é necessário pagar mais. Ora, a lei da demanda e oferta se aplica também nas situações em que a mercadoria em jogo são as vidas de seres humanos.

"Em última análise, independentemente do que façamos, neste negócio nunca somos vencedores, pois estabelecemos um valor monetário para a vida de um ser humano."

Capítulo Oito

O Resgate

Embora grandes organizações de ajuda humanitária se recusem a estabelecer um preço para a vida de seres humanos, todo mundo faz isso: famílias, empresas, governos e, obviamente, os próprios sequestradores. Entre os países notórios pelos pagamentos de resgates e que fazem questão de cuidar das suas próprias negociações e do pagamento, temos um grupo de nações, incluindo Itália, Alemanha, França e Espanha, que enfrentou uma série enorme de casos de sequestro desde a deflagração dessa onda de crimes, em 2003. A Itália é, de longe, o país que costuma pagar os maiores resgates, e isso talvez explique por que um grande número de italianos foi sequestrado nos últimos quinze anos. Todos os governos europeus criaram unidades especiais, denominadas "equipes de emergência", para lidar com sequestros. De uma forma geral, essas unidades ficam sob a jurisdição do Ministério das Relações Exteriores de seus respectivos países, mas são compostas por pessoas dos serviços secretos vinculados ao Ministério do Interior dessas nações.

"A equipe de emergência italiana já tinha sido criada em 2003, ano em que fui para o Iraque", explica o embaixador Maiolini. "Sua tarefa era lidar com toda situação de emergência, incluindo desastres naturais, e não apenas casos de sequestro." Na maioria das vezes, portanto, essas unidades de emergência se prestam a vários objetivos, mas elas sempre têm uma subunidade que lida exclusivamente com sequestros. Todas as equipes de emergência determinam o valor dos reféns com base em certos critérios, incluindo o impacto que seu sequestro pode ter na opinião pública. Quando negociam o valor do resgate, essa classificação facilita a fixação de um preço para cada um dos reféns. Conforme exposto no Capítulo Dois, sequestradores tentam prever a avaliação que cada governo fará do valor de cada um de seus cidadãos sequestrados e negociam o resgate com base nisso. Em 2011, o MUJAO sabia que o governo italiano daria mais valor à libertação de Rossella Urru, uma trabalhadora de ajuda humanitária, do que à de Maria Sandra Mariani, uma simples turista. É justamente por isso que organizações de ajuda humanitária, como o Conselho Dinamarquês de Refugiados (DRC), preferem evitar estabelecer um preço para a vida de seres humanos, pois acham que, com isso, se dá mais valor a uma vida do que a outra.

Embora o DRC esteja entre a minoria dos que adotam essa política, governos e pessoas que não hesitam em estabelecer um preço para a vida dessas vítimas não divulgam o fato de que existe um sistema de classificação de valor do resgate de sequestrados. Afinal, essas negociações governamentais transcorrem envoltas em absoluto sigilo. Além do mais, ex-reféns e seus familiares são instruídos a não falar sobre os tormentos sofridos por seus entes queridos no cativeiro. "Os governos, como um todo, proíbem que famílias e amigos falem a respeito de sequestro. A regra geral é não falar nada sobre o episódio com a imprensa, não conversar com amigos acerca do assunto, e nem mesmo com parentes, jamais!", explica um negociador. Aliás, foi isso que, muitas e muitas vezes, mandaram que a família de Maria Sandra Mariani fizesse durante os longos meses em que a refém ficou no cativeiro.

A atitude do governo de silenciar as famílias de reféns sem envolvê-las nas negociações ilustra bem sua forma equivocada de enfrentar o problema de sequestros. Até porque, mesmo quando se procura manter sigilo em torno do caso, certas informações acabam circulando entre os sequestradores. Excluir familiares do processo de negociações gera ressentimentos e, quase sempre, de uma forma ou de outra, esses sentimentos se tornam públicos, principalmente depois que o refém é libertado ou morre. Por exemplo, Robert Fowler criticou muito em seu livro de memórias, *A Season in Hell*, o modo pelo qual o governo canadense conduziu as negociações para sua libertação.

"O que aprendemos com o sequestro de Buchanan e Thisted foi quanto é fundamental a participação da família no enfrentamento do problema", afirma Liban Holm do Conselho Dinamarquês de Refugiados. Depois do sequestro de Buchanan e Thisted, o DRC criou um programa para treinar seus funcionários na capacidade de estabelecer laços com familiares da vítima, de modo que a pessoa designada para atuar como intermediadora entre a família e a organização tivesse a devida preparação para saber aquilo com o qual os parentes do sequestrado concordavam. "Por outro lado, sabíamos que o intermediador não devia fazer parte da equipe de emergência", explica Holm. A equipe de emergência constitui o núcleo responsável pelo acompanhamento do caso de sequestro. Seus membros veem e sabem de tudo, até de boatos. Já o agente de ligação com os familiares pertence a um círculo externo de assistentes e, portanto, vê somente parte da operação, tomando conhecimento apenas dos fatos conhecidos ou confirmados. Essa separação de atribuições provém do fato de que as relações com a família são, emocional e psicologicamente, muito desgastantes. Afinal, faz parte da natureza humana querer dar esperança à família da vítima, e informações infundadas podem ser repassadas pelo intermediador à família, ainda que involuntariamente. Por isso, para que o apoio à família seja o melhor possível, o processo deve ser conduzido por pessoas dotadas de fortaleza mental e psicológica, preparo e uma visão positiva da situação.

Já as unidades de emergência governamentais não se organizam nesses moldes, tampouco seus integrantes têm a mesma sensibilidade para com o trauma das famílias. Geralmente, nesses casos, as famílias recebem informações esporadicamente e não quando algo importante acontece, mas quando a equipe de emergência chega à conclusão de que é seguro deixá-la a par de certos fatos ou quando, sem opção, ela é obrigada a fazer isso, como foi o caso nas negociações para a libertação de Robert Fowler.

Quando seu marido ainda se achava no cativeiro imposto pela AQMI, a esposa de Fowler almoçou em Londres com o chefe da missão diplomática canadense no Reino Unido, James Wright, que era amigo de seu marido. Durante o almoço, Wright disse a ela impensadamente: "A senhora deve ter ficado contente por ter visto a nova mensagem em vídeo e saber que Bob ainda está vivo."[123] Quando viu o choque que suas palavras causaram na sra. Fowler, Wright pediu licença para se retirar, voltando dali a alguns minutos. Logo depois, a esposa de Fowler recebeu um telefonema da Real Polícia Montada Canadense (RPMC)[124] informando que tinham enviado um segundo vídeo à corporação. Contudo, por "motivos de segurança", a sra. Fowler não teve permissão de receber o vídeo por vias eletrônicas no Reino Unido, pois isso poderia "corromper" as provas. Para ver a prova de que seu marido estava vivo, ela teria de voltar para o Canadá.

Muitas vezes, autoridades do governo enchem as famílias de mentiras e absurdos legais para mantê-las desinformadas acerca do verdadeiro andamento das negociações. Não admira que isso aconteça, pois, geralmente, os encarregados do caso são membros dos serviços secretos, funcionários do Ministério das Relações Exteriores ou burocratas para os quais os reféns são mercadorias políticas.

Já o governo italiano não estabeleceu esse tipo de relação de confiança com a família de Mariani, e a imprensa não se interessou pelo drama da compatriota porque ela era apenas uma turista. Não podemos dizer a mesma coisa com relação a Rossella Urru, Ainhoa Fernández de Rincón e Enric Gonyalons, sequestrados no campo de refugiados dos saarauís. A mídia soube do caso e não quis abrir mão de sua divulgação de jeito nenhum, fazendo justamente aquilo que os sequestradores queriam.

Desde o início, o sequestro dos três trabalhadores de ajuda humanitária teve grande repercussão. Em novembro de 2011, o secretário-geral da ONU, Ban Ki-moon, pediu publicamente que os libertassem.[125] Em junho de 2012, durante uma conferência sobre direitos humanos em Florença, Itália, o presidente da República Árabe Democrática dos Saarauís, Muhammed Abdelaziz, declarou que os reféns estavam vivos, e negociações para libertá-los, ainda em andamento.[126] O sequestro de Rossella Urru mobilizou celebridades também pelas redes sociais. Fiorello,[127] um dos mais famosos italianos da indústria do entretenimento, pediu a seus seguidores no Twitter que substituíssem suas fotografias pela foto de Rossella Urru por uma semana. Durante o Festival de Música de Sanremo, assistido por milhões de pessoas na Itália, Geppi Cucciari, um comediante da Sardenha, a região em que Urru nasceu, exigiu sua libertação publicamente.[128]

Embora esse tipo de envolvimento objetive ajudar a libertar os reféns, "notoriedade e interesse por parte da imprensa servem apenas para garantir aos sequestradores um negócio melhor, tanto no que se refere ao valor do resgate quanto no que diz respeito ao número de prisioneiros que serão trocados pelas vidas dos reféns", observou um negociador. Realmente, foi isso o que aconteceu no sequestro dos dois marinheiros dinamarqueses do *Leopard* e, quiçá também, no dos três trabalhadores de ajuda humanitária capturados no campo de refugiados dos saarauís. O valor do resgate exigido foi de 5 milhões de euros por refém, numa época em que o preço pela vida dessas vítimas na região do Sahel era de 3 milhões de euros por cabeça.

Lidar com casos de sequestro em segredo pode servir para manter relativamente baixo o valor do resgate, mas isso deve ser feito da forma correta, com a participação das famílias dos reféns. Manter as famílias longe das negociações blinda as ações do governo, que pode tratar os reféns como se fossem mercadoria humana, negociada na base de critérios políticos e por um valor de acordo com esses critérios, estejam as vítimas vivas ou mortas.

O PREÇO DE UM CORPO

No começo de 2015, as autoridades americanas receberam um pedido de resgate para a liberação de dois corpos de reféns, um dos quais era de Warren Weinstein, um empreiteiro americano de 63 anos de idade, e o outro de Giovanni Lo Porto, um italiano trabalhador de ajuda humanitária de 39 anos. Em janeiro de 2015, utilizando um avião de combate teleguiado, a CIA abrira fogo contra um complexo militar da Al-Qaeda perto da fronteira do Paquistão com o Afeganistão. Quando se soube que os dois homens foram mortos pelo ataque do avião teleguiado da CIA, a agência alegou não saber que eles estavam no interior do complexo. A proposta de negociação de seus corpos não partiu da Al-Qaeda, o que levou muitos a acreditar que eles tinham sido vendidos a outro grupo qualquer. Imagens obtidas com aviões militares americanos teleguiados confirmaram que os dois corpos tinham sido transferidos para outro local.[129]

Warren Weinstein tinha ido ao Paquistão como representante da J. E. Austin Associates, uma empresa de consultoria privada que trabalhava em projetos de modernização de economias de países em desenvolvimento, em cumprimento de um contrato com a Agência Norte-Americana de Apoio ao Desenvolvimento Internacional (USAID, na sigla em inglês). Quando ele foi sequestrado, em agosto de 2011, estava se preparando para retornar ao seu país de origem após uma missão em Lahore, onde trabalhou como diretor de operações internacionais pela empresa.

Quando o pedido de resgate foi divulgado, os americanos se recusaram a pagá-lo, já que, oficialmente, eles não negociam com terroristas. Porém, de acordo com o *The Wall Street Journal*, "em 2012, a Agência Federal de Investigação [FBI, na sigla em inglês] ajudou a facilitar o pagamento de um resgate no valor de 250 mil dólares por parte da família Weinstein à Al-Qaeda, numa tentativa fracassada de conseguir sua libertação."[130] O *Wall Street Journal* divulgou também que, depois que ela conseguira levantar o dinheiro por conta própria, a família entregou o resgate a um mediatário paquistanês cuja intermediação no caso o FBI tinha vetado. Em junho de 2012, o resgate foi pago, mas Weinstein não foi libertado.[131]

Na época em que Weinstein fora capturado, o presidente Obama ainda não tinha revogado a lei que permitia processar famílias que pagassem resgate, cujo texto previa que o pagamento servia para financiar ações terroristas. De fato, foi por isso que as autoridades americanas haviam aconselhado a família de James Foley a não tentar levantar recursos para ela mesma pagar o resgate depois que ele foi sequestrado. Todavia, no caso de

Weinstein, a coisa foi diferente. "É possível burlar essas restrições, principalmente no caso de pessoas que trabalham em regime de estreita colaboração com serviços secretos", explicou um negociador americano com o qual conversei. Algo deu errado na tentativa de libertação de Weinstein, embora, depois de soldados e agentes secretos, trabalhadores de ajuda humanitária ocupem as mais altas posições no sistema de classificação de prioridade de resgate de vítimas de sequestro.

O caso de Giovanni Lo Porto, outro refém de alto valor nesse sistema, é ainda mais obscuro. Em 19 de janeiro de 2012, enquanto trabalhava para uma ONG alemã, Lo Porto e seu colega alemão Bernd Muehlenbeck foram sequestrados em Multan, cidade localizada a pouco mais de 400 quilômetros a sudoeste da capital paquistanesa.

Embora sua família e o governo italiano só fossem saber disso meses depois, Lo Porto foi morto no cativeiro por um avião teleguiado da CIA, num ataque a um complexo militar em que estava sendo mantido como prisioneiro por seus sequestradores. Quase um mês após a morte de Lo Porto, o novo presidente da Itália, Sergio Mattarella, se disse otimista, em seu discurso de posse, com a libertação de Lo Porto.[132] Obviamente, Mattarella não sabia que o trabalhador de ajuda humanitária italiano tinha sido morto pelas mãos de um dos principais aliados da Itália, os Estados Unidos. A informação da morte trágica dos dois reféns chegou às agências de notícias meses depois. O curioso é que a notícia apareceu logo depois que o primeiro-ministro italiano, Matteo Renzi, fez uma visita oficial à Casa Branca.

Lo Porto e Muehlenbeck tinham ido ao Paquistão para executar um projeto da União Europeia de ajuda à população local depois que dois desastres naturais atingiram o país: um terremoto e uma enchente. De acordo com Margherita Romanelli, uma amiga íntima de Lo Porto, quando, em outubro de 2014, Muehlenbeck foi libertado, ele revelou que eles tinham sido separados após terem passado um ano no cativeiro, um sinal da possibilidade de que um dos dois havia sido vendido ou entregue a outro grupo ou organização. "É provável que, se não antes, dali por diante as negociações com os dois governos foram conduzidas separadamente", disse o negociador que entrevistei. Dois meses após a libertação de Muehlenbeck, Lo Porto estava morto.

A revelação de Muehlenbeck era um desmentido direto da certeza dada pelo governo italiano à família de Lo Porto. "O Ministério das Relações Exteriores assegurou que estava trabalhando em estreita colaboração com os alemães" para solucionar o caso, explicou Romanelli.[133] Ao contrário do DRC, como a ONG da qual Lo Porto fazia parte não designou um intermediador para trabalhar com a família, esta teve que contar, principalmente, com a orientação e o amparo da equipe de emergência do governo italiano e a ajuda dos colegas de Lo Porto, que repassavam informações aos familiares "extraoficialmente".

"Era o império do silêncio. Ninguém conversava conosco; ninguém dizia nada. Ficamos totalmente desinformados", confirma Romanelli. Até hoje, é difícil juntar as peças do quebra-cabeça desse sequestro. Nenhum vídeo com imagens de Lo Porto foi divulgado. No primeiro e único vídeo confirmando o sequestro de ambos constam apenas imagens de Muehlenbeck. Ninguém sabe se foram apresentadas provas de que Lo Porto estava vivo. Do mesmo modo, não apareceu nenhuma informação sobre a questão da forma pela qual os italianos trataram do caso de sequestro de seu compatriota em possíveis contatos diretos com a população da região de que faziam parte os sequestradores.

"A primeira coisa que profissionais fazem nessas circunstâncias é providenciar buscas de porta em porta e conversar com a população local", explicou um negociador europeu que entrevistei. Foi isso que o DRC fez na Somália no caso do sequestro de Buchanan e Thisted. "Quando Muehlenbeck foi libertado, ele revelou que, após o sequestro, eles ficaram presos durante uma semana numa casa logo depois da esquina em que tinham sido capturados", disse Romanelli. Teria sido fácil achá-los caso se tivesse providenciado uma busca completa no bairro. Mas os italianos, que não tinham nenhum serviço de inteligência na região, confiaram às forças paquistanesas a tarefa de localizar o cativeiro.

Ao contrário daquilo em que muitos acreditam, governos de países ocidentais não dispõem de um aparato de espionagem apropriado na maioria das áreas em que seus cidadãos podem ser presas fáceis de sequestradores. Por isso, geralmente, autoridades procuram jornalistas trabalhando nessas regiões para pedir ajuda. "Quando, em julho de 2015, [os três jornalistas] Antonio Pampliega, José Manuel López e Ángel Sastre, [...] foram sequestrados no norte da Síria, perto da cidade de Azaz, eu estava na Ucrânia. Como eu os conhecia e tinha ideia do que havia acontecido, entrei em contato com as autoridades espanholas, que solicitaram que eu lhes repassasse dados de qualquer contato que eu tivesse, pois elas não tinham nenhum serviço de espionagem na região", relata Francesca Borri.[134]

Num episódio atípico no que se refere ao governo italiano, o caso de Lo Porto se arrastou por anos a fio, gerando, para as autoridades, incômodas críticas por parte dos amigos do trabalhador de ajuda humanitária. "O governo italiano abandonou Giancarlo [Lo Porto] já nos primeiros dias do sequestro", afirmou um de seus amigos, Filippo Occhipinti. "Durante três anos, o Ministério das Relações Exteriores ridicularizou seus familiares com o rigoroso silêncio a que os submeteu. Eu me pergunto por quê, mas, infelizmente, nunca acharei uma resposta. Giancarlo foi morto, acima de tudo, pelo Estado, que o abandonou."[135]

Embora o governo italiano não tivesse levado Giovanni Lo Porto de volta para o país, ele repatriou seu corpo. "Quando o corpo chegou à Itália, o exame de DNA foi feito pelo governo, e não pela família", afirma Romanelli. "Quando o corpo chegou de navio ao porto de Palermo, a família não estava lá, pois seus parentes não tinham sido informados a que horas o navio chegaria. Aconselharam a família a não ver o corpo, nem abrir o caixão, que estava lacrado e ficou fechado durante o funeral." No dia seguinte, fizeram a cremação do corpo.

"Embora nenhum político houvesse comparecido ao funeral, dois agentes do serviço secreto apareceram na cerimônia de cremação para verificar se tudo, incluindo as roupas, seria incinerado mesmo."

Afinal, o corpo para cuja liberação os italianos pagaram resgate era mesmo o de Lo Porto ou de outra pessoa? Somente o governo italiano sabe a resposta. Até porque todas as provas foram transformadas em cinzas. Com a repatriação do corpo, porém, o governo italiano engendrou um desfecho, longe das especulações da imprensa, para um caso de sequestro muito controverso. Deram uma certidão de óbito à família, necessário para o recebimento do seguro. E, assim, o caso de Lo Porto foi encerrado, envolto na mortalha do silêncio.

O CRIME SILENCIOSO

Embora a estratégia de lidar sigilosamente com casos de sequestro seja apresentada como forma de impedir que sequestradores consigam aumentar o valor de resgates ao máximo, o verdadeiro objetivo do governo, com essa maneira de agir, é tornar mínima a sua responsabilidade com relação às negociações. Por exemplo, no que se refere ao pagamento de resgates, todos os governos negam que fazem isso. Todavia, sequestradores sabem muito bem quem os paga e quem paga mais.

"É um negócio que envolve mentiras, espiões e acobertamentos", declara a Al Jazeera no documentário *The Hostage Business*[136] acerca do tenebroso mundo dos sequestros. Portanto, o governo mente, os sequestradores mentem, os intermediários mentem e a família fica abandonada à própria sorte, tendo que se virar sozinha com pouca ou até nenhuma informação.

Em 2011, entre os dezenove casos de reféns com que o governo da Itália teve que lidar, estava o de Bruno Pelizzari, um sul-africano radicado no país, portador de dupla nacionalidade, sequestrado por piratas somalis em 26 de outubro de 2010 durante uma viagem num navio na companhia de Debbie Calitz. "No início, eles pediram 20 milhões de dólares", conta Vera Hecht,[137] a irmã de Pelizzari. Quando o governo sul-africano se recusou a pagar o resgate e até mesmo a participar das negociações, Hecht procurou a ajuda de uma instituição de caridade na Somália chamada Gift of the Givers. As negociações se arrastaram por dezoito meses, entremeadas de constantes ameaças, por parte dos piratas, de que matariam os reféns. Então, Hecht recebeu uma mensagem, pelo Facebook, de uma pessoa chamada Marco, dizendo que podia ajudar. Marco recomendou que ela tentasse conseguir provas de novo de que o refém estava vivo e procurasse chegar a um acordo. Mas documentos secretos obtidos pela Al Jazeera revelaram que o governo italiano, frustrado com o modo pelo qual os sul-africanos estavam enfrentando o problema, resolveu intervir e pagou um resgate no valor de cerca de 525 mil dólares. Desse modo, o passaporte italiano de Pelizzari salvou a sua vida e a de Debbie Calitz. Naturalmente, disseram a Hecht que nunca revelasse que os italianos pagarem o resgate.

Marco, membro de um serviço secreto italiano, orientou Hecht nas negociações. Como ambos usaram a mesma conta de correio eletrônico do Gmail, nunca trocaram mensagens entre si. Em vez disso, dado que os dois tinham acesso à conta, conversavam através dos rascunhos de mensagens. Três meses depois, após o pagamento do resgate, os reféns foram libertados. Em junho de 2012, Hecht, acompanhada por agentes secretos italianos, pôde finalmente rever o irmão. Pelizzari e Calitz, que nem mesmo é cidadã italiana, foram libertados antes de Maria Sandra Mariani.

"É provável que os italianos soubessem que conseguiriam libertar Pelizzari e Calitz com relativa rapidez e por muito menos do que Mariani. Na época, resgates exigidos pela AQMI giravam em torno de 3 milhões de euros, e seus integrantes se revelaram negociadores muito difíceis de lidar. Portanto, é possível que os italianos tivessem optado por trabalhar com a irmã de Pelizzari para tirar logo um dos nomes da lista de reféns italianos. Afinal, no fim do ano, o que mais importa para os serviços secretos é o número de pessoas que eles tenham conseguido levar de volta para casa", disse um dos negociadores europeus que entrevistei.

O governo italiano providenciou também a divulgação de uma história para acobertamento dos fatos.[138] Quando Pelizzari e Calitz voltaram para casa, na África do Sul, a imprensa da Itália foi informada de que eles tinham sido libertados por forças de segurança da Somália apoiadas pelo Ocidente. Pelizzari e Calitz foram interrogados e seus interrogadores ordenaram que não revelassem que o governo italiano pagara o resgate.[139]

Amanda Lindhout, uma jornalista canadense autônoma, não teve tanta sorte. Em 23 de agosto de 2008, dois dias após sua chegada a Mogadíscio, ela foi sequestrada com Nigel Brennan, um fotojornalista australiano autônomo de 37 anos de idade. Tanto o governo canadense quanto o australiano se recusaram a pagar o resgate, mas "orientaram" as famílias durante as negociações. Disseram muitas e muitas vezes à mãe de Lindhout que nada aconteceria à sua filha, pois seus sequestradores eram pessoas religiosas e, por isso, ela não sofreria abusos sexuais. No entanto, segundo consta, Lindhout foi estuprada por um de seus captores e, depois de uma tentativa de fuga, foi vítima de estupro coletivo.

No início, os sequestradores pediram 2,5 milhões de dólares. Com o tempo, acabaram aceitando receber 1 milhão. De acordo com o livro de memórias de Lindhout, *A House in the Sky*, o governo canadense não demonstrou nenhuma preocupação com a necessidade de agir com urgência durante as negociações. Tudo que fez foi recomendar que sua mãe tentasse negociar um resgate de baixo valor. A certa altura do processo, disseram a ela que não atendesse mais o telefone, pois o governo tinha decidido assumir o controle das negociações. É uma recomendação muito estranha, considerando-se que a família, e não o governo, pagaria o resgate. De acordo com Lindhout, os sequestradores tinham se recusado várias vezes a aceitar um pagamento de 250 mil dólares, uma quantia que tanto o governo canadense quanto o australiano contabilizaram como "despesas", com vistas a ocultar seu envolvimento no pagamento de resgate.

Por fim, pressionada pela família de Nigel Brennan, a mãe de Amanda Lindhout concordou em contratar um negociador particular, John Chase, da empresa britânica AKE. Chase orientou a mãe de Lindhout durante as negociações, tal como Marco fizera com a irmã de Pelizzari. A AKE providenciou para que um membro do Parlamento somali recebesse o resgate de 600 mil dólares — uma quantia muito próxima à que os italianos pagaram para libertar Pelizzari e Calitz —, o qual foi transferido para um banco de Nairóbi e, de lá, para um quiosque em Mogadíscio. Em seguida, o membro do Parlamento entregou o dinheiro a um grupo de anciães tribais, que repassaram o dinheiro do resgate aos sequestradores somente quando Lindhout e Brendan foram libertados. Somente em 25 de novembro de 2009, 460 dias após terem sido sequestrados, os dois recuperaram a liberdade.[140]

Capítulo Nove

A Fase Crítica —
Anatomia de um Sequestro

Quando, em 2012, a temporada de caça a vítimas estrangeiras começou na Síria, nenhum dos muitos grupos de criminosos e jihadistas envolvidos no negócio de sequestros tinha a estrutura ou os devidos conhecimentos técnicos para realizar negociações de pagamentos de resgate. Visto que muitos de seus membros não soubessem falar um idioma estrangeiro sequer, eles pediram a ajuda de sírios eminentes e bem relacionados. Os sequestradores lhes enviaram informações sobre os reféns, quase sempre usando essas pessoas como negociadores ou tradutores e seus mediadores *de facto* nas relações com famílias e governos. O objetivo era conseguir um resultado rápido no espaço de algumas semanas no máximo. Nesses casos, se o resultado viesse logo, reféns poderiam ser libertados, dentro de alguns dias, em troca de alguns milhares de dólares. Contudo, se isso não acontecesse, os reféns seriam negociados ou trocados e acabavam parando nas mãos de grupos maiores, capazes de mantê-los presos por muito tempo e realizar negociações para obter grandes somas de dinheiro.

No fim do verão de 2014, Samir Aita, um membro do Fórum Democrático Sírio que mora em Paris, recebeu um telefonema em que informaram que tinha ocorrido um problema nas negociações para a libertação de duas trabalhadoras de ajuda humanitária italianas, Greta Ramelli e Vanessa Marzullo, sequestradas em julho de 2014 em Alepo. "Elas queriam que eu negociasse com o governo italiano", explicou Aita. "Pedi imediatamente que me dessem provas de que as reféns estavam vivas, mas, como não fizeram isso, eu disse a eles que eu não poderia me envolver."[141] De acordo com Francesca Borri, Samir Aita entrou em contato com ela, pedindo que alertasse as autoridades italianas do que estava acontecendo e repassasse a informação que ela tinha recebido a respeito das duas mulheres. E foi o que ela fez.[142] "Os sequestradores tinham certeza de que as duas garotas trabalhavam para os serviços secretos. Não acreditavam que eram apenas duas ingênuas que tinham ido à Síria com o objetivo de levar para lá estojos de medicamentos inúteis." E Borri acrescenta: "A história delas era tão absurda que a consideraram simplesmente inacreditável!"

A reação da equipe de emergências italiana foi lenta e displicente. Por isso, Ramelli e Marzullo continuaram no cativeiro até janeiro de 2015. Seus sequestradores, um pequeno grupo de criminosos, as tinha negociado ou vendido para a Frente Al-Nusra, que travou negociações com o governo italiano para libertá-las. "Acabamos pagando 13 milhões de euros pela libertação delas", disse um membro do Senado italiano. "Foi um dos maiores resgates pagos em todos os tempos."[143]

Os contribuintes italianos jamais terão como saber, tivesse a equipe de emergências do Ministério das Relações Exteriores agido com prontidão e rapidez, se Ramelli e Marzullo poderiam ter sido libertadas por apenas alguns milhares de dólares, num período inicial conhecido como "fase crítica", caso também a equipe de emergências houvesse sabido que elas tinham viajado para a Síria. "As autoridades levaram semanas para confirmar o sequestro de Greta e Vanessa", afirma um senador italiano. "Elas nem sequer avisaram o Ministério das Relações Exteriores sobre sua viagem à Síria." Quando governos participam de negociações para libertar reféns, tudo transcorre muito devagar.

Em todas as prestigiosas conferências sobre sequestros — e a indústria de segurança realiza muitas pelo mundo afora — é comum seus organizadores reservarem uma parte do encontro para tratar da decisiva questão das primeiras horas e dias imediatamente subsequentes a um sequestro. Quando o rastro deixado pelos sequestradores continua visível, é possível salvar vidas, e o valor do resgate pode sofrer uma redução considerável. Mas quase ninguém admite que, para se agir rapidamente, é necessário ignorar as autoridades, bem como seus conselhos, e até forçá-las à ação, tal como aconteceu no caso do sequestro de Joanie de Rijke.

Rijke, uma correspondente de guerra muito experiente, foi sequestrada no Afeganistão, no começo de 2008, por uma pequena unidade de assalto talibã enquanto trabalhava para o extinto semanário belga *P-Magazine*. Ela tinha conseguido uma entrevista exclusiva com um comandante talibã, chamado Ghazi, cujo grupo havia surpreendido numa emboscada e matado dez soldados franceses apenas algumas horas atrás. Desde o início, ficou claro que Ghazi e seus seguidores estavam agindo sozinhos e que Rijke tinha sido sequestrada para levantar recursos financeiros para o grupo e sua comunidade. Assim como acontecera a muitos *katibas* da AQMI, o grupo talibã de Ghazi havia se deixado seduzir pela jihad criminosa.

Embora fizessem parte da comunidade talibã, "os sequestradores de Joanie eram criminosos comuns, pessoas que usavam o dinheiro de resgates para alimentar suas famílias, sua tribo, e não para travar uma jihad contra o Ocidente", explicou Michaël Lescroart, ex-editor do semanário belga e o homem que, junto com um amigo escocês da jornalista de Rijke que prefere ser conhecido apenas como "Dave", negociou o resgate para libertá-la. "Logicamente, isso não justifica o que eles fizeram com ela, mas demonstra que, em países muito instáveis politicamente, tais como o Afeganistão, o sequestro de pessoas se transformou numa indústria para uma grande parcela da população, que não teria como sobreviver se não recorresse a esse tipo de coisa."[144]

Em seu livro, intitulado *In the Hands of Taliban*, de Rijke concorda com essa observação. "Estávamos seguindo de carro por uma estrada muito ruim, não muito longe do povoado de Ghazi. Eu ouvi [o sequestrador] dizer baixinho: 'Precisamos do dinheiro para construir uma boa estrada, de forma que, depois, possamos enviar nossos filhos para a escola em Surobi se eles quiserem estudar. Anote isso também. E queremos construir uma nova escola em nosso vale.'

"Para meninas também? — não consegui deixar de perguntar.

"A resposta foi tão decisiva quanto a que eu ouvira em Kandahar meses antes: 'Não! Meninas não devem frequentar escolas. Somente meninos.'"[145]

Após o sequestro, Rijke foi forçada a atravessar montanhas afegãs a pé, até que chegasse ao acampamento em que ela e seus captores passariam a noite. Então, Ghazi lhe passou um telefone celular, e ela telefonou para Lescroart.

"Recebi o telefonema à noitinha. Deviam ser umas 19 horas, pois eu estava vendo *Os Simpsons* com meu filho", contou Lescroart. "Era Joanie. Disse que tinha sido sequestrada. Eu disse a ela que não revelasse o local em que estava, mas que o soletrasse em holandês, e foi o que ela fez. Com isso, eu soube mais ou menos para onde a tinham levado. Assim que terminamos a conversa, liguei para o ministro da Defesa belga. Joanie tinha viajado com ele para o Afeganistão alguns dias antes, mas permanecera lá para entrevistar Ghazi. Ele foi muito solícito, dizendo: 'Se tivermos que pagar, nós pagaremos.' Foi exatamente isso o que ele disse. Então, logicamente, um dia depois, quando soube que ela era holandesa e que não tinha um passaporte belga, ele mudou de atitude e me disse que era responsabilidade do governo holandês cuidar de seu caso de sequestro."

Naquela mesma noite, Lescroart telefonou também para o ministro das Relações Exteriores belga, que recomendou que ele esperasse — argumentou que seria necessário muito tempo para apurar o que havia acontecido e solucionar o problema. Quando, no dia seguinte, ele entrou em contato com as autoridades holandesas, ouviu a mesma coisa. Contudo, logo de saída, os holandeses lhe disseram: "[Que] não negociariam com terroristas, nem pagariam resgate. Mas, se eu quisesse fazer isso, eles não me impediriam de agir." Lescroart teve a impressão de que tanto as autoridades belgas quanto as holandesas estavam adiando a tomada de decisões, demorando-se numa indecisão que custou a todo mundo dois dias valiosos na tentativa de solução do caso. Além disso, "não havia nenhum plano de emergência [cuja execução] eles pudessem pelo menos improvisar".

Quando as autoridades quiseram assumir a responsabilidade pelas negociações para a libertação de Joanie, Lescroart se opôs à ideia. "Joanie, em um de seus telefonemas, me havia dito que eu confiasse em Dava, um amigo escocês com que ela ficara hospedada em Kabul enquanto aguardava a autorização para entrevistar Ghazi. No início, hesitei em confiar nele", disse Lescroart. "Eu não o conhecia e achava que ele era uma espécie de mercenário. Mas ela tinha razão: Dave sabia o que fazer."

Nessa mesma noite, ele recebeu a notícia do sequestro de sua amiga Rijke. Lescroart entrou em contato com Dave e lhe disse que Joanie tinha sido sequestrada e que seus sequestradores haviam pedido um resgate de 2 milhões de dólares. Dave mobilizou imediatamente seus contatos no Afeganistão para que entrassem em contato com os sequestradores e iniciassem negociações para tentar reduzir o valor do resgate.

"Os sequestradores de Joanie eram um pequeno grupo de talibãs que achavam que poderiam conseguir algum dinheiro com seu sequestro. Não eram sequestradores profissionais, ainda que, em matéria de crimes, no Afeganistão todo mundo é ao mesmo tempo amador e profissional. Mas sabíamos que não tinham planos de se estabelecer nesse tipo de negócio e concordariam em aceitar uma fração do valor exigido se pagássemos o resgate logo. Como sabíamos disso? Porque, alguns dias antes, o mesmo comandante, Ghazi, tinha dado uma entrevista a dois jornalistas franceses e não os sequestrara. Ficou claro para mim que lidar com três reféns teria sido mais difícil, ou talvez impossível mesmo, do que lidar com um, ainda que ele fosse uma mulher. Eles não tinham a infraestrutura para cuidar de três reféns. Não eram sequestradores profissionais."[146] É provável que Ghazi não soubesse que o governo francês pagaria muito mais dinheiro do que a *P-Magazine* por seus cidadãos.

Outra razão pela qual os sequestradores de Joanie queriam estabelecer logo um acordo é que eles sabiam que não teriam conseguido manter em segredo o sequestro de um jornalista do Ocidente por muito tempo. "Eu tinha certeza de que os sequestradores de Joanie queriam também chegar a um rápido acordo para evitar que alguém lhes roubasse a refém", inferiu Lescroart.

Como negociador do sequestro da amiga no Afeganistão, Dave teve sorte, pois, como Rijke teve permissão para se manter em constante contato com seu editor, ambos sabiam que ela estava viva. Mas rumores de seu sequestro se espalharam rapidamente pelo meio jornalístico em Kabul, fazendo com que Dave e Lescroart tivessem que agir para evitar que as autoridades belgas e holandesas alertassem as autoridades afegãs. "A certa altura dos acontecimentos, os holandeses manifestaram o desejo de entrar em contato com a polícia afegã para falar sobre a questão de como lidar com o dinheiro do resgate", contou Lescroart. "Felizmente, o embaixador holandês em Kabul explicou aos seus [compatriotas] que, se vazasse a informação de que alguém tinha a posse desse tipo de dinheiro em Kabul, nem ele mesmo estaria seguro. Disse também que não conseguiria nem sair do quarto do hotel. A própria polícia [afegã] roubaria o dinheiro do resgate."

Lescroart e Dave trabalharam em equipe, durante 24 horas por dia, ignorando as sugestões dos governos belga e holandês. Dave conseguiu reduzir o valor do resgate de libertação de Rijke para 130 mil dólares e Lescroart percorreu os meandros da burocracia na Bélgica e na Holanda para enviar a Dave o dinheiro do resgate em espécie o mais rapidamente possível. Foi uma tarefa muito difícil.

"Levei dois dias para conseguir a autorização para transferir o dinheiro. Tive que ir a Haia com uma fotografia de Joanie e dizer às autoridades que em breve ela se tornaria um troféu de caça se elas não agissem com rapidez. Por fim, acabaram concordando. Felizmente, a revista pôde pagar o resgate. A *P-Magazine* transferiu 100 mil euros de sua conta para a conta da embaixada holandesa na Bélgica e, duas horas depois, a embaixada holandesa em Kabul liberou o dinheiro em espécie, em dólares", explicou Lescroart.

Uma semana após o sequestro, Rijke estava a caminho da liberdade. E bem a tempo, por sinal. A notícia de seu sequestro tinha chegado aos líderes do Talibã, os quais, nas últimas horas de cativeiro da refém, haviam tentado impedir sua libertação e o pagamento do resgate ao grupo de Ghazi. Mas seus sequestradores honraram o acordo e conseguiram enviá-la de volta para Kabul. Durante a viagem, ela mudou de veículos muitas vezes, até que chegasse à periferia de Kabul, onde deveria ser entregue ao negociador, Dave.

"Havia dois carros, um deles providenciado por nós e que a teria levado para a casa de Dave em Kabul, e outro enviado pela embaixada holandesa, com uma mulher do Ocidente dentro. Não sabíamos da existência desse segundo carro, mas Joanie entrou nele", contou Lescroart. "Quando ela acabou não aparecendo na casa de Dave, ele me telefonou e disse: 'Nós a perdemos.' A essa altura, não sabíamos mais o que fazer. Ficamos apenas esperando que ela entrasse em contato conosco, torcendo para que não tivesse sido sequestrada de novo.

Rijke não fazia ideia de que havia entrado no veículo errado. "Entrei no carro, e a mulher começou a conversar comigo em inglês. Depois de alguns minutos, como ela percebeu que eu era holandesa, passou a se comunicar em holandês. [Antes, portanto,] a mulher nem sequer sabia que eu era holandesa",[147] rememorou Rijke. A mulher, que trabalhava para um prestigioso instituto de pesquisas de vanguarda do Afeganistão, havia sido escolhida para levar Rijke para o complexo militar dos holandeses, onde ela foi interrogada e lhe disseram que seria melhor que não falasse a ninguém sobre o que acontecera. No dia seguinte, providenciaram para que ela embarcasse num voo regular com destino a Amsterdã sem necessidade de passar pela alfândega ou mostrar o passaporte.

"Autoridades do governo holandês sabiam onde ocorreria sua última transferência de veículos. Talvez houvessem grampeado meu telefone", disse Lescroart, "ou o de Dave, ou até o tivessem seguido, não sei. Contudo, elas enviaram o carro para ter a garantia de que Joanie ficaria em mãos seguras e impedir que a polícia afegã acabasse capturando-a. Queriam que ela saísse do país o mais depressa possível."

Para os burocratas holandeses, Rijke não passava de simples mercadoria, que deveria ser enviada de volta para casa o mais rápido possível. "Ninguém me disse nada em Kabul. Por intermédio de Michaël, eu soube da forma pela qual eu tinha sido libertada somente quando voltei para Amsterdã", disse Rijke. "As autoridades holandesas teriam preferido que eu não dissesse nada a respeito de meu sequestro, que eu voltasse para casa e me esquecesse dessas lembranças. Elas não só fizeram muito pouco para me libertar, mas queriam também apagar todo esse episódio de minha vida. Queriam que meu suplício no Afeganistão e seu tratamento muito insatisfatório do problema fossem um crime silencioso." Embora graças também a uma atitude desafiadora em relação ao governo de seu país, Rijke foi libertada porque seu editor e um negociador local agiram decisivamente durante a fase crítica do problema. Já Kayla Mueller, a jovem trabalhadora de ajuda humanitária sequestrada em Alepo, não teve a mesma sorte.

UMA HISTÓRIA DE AMOR NA ÉPOCA DO CALIFADO

"Eu poderia ter salvado Kayla Mueller." O negociador, que recentemente levou para casa outros reféns do Ocidente mantidos em cativeiro na Síria, fitou-me nos olhos para ver minha reação. Sei que ele está dizendo a verdade porque participou de negociações para libertar outros reféns aprisionados pelo Estado Islâmico. No entanto, perguntei se ele tinha certeza do que tinha acabado de afirmar. Ele assentiu com a cabeça antes de responder. "Quando fizeram a ligação solicitando o início das negociações, apenas alguns dias depois de ela ter sido sequestrada, eu estava em Antáquia e, por acaso, na companhia do sujeito que recebeu o contato. Os sequestradores tinham examinado as ligações de Kayla pelo Skype e reconheceram o nome. Ele perguntou imediatamente se eu poderia ajudar, mas expliquei que eu só aceitaria cuidar de um caso se a família [da vítima] quisesse que eu fizesse isso. E eu nem sequer conhecia Mueller — nunca havia estado com ela. Eu disse a ele, porém, que procurasse obter provas de que ela estava viva, o que ele conseguiu fazer em uma hora."[148] Embora o negociador houvesse se recusado a envolver-se no caso de Mueller, assevero taxativamente que ela poderia ter sido libertada com um resgate de pequeno valor. "Tenho certeza que, se tivéssemos agido imediatamente, eu poderia ter conseguido libertá-la por uma pequena quantia."

O negociador silenciou por um momento, acendeu um cigarro e meneou a cabeça. "Pensando bem, talvez eu devesse ter contatado seus parentes para oferecer ajuda, mas não sou um parasita. Não entro em contato direto com as famílias, dizendo: 'Soube que seu ente querido foi sequestrado. Gostaria que eu ajudasse?' Talvez as pessoas achem que, nessas situações, quando há uma vida em jogo, existe um sistema pronto para solucionar o problema e tudo que se precisa fazer é apertar um botão de alarme para fazê-lo funcionar. Não é assim que as coisas funcionam."[149]

De acordo com o negociador, o caso de Mueller ficou preso num lamaçal de burocracia, atolado no fosso da jurisdição entre o Ministério das Relações Exteriores e o FBI, tendo chafurdado mais ainda ali também por causa das eternas consultas entre a CIA e a Casa Branca. "Devem ter sido necessárias muitas e muitas reuniões para que finalmente conseguissem organizar-se e decidissem agir, mas, a essa altura, era tarde demais."

Embora Kayla Mueller acabasse parando nas mãos do Estado Islâmico após algum tempo, ninguém sabe ao certo quem a sequestrou primeiro — se um pequeno grupo jihadista, uma quadrilha de criminosos, alguém do Exército da Síria Livre ou um membro de algum dos outros grupos rebeldes querendo ganhar dinheiro rápido. "Em 2013, o mercado de reféns do Ocidente no norte da Síria estava bastante desenvolvido. Estrangeiros eram negociados de acordo com sua nacionalidade e profissão", concluiu um negociador.

É muito provável que Kayla Mueller tenha sido vendida ou trocada por armas ou prisioneiros com um grupo inimigo, tal como aconteceu com Joakim Medin. Muitas dessas transações são feitas na Síria no mercado de reféns secundário, explicou o negociador. O jornalista Jean-René Augé-Napoli assevera que o Estado Islâmico não sabia que Kayla Mueller era uma mulher quando a comprou. "De uma forma geral, como reféns são negociados sem que se especifique o sexo, é possível que, na oferta que fizeram ao EI, só disseram que era um trabalhador de ajuda humanitária. Afinal, ninguém quer mulher. Complica as coisas, por muitas razões. Mulheres são fator de grande perturbação. Jihadistas, principalmente, vivem num ambiente masculino, de grande isolamento em relação ao sexo oposto, e lidar logisticamente com reféns do sexo masculino é muito mais fácil e barato do que fazer isso com reféns de ambos os sexos."

O negociador acrescentou que não tinha certeza se o homem que recebeu o telefonema para o início das negociações chegou a falar com a família de Kayla. "Alguns meses depois do primeiro telefonema, encontrei-me com ele de novo. Ele me disse que ficara muito, muito frustrado com o modo pelo qual as autoridades tinham lidado com o problema do sequestro. É uma pena, pois ele poderia ter sido um negociador perfeito para tratar com os primeiros sequestradores se tivessem agido com rapidez." A demora em agir — justamente o que não pode acontecer — é precisamente o que ocorre com governos quando lidam com o sequestro de seus próprios cidadãos.

A primeira vez que me encontrei com esse negociador foi num bar com vista para o Mar Báltico. Era uma manhã ensolarada e quente de outubro; o sol banhava tudo com uma luz de um esplendor excepcional e as águas estavam límpidas como ninfa cristalina. Tomando bebidas geladas naquele dia de meados de outubro, a impressão era a de que podíamos estar também num bar de uma das praias do Mediterrâneo, da Turquia ou da Síria. Quando passou a falar da comunidade de jornalistas, trabalhadores de ajuda humanitária, mediadores, motoristas, mercenários, refugiados e aspirantes a jihadista morando em cidades turcas perto da fronteira com a Síria, imagens de Kayla Mueller e Omar Alkhani, seu namorado, publicadas em contas do Facebook enquanto conviveram com essas pessoas, me vieram à mente. São imagens que mostram duas pessoas apaixonadas vivendo numa terra de clima quente, um sírio e uma jovem americana sorrindo, exibindo sua felicidade sob um céu de um sol esplêndido. Não existe nelas um único indício sequer de que a guerra na Síria está, literalmente, na porta ao lado. A alegria estampada nas imagens é quase absurda quando comparada com a realidade política local. De fato, a história de Kayla e Omar é simplesmente surreal, uma história de amor em tempos de Califado, de ressurgimento da Fênix islâmica.

Kayla e Omar tiveram um breve encontro em 2010, no Egito. Durante dois anos, porém, estiveram sempre em contato. Em 2012, eles se encontraram de novo, em Beirute desta vez. Logo depois, resolveram ir morar juntos em Istambul. Kayla queria se tornar uma trabalhadora de ajuda humanitária, enquanto Omar ansiava se tornar jornalista e documentarista autônomo. Ambos tinham grandes sonhos profissionais e acreditavam que o conflito na Síria lhes proporcionaria um atalho para chegar à sua concretização. Foi provavelmente por isso que, de Istambul, eles se mudaram para uma pequena cidade perto da fronteira da Turquia com a Síria. Nenhum dos dois era profissional formado. Kayla era voluntária. Ela ajudava qualquer um que aceitasse seus serviços humanitários. Não tinha salário, nem seguro, tampouco ninguém a que pudesse recorrer se as coisas ficassem difíceis, tal como aconteceu no começo de agosto de 2013, quando ela foi sequestrada em Alepo. Omar não tinha emprego em nenhum jornal. Ele trabalhava como autônomo e se sustentava consertando computadores.

Todavia, na primavera de 2013, Kayla e Omar estavam muito felizes. Eram jovens apaixonados e achavam que estavam sendo testemunhas de acontecimentos históricos. Ambos publicaram textos em seus blogs sobre o conflito na Síria. Como estavam apenas a alguns quilômetros da frente de combate, usaram redes sociais para informar ao mundo o que viam. Acreditavam, inclusive, que era um dever seu observar e relatar as atrocidades desse conflito, e não admira que houvessem tentado fazer isso juntos.

"Cheguei a me deparar com alguns casais como eles nas zonas de conflito", contou um trabalhador de ajuda humanitária que pediu anonimato. "Eles querem ajudar. Querem mostrar ao mundo o que está acontecendo. Estão comprometidos com isso e acreditam que o fato de estarem tão perto de uma guerra acelerará o processo que os tornará trabalhadores de ajuda humanitária ou jornalistas. Mas estão enganados. Ninguém quer empregar essas pessoas, pois não têm qualificação e, sinceramente, na maioria dos casos a decisão de empregá-los pode até pôr nosso trabalho em risco. A vida do profissional de ajuda humanitária é difícil. Ela exige formação superior, anos de estudo, preparo e experiência. Para ser uma pessoa assim, não basta acordar um dia no Centro-Oeste americano ou no Oriente Médio e decidir ser um trabalhador de ajuda humanitária."[150]

Casais como Omar e Kayla acabam passando muito tempo juntos, ajudando um ao outro em sua busca pelo trabalho "ideal" para salvar o mundo, reforçando mutuamente a crença de que aquilo que estão fazendo é correto, quase sempre sem se darem conta dos riscos envolvidos ou entendê-los. No fim da primavera de 2013, Omar levou Kayla a uma reunião que ele tinha organizado na cidade fronteiriça turca de Reyhanli com dois jornalistas americanos, Nicole Tung, a fotógrafa amiga de James Foley, e Janine di Giovanni. Mueller se apresentou como noiva de Omar.[151] "Ela tinha um bom coração", disse Tung ao *Arizona Republic*. "Mas, infelizmente, o fato de ser recém-chegada e novata na zona de guerra, principalmente num lugar como a Síria, faz a pessoa acabar tendo que enfrentar muitos perigos diferentes."[152] E foi o que aconteceu com eles no começo de agosto de 2013, quando a organização Médicos Sem Fronteiras solicitou que Omar fosse a Alepo consertar o equipamento de seu centro de informática, e Kayla implorou que ele a levasse.

No início, ele se recusou a levá-la, mas acabou concordando. Embora eles morassem apenas a alguns quilômetros da fronteira, Mueller nunca havia entrado na Síria, nem visitado Alepo. Omar achou que ela precisava testemunhar o que estava acontecendo na região para que pudesse publicar algo a respeito disso em seu blog, ao qual ela denominara *Imbued with Hope* (Cheio de Esperança), contribuindo assim para obter mais ajuda para os refugiados. Talvez tivesse sido uma decisão temerária, tomada por duas pessoas inexperientes e muito apaixonadas que acreditavam poder tornar o mundo melhor com as suas ações. Temerária porque, desde o início da guerra civil, organizações de ajuda humanitária vêm registrando em seus anais a tragédia na Síria. A visita de Mueller à central de operações do Médicos Sem Fronteiras, bem como o relato de sua viagem publicado em seu blog, pouco serviu para aliviar o drama dos milhões de sírios que sofrem por causa do conflito, mas sua ida ao local lhe custou a própria vida.

Segundo relato de Francesca Borri: "Foi Kayla que perguntou ao MSF se ela podia passar a noite lá. Pelo visto, o casal não tinha sequer providenciado a reserva de um quarto. Os funcionários do Médicos Sem Fronteiras ficaram muito irritados. Como haviam tido alguns problemas com sequestros de trabalhadores locais, a última coisa que queriam era que uma americana passasse a noite lá. Mas, como acharam que não podiam deixá-los na rua, permitiram que ficassem."[153]

Na manhã seguinte, Omar e Kayla pegaram um táxi para levá-los do MSF para a estação rodoviária. Assim que o táxi partiu, Omar percebeu que um utilitário cinza os estava seguindo. O utilitário ultrapassou o táxi e o forçou a parar. Em seguida, seis homens mascarados e armados com fuzis AK-47, usando coletes à prova de balas, os cercaram. Eles puseram os dois à força no utilitário e partiram.

As vítimas foram parar no porão do hospital infantil de Alepo, no qual os sequestradores tinham improvisado uma prisão. Kayla ficou trancada com as mulheres, enquanto Omar foi submetido a interrogatório. Ele passou dois meses no cativeiro sendo torturado e espancado. Toda vez que lhe perguntavam quem era a mulher com a qual ele tinha viajado, ele respondia: "Minha esposa". Por fim, ele foi libertado; sozinho. Kayla permaneceu em Alepo.

"Entrevistei Omar quinze, talvez até umas vinte vezes", disse o negociador. "De vez em quando, ele mudava certos detalhes do sequestro de ambos. Isso é normal; a pessoa fica tão estressada que se esquece das coisas. Conversei com ele porque eu queria saber se ele tinha visto alguns dos reféns cuja libertação eu estava negociando com o Estado Islâmico. Portanto, pedi que ele me dissesse exatamente o que acontecera enquanto esteve no cativeiro e cheguei à conclusão de que ele não havia entregado Kayla. Ao contrário, ele estava muito, muito arrependido de tê-la levado consigo."[154]

De fato, a visita de Kayla e Omar a Alepo demonstra quanto eles sabiam pouco dos perigos do conflito na Síria, tendo sido seu sequestro consequência de sua ignorância. Francesca Borri nos fala a respeito disso: "Toda vez que eu ia à Síria, viajava sem uma caneta sequer. Eu fingia que era refugiada e não levava nem mesmo um telefone. De meados de 2013 em diante, passei a tentar entrar lá e sair no mesmo dia, evitando pernoitar na Síria."[155]

"Quando saiu da Síria, Omar entrou em contato com a família de Kayla. Recomendei-lhe que não dissesse que ele conseguiria solucionar o caso, pois isso estava muito acima de sua capacidade", conta o negociador. Omar disse ao *The Daily Mail* que os pais de Kayla tinham recebido um segundo vídeo de sua filha implorando ajuda. O vídeo foi acompanhado de uma mensagem que dizia o seguinte: "Se a quiserem de volta viva, terão de pagar 20 milhões de dólares."[156]

Mais uma vez, o negociador me disse que as coisas poderiam ter sido diferentes se, nos primeiros e cruciais dias, tivesse sido dado a ele ou alguém como ele poderes para agir. Entretanto, ele acredita que, como a família "seguiu as instruções das autoridades americanas, ficou claro que ninguém podia julgar com objetividade quanto era a grave a situação na Síria. E Omar acreditava realmente que poderia salvá-la; ele tinha um plano, talvez porque a amasse e se sentisse muito culpado pelo sequestro dela." O negociador fez uma pausa, talvez revendo no pensamento aqueles dias cruciais. Depois, olhou para mim, abanando a cabeça: "Por isso, Omar voltou lá para pegá-la, tentar salvá-la. Mas foi capturado de novo, desta vez em Shaykh Najjar, uma cidade industrial ao norte de Alepo na qual o EI tinha construído um de seus centros de detenção. A essa altura, Kayla estava nas mãos do EI. Ele ficou esperando uma audiência com um juiz para explicar que ela era sua esposa."

Omar tinha certeza de que Kayla confirmaria suas palavras. Antes da partida dos dois para Alepo, concordaram que, se alguém os detivesse, Kayla fingiria que era sua esposa, Ayesha. Porém, quando o juiz perguntou a Kayla, na frente de Omar, se era verdade que ela era sua esposa, ela desatou a chorar e disse que era sua noiva, e não sua esposa.

"Acho que ela disse a verdade para salvá-lo", observa o negociador. "Ela queria protegê-lo. Estava com medo de que o matassem caso ela mentisse. É provável que disseram a ela que, se ela fosse sincera, eles o deixariam partir, e realmente deixaram." Omar arriscou a própria vida para salvar Kayla e esta abriu mão da chance de ser libertada para salvar Omar.

Em julho de 2014, quase um ano após o sequestro de Kayla, soldados da Força Delta, unidade de assalto do exército americano, realizaram uma operação em Raqqa para resgatar reféns estrangeiros mantidos pelo Estado Islâmico, incluindo Kayla. Mas, quando os soldados chegaram ao destino, os reféns já tinham sido transferidos para outro lugar. Dezoito meses após seu sequestro, Kayla Mueller foi morta num ataque aéreo da Jordânia contra o Estado Islâmico em Raqqa.

Assim como todos os reféns, Kayla se tornou alvo dos veículos de notícias e o objeto de propaganda dos jihadistas. Os primeiros a usaram para vender jornais, enquanto os últimos para apregoarem, com objetivos proselitistas, o caráter maligno de seus inimigos do Ocidente. Sua morte não ajudou a causa dos refugiados sírios. Não aumentou a conscientização de sua tragédia entre os povos ocidentais, tampouco serviu para gerar sentimentos de empatia por eles. Ao contrário, só serviu para fomentar o ódio entre as várias facções e patrocinadores envolvidos no conflito sírio.

Nem mesmo o sacrifício supremo, sua morte, pôde concretizar o sonho de Kayla Mueller de tornar o mundo melhor.

Capítulo Dez

A Presa — Buscando uma Nova Identidade

O negociador não salvou a vida de Kayla Mueller, mas conseguiu devolver ao seu país de origem outra pessoa jovem e inexperiente, um dinamarquês chamado Daniel Rye Ottosen. Ottosen, assim como Kayla Mueller e seu namorado, Omar Alkhani, via o conflito na Síria como o atalho para uma nova profissão, uma que ele desejava muito seguir: a de fotojornalista. Assim como os dois, o dinamarquês não tinha noção do perigo que a Síria representava, nem de quanto era vã a sua ideia. Quase nunca, o jornalismo participativo leva o diletante ao jornalismo profissional, mas pode conduzi--lo ao encontro de problemas sérios.

Em 2015, depois de ter sido resgatado, Daniel Rye Ottosen foi contratado como palestrante pela empresa de segurança dinamarquesa Guardian-SRM ("gestão de riscos à segurança") de um de seus excelentes cursos sobre técnicas de sobrevivência. Em verdade, esses cursos são fundamentais para toda pessoa que queira ou precise partir para regiões perigosas, quer em lugares como o Afeganistão, quer em países como a Nigéria, cursos que nem Ottosen nem Mueller fizeram ou teriam podido pagar.

Um jovem bonito, de aparência nórdica, Ottosen é louríssimo, com uma pele muito branca. Antes da fracassada tentativa de tornar-se jornalista, ele tinha sido um ginasta de destaque.

Ottosen contou aos que frequentaram o curso sobre técnicas de sobrevivência a história de seu sequestro no norte da Síria, relatando como ele e outros reféns do Ocidente sobreviveram ao grande sofrimento por que passaram no cativeiro. Todavia, deixou de mencionar, deliberadamente, várias importantes informações sobre a razão de sua ida para a Síria e o modo pelo qual acabou parando lá.

UM ATALHO PARA O FOTOJORNALISMO

"Conheci Daniel Rye [Ottosen] antes de sua ida para a Síria, em abril de 2013", diz o negociador. "Ele tinha procurado saber, na comunidade de jornalistas dinamarqueses, se havia alguém que poderia aconselhá-lo a respeito de sua ida para a Síria. Queria fazer a cobertura da guerra no país, tornar-se fotojornalista. Como eu vinha trabalhando no caso de [James] Foley desde novembro de 2012, eu sabia o que estava acontecendo lá. Além disso, uma vez que eu tinha feito muitos trabalhos de prevenção de riscos para jornalistas desejosos de partir para regiões perigosas, muitas pessoas sugeriram que ele conversasse comigo.

"Eu disse a ele imediatamente que não fosse; o lugar era muito perigoso, e ele, totalmente inexperiente. Ele tinha seus vinte e poucos anos e nunca havia estado numa zona de guerra. Mas ele não me deu ouvidos." Assim, só restou ao negociador dar algumas sugestões ao rapaz. "Eu disse a ele que tentasse deixar um rastro de informações na Síria, pistas que alguém como eu pudesse seguir se ele fosse sequestrado. No caso de James Foley, por exemplo, não conseguimos descobrir sua movimentação pelo país antes do sequestro... Não tínhamos nenhuma pista."[157]

Daniel Rye Ottosen acabou indo para a Síria. Ele atravessou a fronteira do país com a Turquia duas vezes. Na primeira delas seguiu o conselho do negociador e não passou a noite na Síria, mas, na segunda, pernoitou lá e, na manhã seguinte, foi sequestrado. "Não há dúvida de que ele agiu com imprudência", afirma Carsten Jensen, um dos mais notáveis romancistas escandinavos, que frequentou o curso de técnicas de sobrevivência do Guardian Group durante o período em que estava fazendo pesquisas para a criação de seu último romance. "Ele viu um edifício que estava sendo usado por um dos grupos jihadistas — acho que era a Frente Al-Nosra — e quis tirar uma fotografia do prédio. Disseram a ele que não fizesse isso, mas ele fez mesmo assim."[158]

Não se sabe ao certo se alguém viu que ele estava fotografando ou se seu motorista ou mediador o vendeu aos sequestradores. Como, alguns dias depois da captura de Ottosen, seus sequestradores libertaram seu motorista, que desapareceu logo depois, então talvez este o tenha vendido mesmo. "Ocidentais não entendem quanto é perigoso desembarcar na Turquia e sair pelo país à procura de mediadores e motoristas. Algumas dessas pessoas não pensam duas vezes ante a possibilidade de vendê-las por algumas centenas de dólares", diz Omar Al-Muqdad, que produziu um documentário para a BBC intitulado *We Left Them Behind* sobre reféns do Ocidente na Síria.[159]

É possível também que alguém, tendo visto um jovem alto, louro, atlético, com uma câmera na mão, tenha achado que uma pessoa posando de fotojornalista pela região podia ser um bom disfarce para um espião americano e decidiu sequestrá-lo. Ninguém sabe ao certo qual grupo o sequestrou primeiro; talvez tenha sido a Al-Nosra. Contudo, tal como acontece com todos os reféns, assim que ele foi capturado, alguém fez pesquisas na Internet para descobrir algo sobre seu trabalho e suas fotografias. Quando as pesquisas não deram em nada, a ideia de que ele era um espião se fingindo de fotojornalista ganhou força.

"Eu não descartaria a hipótese de que ele tivesse sido vendido ou negociado algumas vezes na condição de espião antes que acabasse nas mãos do Estado Islâmico", sugeriu um negociador de reféns sírio. "Todas as vezes que ele foi negociado, seus sequestradores o torturaram para fazê-lo confessar [quem ele realmente era]."[160] Isso explica por que, inicialmente, ele foi transferido de um lugar para outro muitas vezes. Tido como espião, talvez ele tenha sido vendido para o Estado Islâmico. "Daniel sofreu torturas atrozes por um tempo considerável, pois achavam mesmo que ele era espião", diz Marc Marginedas, um veterano correspondente de guerra da Catalunha que foi refém do Estado Islâmico e conheceu Ottosen no cativeiro. "Ele não era jornalista. Não conseguiram achar provas confirmando seu trabalho como jornalista. E ele era atlético e parecia em tão boa forma que devem ter achado que ele tinha sido treinado pelo Exército e pelos serviços secretos. Quando finalmente perceberam que ele não era espião, pararam de torturá-lo."[161]

A essa altura dos acontecimentos, ele estava transformado. Ottosen mostrou aos frequentadores do curso sobre técnicas de sobrevivência do Guardian Group a fotografia que seus sequestradores tinham enviado com a exigência do pagamento de resgate, depois de dois ou três meses que ele estava no cativeiro. "Ele havia perdido 30 quilos e parecia um homem de 45 anos de idade viciado em drogas morando nas ruas", rememora Carsten Jensen.

O negociador afirma que, embora o pedido de resgate tivesse sido feito muito depois de Ottosen ter sido sequestrado, ele vinha tentando achar o paradeiro do rapaz desde o início. "Recebi um telefonema do pai de Daniel às 2 horas da manhã. Estávamos no dia 19 de maio então. Daniel havia sido sequestrado no dia 17. Sua namorada tinha ido pegá-lo no aeroporto, mas Daniel não apareceu. Antes de partir, Daniel tinha dado ao pai um envelope que ele deveria abrir somente se seu filho não retornasse. Dentro do envelope estava o número de meu telefone."[162]

Ottosen cometeu muitos erros: foi para a Síria, um país que ele não conhecia, para fazer a cobertura da guerra e depois vender suas fotografias a revistas dinamarquesas logo que voltasse para casa; foi para o país do Oriente sozinho, sem a companhia de um jornalista experiente e sem fazer parte de uma equipe de produção; ele partira para a zona de guerra como autônomo, sem um contrato encomendando reportagem. Tal como no caso de Kayla Mueller, com Daniel Rye Ottosen também esses erros se originaram da ideia romântica que ele tinha da profissão. Além do mais,

Daniel nunca teria imaginado que jornalistas profissionais e trabalhadores de ajuda humanitária costumavam ver pessoas como ele com desprezo. No entanto, Ottosen deve ter aprendido essa dura verdade no cativeiro.

"Ele disse que, a certa altura, ficou preso numa pequena cela com outros doze reféns do Ocidente", relata Carsten Jensen. "Todos se tornaram amigos muito íntimos. Alguns dos reféns chegaram a dar aulas aos demais sobre assuntos que conheciam mais profundamente. Mas Daniel não tinha nenhum desses conhecimentos." Logicamente, a posição de Ottosen entre essas pessoas, algumas das quais haviam tido longas carreiras na imprensa como correspondentes de guerra, era um tanto baixa. Afinal, ele era muito jovem e inexperiente, mas as respeitava e as admirava. Em sua conversa com o Guardian Group, Ottosen falou com ternura das "matinês de cinema", quando um ou outro dos reféns recontava um filme em detalhes, numa espécie de hora de contar histórias. Na descrição que fez do ambiente, ele usou a palavra dinamarquesa *hyggelit*, termo que melhor designa a ideia de aconchego.

Ottosen percebeu que, para aumentar seu prestígio entre os reféns, tinha que dar a eles algo que os outros não tinham dado. "Como ele havia sido um atleta de destaque, organizou aulas de ginástica para o grupo, o que elevou seu status. Ele se tornou também um limpador de privadas muito bom. Graças a isso, às vezes os guardas lhe davam pequenas recompensas, as quais, por sua vez, ele oferecia como prêmios nas partidas de jogos de tabuleiro que tinham feito usando pedaços de papelão",[163] explica Jensen.

Daniel Rye Ottosen tivera alguns acertos também: antes de partir, ele havia entrado em contato com um negociador e deixara o telefone do homem com seu pai. Tinha feito um seguro também (mais ou menos no valor de 650 mil euros), de modo que sua família pudesse custear os serviços do negociador e levantar recursos financeiros para pagar o resgate. Muito provavelmente, essas precauções salvaram a sua vida. "Quando seu pai me telefonou, eu soube imediatamente quem era Daniel: eu me encontrara com o rapaz, havia conversado com ele e o aconselhara. Eu sabia que podia ajudar",[164] afirma o negociador.

O PREÇO DE NÃO SER NINGUÉM

"Desde o início, o sequestro de Daniel Rye [Ottosen] foi um dos casos mais difíceis com os quais já lidei", relata o negociador. "Foi complexo por muitas razões. O fato de que Daniel era dinamarquês, ou seja, de um país que não paga resgate, e também um joão-ninguém, em vez de um jornalista famoso ou um trabalhador de ajuda humanitária, fez com que o pusessem imediatamente na mesma categoria dos reféns britânicos e americanos. Além disso, como a Dinamarca é um país cujos cidadãos tinham criado charges zombando de Maomé, matar um dinamarquês pode muito bem acabar se tornando um bom instrumento de propaganda no mundo jihadista.

"Eu receava também que o EI o usasse para fazer os outros governos europeus pagarem resgate, e os negociadores da organização fizeram isso mesmo, até certo ponto. Seus sequestradores o mantiveram no cativeiro até o fim enquanto negociavam com um governo europeu após o outro: primeiro, com o espanhol; logo em seguida, com o francês. Todos esses reféns foram libertados antes de Daniel. Sim, tínhamos menos recursos do que esses países, pois somos uma empresa privada, enquanto dispõem de recursos ilimitados. Mas, para mim, a forma pela qual os sequestradores negociaram a libertação de um grupo de pessoas por vez, deixando para lidar com o caso de Daniel por último, não teve tanto a ver com uma questão de recursos de que dispunham os países ocidentais, mas sim com a capacidade que esse tipo de negociação dava ao EI para expor e lucrar com as incoerências e esquisitices dos respectivos governos quando lidam com sequestros."[165] O EI conhecia muito bem as falhas desses governos, principalmente a relacionada com a competição entre diferentes equipes de emergência quando lidam com a libertação de reféns aprisionados pelos mesmos sequestradores.

De fato, no que se refere a lidar com sequestros, cooperação entre governos é pura fantasia. "Quando fui interrogada depois de minha libertação", conta Mariani, "eu disse aos interrogadores que, no mesmo acampamento em que eu tinha sido mantida como prisioneira, havia dois reféns franceses e que o mais jovem estava muito, muito doente. Implorei que avisassem o governo francês que as autoridades deveriam agir imediatamente, pois talvez ele não conseguisse sobreviver. Eles me disseram que minha mensagem tinha sido transmitida aos franceses, mas ninguém da equipe de emergência ou da embaixada francesa entrou em contato comigo. Os únicos estrangeiros que me interrogaram eram americanos. Depois, quando Marc Féret e Pierre Legrand foram libertados, em outubro de 2013, tentei entrar em contato com eles. Telefonei para a equipe de emergência em Paris e expliquei quem eu era. Eles transferiram minha ligação para uma mulher que me disse que eles não haviam recebido nenhuma mensagem do governo italiano sobre os dois reféns."

Francesca Borri relatou uma experiência semelhante: "Quando Joakim Medin foi sequestrado, em fevereiro de 2015, fiquei de jantar com ele [naquela] mesma noite em Erbil, quando ele estava voltando da Síria. Como ele não apareceu, resolvi dar uma olhada no noticiário e descobri que tinham publicado que ele havia sido sequestrado na Turquia, mas eu sabia que isso era impossível, pois ele estava na Síria; eu tinha recebido uma mensagem enviada por ele da Síria poucas horas antes de ele ter desaparecido. Assim, telefonei para o cônsul italiano em Erbil e pedi que ele entrasse em contato com as autoridades suecas, avisando que Joakim tinha sido sequestrado na Síria. O cônsul repassou a informação à equipe de emergência italiana, algumas horas depois que o ministro das Relações Exteriores me telefonara para dizer que, em razão de uma norma especial, eles não podiam transmitir nenhuma mensagem sobre o sequestro. Com isso, resolvi usar a rede social, publicando no Twitter um apelo ao Ministério das Relações Exteriores sueco para que me contatasse para que eu lhes falasse sobre o sequestro de Joakim Medin. Eles me telefonaram menos de uma hora depois."[166]

Colocando um negociador contra o outro, o EI conseguiu uma quantia enorme em resgates. Ottosen foi um dos últimos reféns a ser libertado, e várias fontes confirmaram que o valor de seu resgate foi muito superior aos 2 milhões de euros divulgados pela imprensa. Fontes extraoficiais estimam que foi de 6 milhões. Entre optar por um resgate vultoso e a propaganda que sua execução teria causado, o EI achou melhor pôr as mãos em vários milhões de euros. Seu senso de oportunidade foi perfeito também. Depois da libertação de Ottosen, a atitude do Estado Islâmico em relação à libertação de reféns mudou. Conforme exposto em capítulos posteriores, alguns reféns são, como mercadorias, mais valiosos quando mortos do que quando vivos.

E como a família de Ottosen, gente de posses modestas, conseguiu levantar uma quantia tão alta? É que o Guardian Group assumiu a responsabilidade pelos cuidados com o caso de Ottosen, embora a família não tivesse condições de recompensá-lo depois. A empresa a instruiu sobre como levantar recursos. Além disso, a irmã de Ottonsen se encarregou de solicitar doações entre os membros da comunidade de ginastas, incluindo uma campanha pelo Facebook. Desse modo, conseguiu angariar sozinha quase a metade do valor do resgate. O Guardian Group usou seus contatos entre pessoas e empresas ricas para conseguir o restante do dinheiro. Além disso, a empresa dinamarquesa apresentou à família um advogado especializado nesse tipo de negócio para administrar a entrada de recursos. Enquanto isso, o governo dinamarquês preferiu ficar apenas nos bastidores. Não interferiu, mas era mantido informado o tempo todo e acabou dando permissão à família para recolher os recursos financeiros arrecadados.

Foi uma impressionante demonstração de solidariedade entre uma empresa de segurança, um governo europeu e vários segmentos da população dinamarquesa, incluindo ricos proprietários de navios, industriais e até banqueiros. Foi um esforço conjunto para salvar a vida de uma única pessoa, uma que não era celebridade, político ou jornalista famoso, mas um desconhecido jovem dinamarquês. Foi um pesadelo com um final feliz, num país em que até contos de fada não costumavam terminar bem. Já no que se refere ao drama de Jejoen Bontinck, outro jovem europeu, não se pode dizer o mesmo.

NA TOCA DO LEÃO

No começo da primavera de 2013, a jornalista Joanie de Rijke e o fotógrafo Narciso Contreras acompanharam Dimitri Bontinck numa viagem à Síria para tentar achar seu filho, Jejoen. "Fingindo que partiria para Amsterdã, Jejoen em fevereiro havia posto seu saco de dormir na mochila e seguira para a Turquia", relata Rijke. "Na Turquia, ele atravessara a fronteira com a Síria para juntar-se aos seus amigos da Sharia4Belgium, organização salafista radical de Antuérpia. Seu pai, Dimitri, o tinha reconhecido num vídeo de propaganda ideológica do EI. Eu o vi sendo entrevistado num programa de notícias, dizendo que queria ir à Síria. Na ocasião, estávamos de partida para Alepo com o objetivo de levar alimentos e outras formas de ajuda para pessoas presas naquela área — algo não relacionado ao jornalismo. Portanto, telefonei para Dimitri e disse a ele que estávamos nos preparando para partir e que, se ele quisesse, poderia ir conosco."[167]

O passado de Bontinck é muito diferente das vivências e origens de Daniel Rye Ottosen, assim como sua história, mas, de qualquer forma, ele também acabou indo para a Síria na tentativa de descobrir a própria vocação. Filho de uma nigeriana, Rose, com um russo, Dimitri, Jejoen foi criado num país em que seus pais eram estrangeiros: a Bélgica. Educado num ambiente católico, assim como sua mãe devota, o rapaz frequentou uma prestigiada escola de jesuítas. Tal como acontece com muitos adolescentes do sexo masculino, quando tinha 15 anos de idade, ele começou a ter problemas na escola, bem como com as meninas, passando a se sentir muito infeliz. Não havia ninguém em quem pudesse buscar apoio; nenhum primo, tio, ou avó. Afinal, as famílias de seus pais estavam a milhares de quilômetros de distância. Mas havia também muitas outras crianças como ele, filhos de imigrantes que experimentavam o mesmo vazio, sentindo-se tão infelizes e deslocadas quanto Jejoen no caldo de cultura étnica do norte da Europa.

Uma namorada marroquina de Jejoen, junto com um vizinho muçulmano, Azeddine, apresentou-lhe primeiro o islamismo e depois uma de suas vertentes mais extremas, o salafismo radical. Em novembro de 2011, apenas três meses após seu contato inicial com o islamismo, Jejoen chegou à rua Dambruggestraat, 117, na Antuérpia, local da sede da Sharia4Belgium.

"Existem milhares de jovens como Jejoen, crianças perdidas num mundo complexo e assustador. Eles chegam à puberdade e começam a ver que são diferentes dos outros. De repente, começam a achar que, em toda parte, são como peixes fora d'água — na escola, em casa e até entre os amigos. Assim, quando conhecem outras pessoas que se sentem igualmente deslocadas, formam laços muito fortes com elas", explica um psicólogo que trabalha com ex-jihadistas na Europa.[168]

Parece que a Sharia4Belgium ajudou Jejoen, bem como a muitos outros jovens iguais a ele, a preencher seu vazio existencial. O salafismo radical se tornou um meio de reinventar o mundo de acordo com as necessidades dessas pessoas. O Califado era o Nirvana em que teriam o direito a uma vida melhor e o status de cidadãos distintos. Ao ouvir alguém relatar a marcha de Jejoen para o templo de seu radicalismo na Bélgica, em meio a palestras sobre islamismo extremista dadas por anciãos, a exercícios de artes marciais e ao estabelecimento de estreitos laços de amizade com jovens como ele, não se dá para deixar de notar quanto esse processo na verdade foi simples e rudimentar. A Sharia4Belgium não era exatamente uma organização de recrutamento cuja tarefa consistia em enviar combatentes para a Síria; não tinha nenhuma ligação oficial com o Estado Islâmico, a Al-Qaeda ou quaisquer outros grupos. Era mais, em vez disso, como um jardim de infância improvisado, destinado a doutrinar salafistas radicais e inspirado pelos acontecimentos na Síria, absurdamente objetivando transformar a Bélgica num Estado islâmico, um Estado administrado pelos preceitos da xariá.

A Sharia4Belgium era também um palco em que pregadores de baixo escalão e importância ideológica, como Fouad Belkacem, um belga nascido no seio de uma família de marroquinos, podiam disseminar ideias antiquadas a uma plateia de imigrantes juvenis desajustados, ignorantes demais a respeito do verdadeiro significado do islamismo para questioná-los. Ainda assim, porém, a maioria dos membros da Sharia4Belgium, incluindo Jejoen, acabava parando na Síria para combater pela Frente Al-Nusra ou pelo Estado Islâmico.

"O processo de radicalização entre esses jovens acontece quase que por osmose", explica o psicólogo de ex-jihadistas. "Alguém vai para a Síria, que tem sido um chamariz faz um bom tempo, e começa a enviar mensagens dizendo que está levando uma vida incrível, agora que está combatendo para o Califado. As imagens são publicadas em redes sociais. É uma atitude exibicionista, algo típico de jovens. Naturalmente, nenhum deles sabe exatamente o que é uma guerra. São também jovens demais para terem perfeita consciência da própria mortalidade. Portanto, a ida para a Síria se torna uma espécie de viagem exótica, uma aventura para se compartilhar com os amigos. Quando chegam lá, começa a doutrinação. A maioria sofre lavagem cerebral. É sobretudo fácil convencê-los a trocar a própria identidade pela identidade do grupo, pois eles não gostam de si mesmos; se não fosse assim, por que ingressariam em grupos como a Sharia4Belgium?"[169]

"Os laços entre os membros do grupo são muito, muito fortes, o que facilita a perda da individualidade de seus integrantes; a pessoa se torna um mero componente do grupo", confirmou Jean-René Augé-Napoli, um correspondente de guerra que passou algum tempo com um grupo jihadista no norte da Síria.

Quando Jejoen finalmente chegou ao país, entrou para um destes grupos. Seus membros estavam inscritos num programa de treinamento que foi realizado numa chácara em Kafr Hamra, uma pequena cidade nas cercanias de Alepo. Menos de um mês após a chegada de Jejoen, um carro parou na entrada da chácara e Dimitri saiu do veículo.

"Fomos de carro a uma chácara murada em Kafr Hamra, uma das propriedades tomadas dos ricos pertencentes à elite síria", rememora Rijke. "Era um lugar fascinante, com hortas, pomares. Não tínhamos ideia do que poderíamos esperar, nenhuma ideia mesmo... Dimitri entrou com dois de nossos amigos de Alepo, ao passo que o fotógrafo, o motorista e eu ficamos dentro do carro. Esperamos um tempão. De repente, alguns homens vieram da chácara e ordenaram que saíssemos do carro. Comigo em pé do outro lado [do veículo], eles empurraram o fotógrafo e o motorista contra o carro e disseram que iriam executar todos nós. Aí pensei: 'É agora! Vão me matar aqui mesmo, bem na frente da chácara!"[170]

Somente depois, Rijke soube o que estava acontecendo no interior da propriedade, enquanto, lá fora, ela era ameaçada de morte. Quando Dimitri entrou na casa, foi apresentado ao comandante, que lhe ofereceu chá e perguntou por que ele tinha ido parar na Síria. Dimitri respondeu que estava procurando seu filho — por acaso o comandante não teria ouvido falar algo a respeito do jovem ou não sabia alguma coisa sobre ele? O anfitrião respondeu que não. Logo depois, quando o visitante se despediu e fez menção de deixar o local, dois homens o agarraram por trás e o arrastaram para outro recinto, onde ele foi despido, surrado e interrogado. Eles queriam saber como o estranho havia conseguido chegar à chácara e quem lhe tinha dado o endereço.

"Dimitri tinha entrado em contato com uma organização, a Advogados da Síria Livre de Alepo, a qual, na época, estava ajudando clientes a localizar seus entes queridos na Síria. Seus membros tinham algum tipo de ligação com esse comandante e recebido aquele endereço, pois sabiam que aquele lugar era um centro de treinamento de novos recrutas", explica um negociador europeu que entrevistei. Mas eles não acreditaram em Dimitri e continuaram a agredi-lo.

Mas aí, "de repente, eles pararam", afirma Joanie de Rijke. "Sem mais nem menos! O comandante tinha mudado de ideia. Eles devolveram suas roupas e mandaram que fosse embora. Foi um milagre!"[171]

Rijke admite que nenhum dos visitantes sabia quem o comandante era. Somente depois ficaram sabendo que Dimitri tinha ficado frente a frente com o mais graduado comandante sírio do EI, Abu Athir, cujo nome real era Amr Al-Absi,[172] o chefe sírio que presidia o Conselho Consultivo Islâmico dos Muhajedin, um grupo de jihadistas internacionais cujo objetivo era transformar a parte setentrional do país num Estado Islâmico. Abu Athir tinha laços estreitos com o EI, já que sua *katiba* havia se tornado o primeiro braço do futuro Estado Islâmico na Síria. Quando o líder do EI, Abu Bakr al-Baghdadi, se transferiu do Iraque para a Síria, Abu Athir fora um dos primeiros jihadistas a dar-lhe as boas-vindas e lhe prometer fidelidade.[173] Ele era um dos braços direitos de al-Baghdadi na Síria, um homem muito poderoso.

"Seu irmão era Firas al-Absi, inicialmente o chefe do Conselho Consultivo Islâmico dos Muhajedin e líder dos homens que, em 2012, haviam sequestrado John Cantlie e o fotógrafo holandês Jeroen Oerlemans", explica o negociador que entrevistei. Após a morte de Firas al-Absi, Abu Athir assumiu o comando do grupo, cujo número de integrantes aumentou de cerca de 180 combatentes estrangeiros para quase mil. No verão de 2013, ele foi oficialmente encarregado de cuidar dos reféns estrangeiros mantidos em cativeiro pelo EI. É muito provável também que ele fosse o mentor intelectual por trás das negociações, juntamente com os principais dirigentes do Estado Islâmico.

"Dimitri teve sorte", reconhece Rijke. "Todos nós tivemos. Pois tínhamos entrado na toca do leão sem saber que havia um animal feroz lá dentro."[174] Mas, de acordo com o negociador europeu que entrevistei, o filho de Dimitri, Jejoen, não teve tanta sorte.

Quando Dimitri se encontrou com Abu Athir, Jejoen estava a alguns metros de distância dali, na chácara mesmo, a qual, sem dúvida, estava sendo usada como um importante centro de treinamento de novos recrutas. Conforme relata o negociador: "Quando seu pai chegou à chácara, Jejoen estava no estágio intermediário do treinamento. Ele foi doutrinado e, ao mesmo tempo, teve sua lealdade testada. Era um processo que envolvia alguns artifícios simples; por exemplo, eles o levavam e os demais a uma sala com um computador e diziam: 'Não toquem nisso', apenas para ver se eles obedeceriam ou não. Se fossem aprovados nesse estágio, os recrutas passavam para o seguinte: davam a eles pequenas tarefas estratégicas, como fazer vigilância. Aos poucos, passavam a confiar mais e mais neles. O fato de Dimitri ter aparecido na chácara naquele dia os levou a achar que Jejoen tinha entrado em contato com o pai e informado onde ela ficava. Por isso, eles o tiraram do treinamento e o puseram na prisão, onde ficou sob vigilância."[175]

Não foi essa a versão dos fatos que Jejoen repassou a Joanie de Rijke e ao *The New Yorker*. Em "Viagem para a Jihad",[176] título de uma reportagem que conta a história de Jejoen e seu resgate, o jovem afirma que tinha sido aprisionado antes da chegada do pai, pois manifestara o desejo de voltar para casa. Aliás, foi essa também a versão que Jejoen deu à polícia belga quando foi preso após voltar para o país. Em muitos desses relatos difusos de operações de sequestro e atividades jihadistas existem muitas versões da verdade.

Em todo caso, o negociador prossegue com sua versão da história: "Depois das súplicas feitas por seu pai a Abu Athir, Jejoen foi levado para uma prisão em Alepo em que John Cantlie e James Foley estavam sendo mantidos para testar sua lealdade. A prisão era administrada por Abu Obeida, um cidadão holandês em quem Abu Athir confiava. Abu Obeida foi encarregado de investigar a situação de Jejoen para saber se ele estava mesmo comprometido com a causa. Como ambos falavam flamengo, foi fácil estabelecer um bom relacionamento. Jejoen ficou sob vigilância durante algum tempo, mas depois, aos poucos, ganhou mais liberdade e acabou sendo incumbido de algumas tarefas, até que, por fim, foi readmitido no programa de treinamento. Durante esse tempo, manteve-se em contato com o pai, que acabou convencendo-o a sair de lá."[177]

Quando finalmente a família voltou para a Bélgica, Jejoen foi preso e levado a julgamento. No fim de tudo, porém, concederam-lhe uma suspensão condicional da pena. Preso pela segunda vez, mas desta vez na Bélgica, Jejoen sentiu renascer no íntimo a sensação de que era um excluído e começou a ver suas experiências na Síria como uma vida de aventuras a que gostaria de retornar. Assim, quando foi solto, ele tentou embarcar de novo num avião para a Turquia, mas foi impedido pela polícia.

Após a Primavera Árabe, o aspecto sedutor da revolução árabe contra a tirania se tornou irresistível para alguns ocidentais. Entre eles, estava Kevin Dawes, um americano de ascendência asiática originário de San Diego, Califórnia. Em junho de 2011, aos 29 anos, ele viajou para a Líbia, em caráter oficial, na condição de socorrista de ajuda humanitária, mas ficou muito fascinado com o relato das ações revolucionárias da insurgência contra Kadafi. Em pouco tempo, Dawes se tornou assistente de rebeldes socorristas na linha de frente em Dafniyah-Misrata e acabou aliando-se aos rebeldes em Sirte. Numa entrevista concedida à National Public Radio,

Dawes explicou como se tornou combatente: "O fato é que arrancamos uma equipe de socorristas inteira da ambulância e a executamos. Foi nessa ocasião que concluímos que não tínhamos escolha. Ou agíamos assim, ou morreríamos ali."[178]Desse modo, Kevin se transformou em franco-atirador, vigiando janelas e eliminando pessoas perigosas para sua *katiba*.

A experiência de Kevin Dawes na Líbia terminou bruscamente quando ele decidiu abandonar sua *katiba*, mas não o movimento jihadista.[179] Em outubro de 2012, ele foi para a Síria e acabou sendo sequestrado por seguidores do governo de Assad. Não se sabe ao certo por que ele foi para a Síria; alegou que queria resgatar Austin Tice, um jornalista americano autônomo que desaparecera naquele país em agosto de 2012 e que havia sido fuzileiro naval nos EUA, embora Dawes tivesse alegado também que era fotojornalista e médico que se achava a caminho da Síria para ajudar as vítimas da guerra. Além disso, as pessoas que o conheceram afirmam que ele estava sofrendo de sérios problemas mentais, incluindo delírios e crises de paranoia.

A história de sua libertação, em abril de 2016, está envolta em tanto mistério que algumas pessoas chegaram a achar que Dawes poderia ser um espião americano. Isso parece muito improvável. Na primavera de 2012, ele tentou, sem sucesso, conseguir recursos financeiros com uma campanha chamada Aerial Battlefield Photojournalism (Fotojornalismo Aéreo de Conflito). Com esse projeto, ele pretendia fornecer uma visão única da guerra na Síria, usando uma aeronave teleguiada equipada com uma câmera fotográfica.[180] O objetivo do projeto era levantar 28 mil dólares. Todavia, como tudo que Dawes conseguiu levantar foi trinta dólares, decidiu ir para a Síria e fazer ele mesmo a cobertura na linha de combate.

Em Antáquia, Dawes tentou ir de carona para Alepo recorrendo a alguns "amigos" do Facebook, mas, como não conseguiu nenhuma, resolveu entrar na Síria sozinho, onde foi sequestrado imediatamente e mantido em cativeiro em Damasco. A única informação divulgada a respeito de seu caso foi que John Kerry, o ministro das Relações Exteriores do governo do presidente Obama, obteve sucesso, com a ajuda da República

Checa, na negociação para libertá-lo. Kerry foi também um fator-chave nas negociações para revogar as sanções impostas ao Irã. É muito provável, pois, que Dawes tenha participado dessas negociações. Kerry alegou que Tice seria libertado em breve também.[181]

Assim como no caso dos europeus Jejoen e Ottosen, uma guerra no distante Oriente Médio era vista como um clamor por liberdade e justiça, uma situação que dava aos americanos Tice e Dawes a oportunidade de se renovarem, de conquistar uma nova identidade e prestígio. Mas, longe de aterrissarem no terreno em que pretendiam realizar seus sonhos, acabaram todos caindo no campo minado de um jogo político mortal que estavam muito longe de entender.

Jovens vêm, há anos, sendo sequestrados pela Síria em corpo e em mente; têm entrado na toca do leão sem nenhum conhecimento dos perigos a que se exporiam, movidos pela ideia absurda de que essa arriscada incursão poderia proporcionar-lhes a salvação de uma vida no Ocidente de que não gostam ou que não querem para si. Têm feito isso acreditando que pôr à prova seu próprio valor e sua capacidade nos rincões mais tenebrosos da aldeia global é não apenas possível, mas também necessário, para se tornarem novas pessoas.

Fotojornalistas, socorristas de ajuda humanitária, combatentes jihadistas — foram todos atraídos para uma armadilha fenomenal que os privou da própria liberdade, da própria identidade e até das próprias vidas. Foram manipulados por adultos, tanto no Ocidente quanto no mundo islâmico: por editores de jornais ansiosos por comprar suas fotografias e reportagens por um punhado de dólares; por pregadores que se utilizam do Califado para conquistar fama; por políticos que tentam atenuar os aspectos do fracasso político da globalização e, com isso, esconder os erros das políticas do Ocidente. Eles foram levados a acreditar que suas atitudes temerárias seriam valorizadas, transformando-os em pessoas melhores e tornando o planeta um mundo melhor. De uma forma ou de outra, porém, todos esses jovens que desafiaram os próprios pais, amigos e países são pessoas que perdemos porque nos eximimos de lhes ensinar que a aldeia global é infinitamente mais perigosa em comparação com o mundo que existiu durante a Guerra Fria.

Mesmo os jovens que conseguimos trazer de volta para casa, como Jejoen, continuam a ser peixes fora d'água, ainda sem nenhuma certeza do lugar a que realmente pertencem. Eles podem até estar fora das prisões, mas, mentalmente, continuam a viver atrás das grades do racismo e da ideologia.

Capítulo Onze

O Mito dos Reféns do Ocidente

Os governos dos países ocidentais retratam todos os reféns como heróis, principalmente se forem militares. Soldados ocupam o primeiro lugar nessa classificação. Para esses governos, são os mais corajosos: sequestrados durante o cumprimento do dever de proteger a pátria. É com essa explicação que justificam a decisão de resgatá-los a qualquer custo, incluindo negociações com terroristas. Nenhum governo pode negar seu compromisso especial com esse tipo de reféns, incluindo os Estados Unidos.

Talvez o exemplo mais emblemático dessa atitude de todos os governos negociarem com sequestradores, nas devidas circunstâncias, esteja no presidente Obama: "Os Estados Unidos da América nunca deixam nossos homens e mulheres fardados para trás."[182] Ele disse isso num pronunciamento em 31 de maio de 2014 no Rose Garden, quando anunciou a libertação do sargento Bowe Bergdahl. O militar, então com 28 anos de idade, tinha sido sequestrado pelo Talibã no Afeganistão quase cinco anos antes, em 30 de junho de 2009. Durante o discurso, o presidente revelou que, para libertar o refém, os Estados Unidos tiveram que concordar em transferir cinco presos mantidos no Campo de Detenção da Baía de Guantánamo para o Qatar, o país que havia ajudado a intermediar o acordo.[183]

A cerimônia realizada no Rose Garden deveria ser a primeira de várias comemorações para dar as boas-vindas ao sargento Bergdahl. Em vez disso, quase no mesmo instante em que o militar pôs os pés no solo americano, as coisas azedaram. Vários membros de seu pelotão no Afeganistão o acusaram de ser desertor, e alguém chegou a insinuar que talvez ele fosse traidor. Os republicanos fizeram severas críticas ao presidente Obama por ter providenciado a libertação do soldado sem que tivesse informado ao Congresso, pois, com isso, pusera em risco a segurança nacional. Alguns criticaram até o pai de Bergdahl por haver dito algumas palavras em afegane, a língua oficial do Afeganistão, durante a cerimônia no Rose Garden. À medida que mais e mais informações sobre o sequestro do sargento Bergdahl se tornaram públicas, a polêmica em torno de sua libertação, de seu sequestro e do resgate aumentou muito.

A INSENSATEZ DE BOURNE

Bowe Bergdahl foi sequestrado na manhã de 30 de junho de 2009 quando caminhava sozinho por uma parte do deserto afegão, a alguns quilômetros de um pequeno posto militar avançado conhecido como PO de Mest, no qual ele estava lotado. Mest fica na província de Paktiba, no leste do Afeganistão, perto da fronteira com o Paquistão. Algumas horas antes, Bergdahl havia deixado o posto sem permissão. Rigorosamente falando, ele tinha desertado de seu pelotão.

Pouco depois do nascer do sol, um grupo talibã de motociclistas o avistou e o abordou, tal como costuma acontecer em toda região desértica. Como ele não estava fardado, mas usando roupas afegãs, os talibãs só viram que ele não era afegão quando se aproximaram dele.

A história de Bergdahl nos faz questionar muitas coisas: O que um soldado de 23 anos de idade estava fazendo sozinho no meio do deserto afegão? Como ele foi parar lá? E por que estava desarmado numa região infestada de talibãs?

Após sua libertação, Bergdahl não falou com a imprensa, e as autoridades americanas não divulgaram nenhuma informação sobre o caso. Sabia-se muito pouco a respeito das preciosas horas anteriores ao seu sequestro. No entanto, em conversas particulares, Bergdahl revelou os acontecimentos que resultaram em seu cativeiro a Mark Boal, o roteirista de *Guerra ao terror* e *A hora mais escura*. Boal procurou Bergdahl porque queria fazer um filme baseado em sua história. Algumas das conversas gravadas entre os dois, de um total de cerca de 25 horas de entrevistas, foram usadas na segunda temporada de *Serial*, um podcast famoso.[184] O podcast revela alguns aspectos ao mesmo tempo interessantes e constrangedores do sequestro de Bergdahl. Por exemplo, o sequestro parece ter sido o resultado direto da ideia de um soldado de 23 anos achar que poderia provar ao mundo e a si mesmo que era um Jason Bourne da vida real, o herói fictício da trilogia cinematográfica baseada nos romances de Robert Ludlum.[185]

Logo de cara, numa das conversas, Bowe Bergdahl confessou a Mark Boal que havia simulado o próprio desaparecimento. Seu plano era ir caminhando da base em Mest para outro posto militar avançado, muito maior e situado em Sharana. Esta cidade fica a uns 32 quilômetros a sudoeste de Mest. Otimista, Bergdahl achou que poderia chegar lá em cerca de 24 horas. A rota para alcançar o local é longa e difícil, principalmente atravessando o deserto no calor do verão. É também muito perigosa. A área fica sob o controle do Talibã, com pessoas viajando em ambos os sentidos regularmente. Certamente alguém acabaria vendo Bergdahl pelo caminho e se aproximaria dele, logo descobrindo que não era afegão, mas americano. No entanto, o sargento achava pouco provável que isso fosse acontecer. Para ele, bastava que a pessoa estivesse em boa forma física para fazer a travessia; tinha certeza de que, usando trajes civis, teria um disfarce perfeito.

A pergunta decisiva feita por Mark Boal a Bergdahl foi: "Por que desaparecer por 24 horas?" Bergdahl respondeu dizendo que queria provocar uma DUSTWUN, sigla em inglês do jargão militar americano que significa "situação do soldado — paradeiro desconhecido" (PD), a versão do exército americano de "homem ao mar" ou grave situação de emergência. E foi justamente isso o que conseguiu. Quando o pelotão percebeu que ele tinha desaparecido, todo mundo, da CIA à Marinha, Força Aérea, Fuzileiros Navais e todos os contingentes militares presentes no Afeganistão, entrou em estado de alerta. A notícia de seu desaparecimento acabou chegando a Washington, D. C., ao Pentágono, ao Ministério das Relações Exteriores e à Casa Branca.

Parece que o jovem soldado provocou uma grave crise militar com o objetivo de evidenciar uma crise maior, que ele considerava tão séria que, para ser capaz de expô-la, precisava causar um acontecimento extraordinário,[186] ou seja, Bergdahl sabia que um caso de desaparecimento daqueles atrairia para si uma atenção generalizada e que, quando ele reaparecesse em Sharana, seria interrogado por seus superiores. Acreditava que essa era sua única chance de ficar frente a frente com oficiais de alta patente, talvez até generais, e ser ouvido. Achava que poderia finalmente externar suas grandes preocupações em relação à liderança do seu pelotão e do exército americano no Afeganistão como um todo. Tinha até enviado uma carta ao pai para falar sobre tais preocupações em busca de aconselhamento. Mas seu plano era baseado em delirantes ilusões de grandeza.

Na noite de 29 de junho de 2009, Bergdahl deixou o acampamento às escondidas e iniciou a caminhada em direção a Sharana. Assim como Jason Bourne, Bowe Bergdahl agiu sozinho. Nos dias anteriores, para impedir que o revistassem, ele tinha enviado a maioria de seus pertences para casa e sacara trezentos dólares de sua conta corrente, dinheiro do qual achava que precisaria durante a viagem. Levara uma bússola e uma faca consigo, mas deixara para trás seus óculos de visão noturna, suas armas e seu rádio.

Quando alcançou o deserto, percebeu de súbito a besteira que havia feito. Finalmente entendeu a gravidade, ou talvez a estupidez, de seu plano. Todavia, ao contrário do herói da série dos filmes de Bourne, Bergdahl ficou desesperado. Embora tivesse vontade de voltar para o posto, achou arriscado demais fazer isso durante a noite. Sem saber quem ele era, as sentinelas teriam atirado. Contudo, sua maior preocupação era com o que aconteceria consigo assim que seus superiores soubessem que ele tinha deixado o pelotão sem permissão. Para o exército, ele já era um desertor.

Sob o manto estrelado do céu afegão, Bergdahl desenvolveu uma estratégia ainda mais absurda para tentar sair da enrascada. Concluiu que, se conseguisse retornar com alguma informação valiosa para repassar ao serviço de espionagem do posto, seus superiores seriam lenientes. Lembrou-se de que soubera que, na estrada que ligava Mest a Sharan, às vezes os talibãs plantavam artefatos explosivos improvisados (AEIs). Assim, resolveu tentar achar alguém que estivesse fazendo isso. Deliberou que agiria como um soldado de uma unidade de forças especiais e que tentaria capturar essa pessoa ou segui-la até o esconderijo, cujo local informaria mais tarde aos seus superiores. Saiu então à procura do acender e apagar de luzes de lanternas, aguçando os ouvidos para ver se ouvia o chiado de rádios.

"Minha ideia teria sido a de, se tivesse visto alguém em meio à escuridão que parecesse que estava fazendo algo suspeito, seguir essa pessoa lenta e silenciosamente pela noite", disse Bergdahl a Boal. "E então, de manhã, eu seguiria o rastro e saberia para onde ela teria ido. Depois, eu levaria essa informação... [Quando] eu voltasse para [Mest], talvez eles dissessem: Ora, você abandonou o posto. Mas eu poderia dizer: Bem, mas também consegui esta informação. O que vocês farão agora? Tenho a informação de que essa pessoa fez isso à noite e que ela mora em tal lugar. Portanto, minha atitude seria justificável, mais ou menos desta forma: Ele deixou o posto... mas obteve informações valiosas que nos ajudaram a deter alguém que estava instalando um AEI na estrada. Aí, sabe como é, isso seria um ponto a meu favor que me ajudaria a lidar com o furacão de horrores — ou talvez não um furacão de horrores, mas um furacão de raiva — que me atingiria assim que eu voltasse para [Mest]."[187]

Quando ouvimos o relato de Bowe Bergdahl, é impossível deixar de pensar em como era ingênuo seu plano e como o sargento estava iludido com relação à própria "missão". Ele confessou a Boal que queria provar a si mesmo e ao mundo que era um supersoldado, alguém como Jason Bourne, um personagem fictício que, sozinho, era capaz de expor uma falha grave no sistema militar. Porém, ao contrário do intento mirabolante, o que ele conseguiu foi cometer uma tolice. Acabou sendo sequestrado e foi mantido em cativeiro por quase cinco anos. O que seu caso desencadeou foi uma enorme mobilização de busca que custou milhões de dólares aos contribuintes americanos.

A imprensa alegou, em reportagens feitas logo depois da libertação de Bergdahl, que as buscas para localizá-lo podem ter custado até a vida de seis de seus colegas soldados, embora venha sendo demonstrado, desde a época da divulgação dessas matérias, que provavelmente o dado fora inventado por membros de seu batalhão. Ninguém jamais conseguiu estabelecer uma relação direta entre a morte de um soldado americano e esse caso de paradeiro desconhecido. Contudo, na ocasião, a responsabilização de Bergdahl pela morte dos seis soldados americanos aumentou a revolta do público com o acordo feito pelas autoridades americanas para levar o sargento de volta para o país.[188]

Com a difusão da história por parte da imprensa, o sequestro e a libertação de Bowe Bergdahl foram ganhando uma importância política cada vez maior. A Casa Branca tinha concordado em trocá-lo por cinco membros do Talibã de alto escalão, como parte de um processo de reconciliação entre os Estados Unidos e o Talibã arquitetado inicialmente por Obama e Hillary Clinton, em 2009. No fim das contas, esse processo de reconciliação acabou malogrando, e o sargento Bergdahl passou a ser considerado apenas mais uma prova de seu fracasso.

COMPORTAMENTO TEMERÁRIO

A maior parte dos ocidentais é sequestrada não porque é formada por heróis, mas porque não consegue entender o risco que está correndo. Bowe Bergdahl se enquadra nessa categoria. Foi o caso também de muitos outros ex-reféns, incluindo alguns dos que foram decapitados pelo Estado Islâmico. "O Jim Foley que conheci era uma pessoa muito sensata, mas ele agiu de forma justamente contrária àquela que recomendam especialistas em segurança que dão cursos sobre prevenção de sequestros", observou Francesca Borri.

Esse retrato de Foley corresponde, em parte, à descrição que o negociador europeu que tentou levá-lo de volta ao seu país deu a seu respeito.

"A última vez que vi Jimmy foi em Alepo", prosseguiu Borri. "Estávamos saindo do Al Shifa Hospital, que sofria ataques constantes. Paramos para distribuir suprimentos entre as pessoas que tinham ficado para trás e pegar as que estavam indo para a Turquia, como eu mesma, Jim Foley, Narciso Contreras, Antonio Pampliega, Manu Brabo, os rapazes que, mais tarde, ganharam o Prêmio Pulitzer. Todos haviam tirado seus coletes à prova de balas e estavam relaxando após um longo dia de trabalho. De repente, o hospital virou alvo de um ataque de morteiros. Entramos correndo na primeira caminhonete de serviço que achamos e deixamos o local às pressas. Foi uma situação muito grave: bombas e balas voando em todas as direções. O motorista ficou tão apavorado que se perdeu duas vezes. Mas Jimmy ficou rindo o tempo todo!

"Fiquei petrificada de medo, mas Jimmy continuou rindo. Lembro-me de Narciso Contreras, que estava no banco da frente, olhando para mim sem parar. Ele havia percebido bem que eu estava com muito medo. Fiquei muito aflita, pois tinha deixado para trás alguém muito querido. Ele não tinha conseguido entrar na caminhonete quando o mundo veio abaixo. Jimmy continuou rindo de mim, dizendo que esses tipos de situação não são para mulheres.

"Todos tentaram se proteger mantendo-se atrás das portas da caminhonete, com medo de serem atingidos por uma bala, mas Jimmy abaixou o vidro da janela, pôs o braço para fora e ficou gesticulando enquanto gritava 'Allahu Akbar, Allahu Akbar!', um gesto com o qual, entre outras coisas, mostrou que não tinha nenhum respeito e sensibilidade para com a situação do motorista, que estava fazendo tudo para manter o próprio equilíbrio e salvar nossas vidas. Essa foi a última imagem que tive de Jim Foley! Talvez essa forma temerária de agir fosse o resultado de um estado de choque. Realmente, estados de extremo pavor podem causar uma sensação de invulnerabilidade", diz Borri.

"É fácil a pessoa se sentir invencível, mesmo quando cercada pela morte", disse Steven Sotloff, também sequestrado e decapitado pelo Estado Islâmico, em reportagem enviada ao editor responsável pelo Oriente Médio da revista *Newsweek*. "É algo como: 'Porra, neste filme eu sou o mocinho — eu não vou morrer!'"[189] Todavia, é justamente essa sensação de invencibilidade que faz a pessoa ser sequestrada e acabar morrendo.

"Steven Sotloff era meu amigo", conta o jornalista sírio Omar Al-Muqdad, autor do documentário da BBC *We Left Them Behind*. "Duas semanas antes de partir para a Síria, ele veio me procurar e disse que precisava de minha ajuda, pois queria viajar para lá. Eu disse a ele que não fosse. Era arriscado para mim. Já para ele, era extremamente perigoso, mas [Sotloff] não quis me ouvir. Ele mencionou alguns nomes, todos de patifes, pessoas que seriam capazes de vendê-lo por algumas centenas de dólares. Eu lhe disse isso, mas ele não me deu ouvidos de novo. Ele me telefonou antes de atravessar a fronteira com a Síria. Mais uma vez, implorei que não confiasse em seu mediador. Tenho certeza de que esse homem o vendeu. Assim que ele atravessou a fronteira com a Turquia, foi sequestrado apenas quinze minutos depois. Depois que ele entrou na Síria, tentei contatá-lo ligando para o celular dele, mas não obtive resposta."[190]

Tanto Steven Sotloff, que sonhava em ser jornalista, quanto Daniel Rye Ottosen, que queria ser fotógrafo profissional, foram aconselhados a não entrar na Síria por pessoas que sabiam como seus planos eram arriscados. Mas preferiram ignorar seus conselhos. Por isso, acabaram sendo sequestrados e foram parar nas mãos do Estado Islâmico.

No trailer do documentário da HBO sobre o caso de James Foley, *Jim: The James Foley Story*,[191] pessoas como Sotloff, Ottosen e Foley são apresentadas como uma mistura de mártir e jornalista. A essência da mensagem é que, sem elas, não tomaríamos conhecimento dos horrores da guerra civil na Síria. Mas isso não é totalmente verdadeiro. Nós lhes prestamos homenagens não porque elas nos mostraram a tragédia na Síria, mas porque foram sequestradas e, no caso de Sotloff e Foley, decapitadas pelo Estado Islâmico. Prova disso é que o público não sabia quem elas eram antes de terem sido sequestradas, já que suas matérias não se tornaram reportagens de primeira página em nenhum dos jornais mais importantes. Da mesma forma, até hoje o público continua sem saber os nomes dos jornalistas autônomos que estão fazendo a cobertura do conflito na Síria e até os nomes dos jornalistas sequestrados que continuam em cativeiro!

A preocupante notícia que nos fez saber da existência de pessoas como Sotloff, Ottosen e Foley não foi a que eles transmitiram, mas a de seus sequestros e de suas mortes. Jornalistas profissionais entendem isso. Marc Marginedas, por exemplo, também mantido em cativeiro pelo EI, disse que não queria falar sobre seu sequestro porque ele não era a notícia; para ele, a notícia era o que está acontecendo na Síria. Nicolas Hénin, outro jornalista e refém mantido em cativeiro pelo Estado Islâmico, informou aos leitores de seu livro, *Jihad Academy*, que ele não escreveu, na obra, a respeito de seu cativeiro, de suas experiências com os "Beatles" — os carcereiros de origem britânica dos reféns estrangeiros mantidos em cativeiro pelo Estado Islâmico — e de seus colegas reféns, mas sobre o que está acontecendo na Síria e no Oriente Médio, pois, mesmo enquanto permaneceu como refém, ele não deixou de ser jornalista.

O mito que o Ocidente cria em torno dos reféns oculta o fato chocante de que reportagens sobre a Síria ou o Oriente Médio feitas por pessoas como Sotloff e Foley nunca saíram na primeira página do *The New York Times* nem em nenhuma outra publicação com um universo considerável de leitores e, por isso, nunca provocou a devida reação entre cidadãos da Europa, dos Estados Unidos ou do Japão, tampouco em nenhuma parte do Ocidente. A razão disso? O público não se importa com o fato de que a Síria está seguindo para um abismo de anarquia total, e os autores das matérias são jornalistas autônomos desconhecidos. Nos Estados Unidos, as pessoas estavam muito mais preocupadas com os conflitos motivados por questões raciais em Ferguson, no Missouri, do que com o sofrimento de sírios. Até o surgimento do Califado, jornalistas ocidentais autônomos trabalhando na Síria produziam apenas matérias insignificantes, divulgadas em publicações virtuais ou jornais muito pequenos e sem importância.

A força que fazia esses autônomos perseverarem era o sonho de conseguir um furo de reportagem. Em suas memórias, *A House in the Sky*, Amanda

Lindhout fala a respeito desse sonho. Ela usa a história de Dan Rather como exemplo. Quando, na década de 1960, Rather ainda era um repórter jovem e inexperiente que trabalhava para um pequeno canal de televisão de Houston, Texas, um furacão gigantesco chegou ao Golfo do México, em seu avanço para a ilha de Galveston. Todas as pessoas trataram de se proteger, mas Dan Rather atravessou a ponte e ficou esperando que o furacão chegasse a Galveston. Quando a tempestade alcançou a ilha, ele transmitiu a notícia do olho do furacão. Lindhout conclui, na obra, que Dan Rather nesse dia poderia ter morrido, mas sobreviveu à tempestade e conseguiu as imagens que foram decisivas para a ascensão de sua carreira.[192]

Jornalistas amadores estão sempre à espera dessa oportunidade única. Porém, nos dias atuais, ainda que oportunidades desse tipo apareçam, elas não produzem os mesmos resultados. Em primeiro lugar, porque hoje haveria uma multidão de jornalistas e cinegrafistas rumando para o local da passagem do furacão. Em vista disso, a reportagem seria uma simples "nota" no ciclo de notícias diárias dos veículos de comunicação. Por fim, com guerras sendo uma realidade quase constante em todo o Globo e o público dos países ocidentais ficando cada vez mais descrentes de que possa haver algo capaz de pôr um fim nelas, o grande furo de reportagem, decisivo para a carreira do aspirante a jornalista, está se tornando coisa do passado. Repórteres com pretensões ao jornalismo profissional podem passar a vida inteira correndo o risco de morrer por nada. No entanto, muitos ficam tão acostumados com as tensões da guerra que acabam voltando sempre a esses lugares de conflitos em busca de mais matérias, correndo riscos cada vez maiores para obter mais uma dose.

Contudo, mesmo no mundo paralelo que eles habitam, existem oportunidades para heroísmo de verdade. Sem dúvida, o James Foley que colegas de cativeiro descrevem é um herói. Ele foi um pilar de forças para seus colegas reféns. E isso deveria ser notícia. O homem que, segundos antes de ser decapitado na frente de uma câmera, lê em voz alta um roteiro condenando seu próprio irmão e seu país pode parecer outro homem, sem nada de um verdadeiro herói. Mas será que ele não concordou em pronunciar essas frases para proteger seus colegas de cativeiro, impedindo assim que sofressem retaliações do EI? É muito provável que isso tenha mesmo acontecido.

A imprensa nem sequer tentou fazer essas perguntas ou apresentar uma série de possíveis perspectivas. As guerras na Síria, Afeganistão e Iraque não foram campanhas dignas e humanitárias; foram guerras sujas, fontes de constante constrangimento para políticos, exércitos e o Ocidente. Assim como na Guerra do Vietnã, os veículos de comunicação de massa do Ocidente optaram por evitar a divulgação da verdade desses conflitos, preferindo explorar a visão de que as vítimas do Ocidente eram "heróis sobrenaturais", de forma que mantivessem a realidade desses conflitos a uma boa distância da presumida inocência desses reféns.

Essa tendência de estereotipar reféns, chamando-os de heróis, tal como os governos fazem, esconde a complexidade humana de suas personalidades individuais e também da complexidade da situação em que ficam na condição de reféns. Bowe Bergdahl pode ter sido um mau soldado, mas foi também um notável prisioneiro de guerra que sobreviveu a péssimas condições no cativeiro durante cinco anos. Desde a época do Vietnã, o exército americano não tinha a chance de estudar um caso de sobrevivência como esse e aprender com ele: ali estava, pois, uma fonte de informações sobre a forma pela qual uma pessoa lida com severas condições de cativeiro e a razão pela qual consegue enfrentar situações de tensão extrema. A contribuição mais importante do sargento Bergdahl poderia ter sido o testemunho da própria sobrevivência, mas, em vez disso, ele foi apenas usado como fonte de mais sensacionalismo político.

Os relatos de reféns vendo-se obrigados a lidar com situações de extrema violência e privação da liberdade costumam ser usados para explorar os sentimentos e a indignação das massas, bem como seu gosto pela veneração de heróis, em vez de servirem para se buscar um significado mais profundo das causas ou dos efeitos de seu drama. Na maioria das vezes, resumir as vidas dos reféns numa simples matéria jornalística serve apenas para esconder a verdade. Dores físicas e traumas emocionais provocam complexas reações emocionais e psicológicas em qualquer pessoa que tenha sido refém.

E a imprensa em si, com sua ânsia constante de fazer com que cada nova reportagem seja ainda mais chocante do que a última, combinada com sua prática atual de reduzir custos sempre, deve arcar também com alguma responsabilidade por esses sequestros e mortes. A situação atual seria tal qual se apresenta se os principais jornais do mundo ainda tivessem escritórios internacionais no Oriente Médio, tal como tinham no passado?

IMPRUDÊNCIA, O PECADO DA JUVENTUDE

A ocultação da verdade acaba beneficiando os sequestradores também. A perpetuação da prática de pagamento de resgate impede a criação de novas estratégias, tornando as operações de sequestro um negócio lucrativo e prejudicando a capacidade de percepção de riscos dos ocidentais. É principalmente o caso dos italianos, pois eles sabem que seu governo sempre paga resgates. Mais de um jornalista italiano me confessou que eles se dispõem mais a correr riscos por causa da certeza de que a Itália os resgatará.

A política do governo italiano tem sido a de pagar resgate para libertar qualquer pessoa que tenha um passaporte italiano, independentemente de quem ela seja: jornalistas, trabalhadores de ajuda humanitária e até turistas residindo no exterior, como foi o caso de Bruno Pelizzari, conforme vimos no Capítulo Oito. O governo italiano chegou ao cúmulo de pagar o resgate de Debbie Calitz, embora ela não tivesse um passaporte italiano, mas estava simplesmente viajando na companhia de Pelizzari na época do sequestro. Os italianos pagaram também o resgate do belga Piccinin, sequestrado junto com Quirico, conforme relatado pela Al Jazeera no documentário *The Hostage Business*.[193]

Naturalmente, ao público italiano eles dizem que nunca pagaram resgate. No caso de Pelizzari, a verdade foi encoberta com um intricado manto de mentiras. O sigilo em torno do sequestro, da negociação e do pagamento de resgate é fundamental para apresentar uma explicação do que aconteceu com os reféns. É como se o caso se transformasse numa espécie de caixa vazia, que a mídia, com uma participação direta no episódio, trata de encher com histórias mentirosas sobre os reféns, como foi o caso das Duas Simonas.

Essa rede de mentiras e enganos é o principal sustentáculo da indústria de sequestros. A explicação de sempre — heróis capturados salvos com o pagamento de um resgate que as autoridades nunca admitem ter feito — provoca o aumento do valor de certos reféns e a redução do poder de negociação dos encarregados de negociar sua libertação, pois os sequestradores sabem que, no fim das contas, o resgate sempre será pago. Por fim, tal como vimos, lucros obtidos com a indústria de sequestros se tornam capital inicial para o tráfico de migrantes com destino à Europa. E o irônico é que um dos mais utilizados portões de entrada no Velho Continente é o sul da Itália.

Embora o público ocidental não saiba desses acontecimentos, polêmicas semelhantes às provocadas pelo sequestro e pagamento do resgate para libertar o sargento Bowe estão surgindo em toda parte, inclusive na Itália. A controvérsia mais recente foi suscitada pelo pagamento de um resgate multimilionário para libertar Greta Ramelli e Vanessa Marzullo, sequestradas em Alepo em 31 de julho de 2014, apenas alguns dias depois de terem chegado à Turquia e libertadas em 16 de janeiro de 2015.

Tal como no caso do sargento Bergdahl, existem muitas versões do sequestro de Ramelli e Marzullo. Algumas pessoas dizem que elas foram sequestradas junto com um jornalista italiano, Daniele Raineri, com o qual tinham atravessado a fronteira com a Síria. Contudo, Raineri negou isso e apresentou um diferente relato dos acontecimentos. Na noite do sequestro, ele estava na casa de um líder rebelde, um ex-membro das Forças Especiais de Assad. Conforme disse ao jornal italiano *Il Foglio*: "Às 5 horas da manhã, ouvimos alguém batendo à porta. Dois sírios entraram e disseram: "'Sequestraram as duas italianas [Greta e Vanessa]. Estão procurando por você também.'" Quando Raineri perguntou se os homens que o estavam procurando eram guerrilheiros ou apenas um bando de homens armados, eles disseram que não sabiam. "Eles me disseram que estavam usando máscaras de esqui, quase todos eles, e apontaram o dedo para o meu rosto, de modo que eu os entendesse bem."[194] De acordo com Raineri, ele partiu imediatamente para a fronteira com a Turquia, acompanhado de uma escolta que seus amigos rebeldes lhe forneceram. Assim que entrou na Turquia, ele alertou a equipe de emergência italiana.

Após a libertação, Ramelli e Marzullo explicaram aos magistrados italianos a forma pela qual o sequestro aconteceu. Horas depois de terem chegado ao destino, a casa do chefe do "Conselho Revolucionário", um sírio que conheceram no Facebook, elas foram sequestradas. Nunca chegaram a encontrar o anfitrião. Ambas tinham estado duas vezes na Síria entre abril e maio do mesmo ano. Depois que conseguiram doações na Itália totalizando 2.400 euros, elas levaram medicamentos e alimentos para a Síria, os quais distribuíram na região de Idlib, no norte do país, e em Homs, no sul. De acordo com várias fontes, em julho de 2014, Ramelli e Marzullo ficaram levando estojos de primeiros socorros camuflados para o país, os quais publicaram numa página do Facebook da Horryaty, a empresa sem fins lucrativos que elas tinham criado em abril de 2014 para ajudar a causa da independência síria.

Parece que, como podemos ver na reconstituição do sequestro, a captura tinha sido planejada antes de sua chegada ao país. "Dois carros com homens armados chegaram e nos levaram. Ficamos de cabeça abaixada. Tentamos não olhar para eles diretamente nos olhos. Seus rostos estavam cobertos. Os sequestradores falavam muito pouco; apenas um deles disse algumas palavras em inglês... depois que fomos capturadas, perguntamos: "Por que estão fazendo isso? E eles responderam: 'Fazemos isso por dinheiro.'"[195]

Durante o cativeiro, as reféns foram transferidas cinco vezes para outro lugar. É provável, que tenham sido vendidas mais de uma vez. Talvez o grupo que contatou Samir Aita, um membro do Fórum Democrático Sírio residente em Paris, seja o mesmo que as sequestrou. Elas acabaram sendo compradas pela Frente Al-Nusra, que depois realizou negociações diretamente com o governo italiano para libertá-las.[196] O resgate de 11 milhões de euros foi filmado e exibido pela Al Jazeera no documentário *The Hostage Business*. Porém, de acordo com uma nova investigação, os italianos não pagaram 11 milhões, mas 13 milhões de euros, dos quais 1 ou 2 milhões jamais chegaram aos sequestradores. As autoridades italianas desconfiam que esses milhões foram embolsados por um intermediário italiano que realizou as negociações finais ou na Síria, ou do outro lado da fronteira, na Turquia.[197] Parte do resgate, cerca de 5 milhões de euros, foi embolsado também por outro intermediário, Hussam Atrash, um comandante militar do grupo Ansar al-Islam.

A controvérsia em torno do sequestro de Ramelli e Marzullo vai muito além do valor do resgate e passa pela natureza da versão italiana de entidade de utilidade pública (Organizzazione Non Lucrativa di Utilità Sociale-ONLUS), uma espécie de instituição sem fins lucrativos atrelada a exigências legais menos severas do que as das organizações sem fins lucrativos tradicionais. Juntamente com um terceiro membro e dotadas de alguns milhares de dólares, Ramelli e Marzullo haviam criado a ONLUS chamada Horryaty. Suas titulares eram as únicas funcionárias da instituição. Elas operavam por intermédio de uma página de seguidores do Facebook e levantaram recursos financeiros usando a rede social. O fato de que as duas mulheres estavam na Síria numa presumível missão de caridade teve um papel considerável no debate em torno de seu resgate, apesar do fato de que, a rigor, sua ONLUS não fosse bem uma instituição de caridade.

Desde 1997, quando a existência desse tipo de associação foi sancionada pela legislação italiana, houve um crescimento vertiginoso no número dessas entidades. Hoje, existem cerca de 40 mil delas no país. Isso equivale a mais de dez por cento do total de organizações sem fins lucrativos em território italiano. De acordo com o Istat, o departamento nacional de estatísticas italiano, no fim de 2013 havia 301.191 ONGs funcionando na Itália, por volta de 28 por cento a mais do que em 2001. O número de italianos que trabalham para essas organizações, recebendo salário ou simplesmente prestando serviço voluntário, chegava a espantosos 4,7 milhões.

A popularidade dessas ONGs provém dos benefícios fiscais atrelados à sua natureza de entidade sem fins lucrativos, bem como da facilidade e do baixo custo envolvidos em seu estabelecimento, que gira em torno de 2 mil euros. Assim que legalmente constituídas, essas ONGs podem começar a levantar recursos financeiros em prol de qualquer causa para cujo fomento tenham sido criadas: desde a promoção de programas culturais e eventos esportivos a campanhas de ajuda humanitária, como foi o caso da Horryaty. Uma vez que a ONLUS é, fundamentalmente, uma instituição financeira, essa entidade fica sob a jurisdição das autoridades fiscais italianas.

A situação era diferente antes de 1997. ONGs de ajuda humanitária ficavam sob a jurisdição do Ministério das Relações Exteriores.[198] Além disso, visto que, há uns quinze ou vinte anos, a maior parte dos recursos financeiros usados por essas ONGs fosse dinheiro público, o Ministério das Relações Exteriores controlava as verbas que lhes fossem destinadas. Porém, nos últimos vinte anos, instituições de ajuda humanitária vêm obtendo recursos financeiros de doadores privados, um fenômeno que explica a necessidade de um tratamento fiscal preferencial suscitado pelo status legal das ONLUSes. "Atualmente, das cerca de 40 mil ONLUSes, por volta de 250 dessas organizações, reconhecidas outrora pelo Ministério das Relações Exteriores como ONGs, podem ser classificadas como tais de acordo com a legislação de 1987, que regulamentava atividades de cooperação internacional", afirma Marco De Ponte, secretário geral da ActionAid na Itália. Isso explica por que a Horryaty não consta na lista de ONGs desse [Ministério das Relações Exteriores], mas não explica por que Greta Ramelli e Vanessa Marzullo não informaram ao Ministério das Relações Exteriores que estavam indo para a Síria.

Quanto ao caso das duas Simonas, o governo italiano negou que pagara resgate para libertá-las e teve uma atitude branda para com a imprudência das mulheres. Numa entrevista televisiva, o ministro das Relações Exteriores disse que, embora reconhecesse que elas haviam agido de maneira temerária, mereciam ser socorridas, pois estavam ajudando pessoas em situações difíceis. Mais uma vez, com a justificativa pitoresca do socorro prestado às vítimas, as autoridades as pintaram como seres humanos excepcionais, embora essas mulheres não passassem de ingênuas e deslumbradas. Na entrevista, não foi feita nenhuma menção do que Ramelli e Marzullo pretendiam fazer em particular na Síria. A reconstituição de seu sequestro é vaga, e seus autores tomaram todo o cuidado para evitar mencionar detalhes importantes: Como elas foram parar na casa em que foram sequestradas? Quantas vezes foram transferidas de cativeiro? O que aconteceu com os estojos de primeiros socorros que tinham levado consigo? As respostas para essas perguntas teriam desfeito o mito das duas mulheres retratadas como "Florence Nightingale"s dos dias atuais.

Nessa mesma entrevista televisiva, um jornalista italiano, Beppe Severgnini, elogiando o governo por ter levado de volta para o país mais uma dupla de reféns, enquanto reconhecia também que elas tinham sido imprudentes, acrescentou que a imprudência é um pecado típico da juventude. Naturalmente, ele não mencionou o fato de que esse ato "juvenil" custara 13 milhões de euros aos contribuintes italianos.[199]

NEGOCIANDO COM TERRORISTAS

Independentemente da história dissimuladora que no fim de tudo apresentem, todos acabam negociando com sequestradores e terroristas. Alguns países, como a Itália, pagam resgates excepcionalmente altos, enquanto outros, como os Estados Unidos, preferem trocar reféns por combatentes inimigos capturados. Para os governos, reféns são mercadoria política. Afinal, de qualquer forma, eles podem significar alguns pontos percentuais a mais nas pesquisas de intenção de votos ou ser instrumentos para a adoção de estratégias de política externa. De fato, parece que este último foi o papel exercido por Bowe Bergdahl.

Com a impressionante reconstituição de seu drama apresentada no podcast *Serial*,[200] fica claro que o sargento Bergdahl deve sua liberdade a uma sucessão de acontecimentos excepcionais. Assim que ele desapareceu, Kim Harrison, indicada como a pessoa que deveria ser contatada se algo acontecesse a Bowe, começou a colher informações sobre o que precisaria fazer para achá-lo. Depois de ter conseguido algumas respostas e enfrentado muita burocracia, acabou decidindo procurar o FBI e apresentar queixa de pessoa desaparecida. Em novembro de 2009, ela foi contatada pelo Talibã ou pelo menos foi o que achava. O FBI traduziu a mensagem em afegane que ela recebeu de alguém que alegou saber onde Bergdahl estava sendo mantido em cativeiro. Em troca dessa informação, o remetente da mensagem queria que lhe dessem o direito de mudar-se para os Estados Unidos com oito membros de sua família.

Nenhuma agência do governo quis encarregar-se do problema, e os Estados Unidos não tinham fontes confiáveis na região para confirmar a veracidade da informação. A essa altura, Bowe estava sendo procurado tanto pela CIA quanto pelas Forças Armadas americanas, principalmente por causa de questões relacionadas à razão pela qual ele tinha abandonado o posto. Mas duas mulheres que trabalhavam para a Unidade de Resgate de Pessoal do exército americano, a que lida com casos de pessoas sequestradas ou capturadas, iniciaram uma campanha para sua libertação entre oficiais de alta patente. Fizeram isso discretamente, com todo o cuidado. Enquanto isso, um analista militar que havia trabalhado diretamente no caso entrou em contato com a família do desaparecido, oferecendo ajuda. Todos achavam que não importava por que razão o sargento Bergdahl tinha sido capturado; afinal, apesar de tudo, ele era um americano num país hostil, onde acabara se tornando refém. Para eles, seu maior dever era levá-lo de volta para a pátria, na qual as autoridades se incumbiriam de lidar com os motivos que o levaram a se ver em tal situação.

No podcast *Serial*, o analista militar é conhecido pelo nome fictício de "Nathan". Ele orientou a família Bergdahl em sua busca de ajuda para resgatar Bowe, esperando obter acesso a alguém importante no governo americano que pudesse autorizar a realização de negociações para sua volta ao país em segurança. Seu objetivo era conseguir aproximar-se do presidente Obama e persuadi-lo a apoiar a estratégia de trazer Bowe para casa. Nathan sabia que, apesar da ostensiva intransigência nesses casos, os Estados Unidos negociam com terroristas e sequestradores para libertar reféns. Conforme assinalado em *Serial*, se a CIA tinha conseguido tirar o empreiteiro Raymond Davis do Paquistão,[201] apesar de ter sido preso, acusado do assassinato de duas pessoas, por que não negociar para tentar libertar o sargento Bergdahl?

A orientação dada por Nathan aos pais de Bowe começou a gerar frutos: alguns generais se interessaram pelo caso e, por sua vez, puderam defender a campanha, entre altas autoridades do governo, para resgatar Bowe. Mas somente quando Bergdahl se tornou parte de um importante projeto de política externa — a reconciliação com o Talibã — a libertação de Bowe Bergdahl passou a ser assunto prioritário. As autoridades deliberaram que ele seria trocado, como parte de um "acordo", por cinco membros do Talibã mantidos na prisão da Baía de Guantánamo. Essa troca representava apenas uma pequena parte do acordo; a Casa Branca estava ansiosa também para acabar com a guerra no Afeganistão e trazer seus soldados de volta para o país. Para alcançar esse objetivo maior, era imperioso fazer concessões apaziguadoras para pôr um fim à guerra com o Talibã.

Naturalmente, ninguém sabia da existência desse plano, exceto as pessoas muitos próximas ao presidente e o ministro das Relações Exteriores. Na verdade, o projeto de reconciliação nunca foi executado na íntegra, mas a troca de prisioneiros acabou acontecendo conforme planejado. É possível que, tivesse a Casa Branca agido discretamente e evitado usar a libertação do sargento Bergdahl para se promover internamente, as manifestações de protesto do público e a propaganda negativa disseminada pela mídia em torno da deserção de Bergdahl e da troca de prisioneiros com o Talibã jamais teriam acontecido. A imagem de Bowe como herói, transmitida ao público pelas autoridades, revoltou alguns de seus colegas soldados no Afeganistão. Eles condenaram publicamente as atitudes de Bergdahl e cobriram de dúvida a versão oficial relatando as razões pelas quais ele havia sido sequestrado, e a imprensa e políticos, como John McCain, se apressaram em engrossar o ataque feroz.

Como se vê, reféns podem facilmente se tornar mercadoria política, e não só para autoridades governamentais, jornalistas, empresários, mas também para o público.

Terceira Parte

Capítulo Doze

O Extermínio da Verdade

Na Síria, o Estado Islâmico criou uma nova forma de capitalizar ainda mais as operações de sequestro, transformando-as num poderoso instrumento de propaganda e, sobretudo, portanto, de política externa. O mais provável é que, na verdade, seus dirigentes tenham criado essa estratégia anos antes, quando Abu Bakr al-Baghdadi estava preso no Campo de Retenção de Bucca, planejando a ascensão do Califado ao poder com ex-membros do serviço de inteligência militar de Saddam Hussein. Esses homens, que se tornariam a elite dirigente do novo estado, tinham se aliado aos jihadistas de al-Zarqawi em 2003, logo depois que Paul Bremer lançara o programa de destituição dos baathistas do poder.[202] Entre as tarefas estratégicas que o EI assumiria estava a de silenciar a imprensa na Síria. Aliás, os baathistas tinham acumulado ampla experiência nisso durante o regime de Saddam Hussein.

Apesar de, na década de 1960, a imprensa iraquiana estar entre as mais liberais do mundo árabe, Saddam Hussein conseguiu desmantelá-la adotando um programa oficial de repressão e censura. Na Síria, o Estado Islâmico reproduziu esse modelo violento, recorrendo a operações de sequestro, detenção prolongada, tortura e até execuções de jornalistas. Milad al-Shihabi, um repórter sírio da agência de notícias Shahba Press, testemunhou essa brutalidade.

"Três homens mascarados e fortemente armados entraram em meu escritório", rememorou al-Shihabi. "Achei que era uma brincadeira, mas me enganei. Eles me levaram para o porão do hospital infantil. Quando perguntei do que eu estava sendo acusado, eles responderam: 'Você odeia o EI. Esta é a acusação contra você.'"[203] Durante treze dias, o jornalista sírio ficou preso numa cela minúscula, vendado. Não teve permissão para se lavar, nem mesmo antes de orar. "Fazia muito frio e tive que dormir no chão com um pequeno cobertor. A comida era insuficiente, mas, quando pedi mais, eles me penduraram no teto e me deixaram lá por quatro horas."

Assim como os outros prisioneiros, Milad al-Shihabi foi torturado e surrado até perder os sentidos. No cativeiro, testemunhou a execução de quatro colegas do canal de TV Shaza al-Horya. Dezessete dias após ter sido sequestrado, foi libertado por um grupo de combatentes do Exército da Síria Livre quando tomaram de assalto o hospital. Logo depois, ele fugiu para a Turquia sem nenhum tipo de documento, como refugiado.[204]

Já desde o fim de 2011, o Estado Islâmico mantinha sob vigilância jornalistas árabes que viajavam para o sul da Turquia em busca de reportagens sobre o conflito na Síria. Outra vez imitando o eficientíssimo serviço de censura de Saddam, o EI criou uma Equipe de Informações de Segurança na Turquia, cuja tarefa era coletar informações sobre qualquer coisa ou pessoa que pudesse prejudicar o Estado Islâmico. No início, apenas jornalistas e ativistas árabes eram perseguidos, pois tinham o poder de influenciar a opinião pública muçulmana. Mais tarde, em fins de 2012, espiões do EI começaram a agir contra membros da imprensa estrangeira também.

"A mídia é considerada *takfir*", um informante do EI, que pediu que lhe chamassem de Abu Hurayrah, explicou a Omar al-Muqdad em 2015, durante as filmagens de seu documentário *We Left Them Behind*. "Repórteres são nossos inimigos." Abu Hurayrah tinha se transferido da Frente Al-Nusra para o EI e estava trabalhando como espião em Antáquia. Sua tarefa era identificar quais jornalistas, trabalhadores de ajuda humanitária ou ativistas representavam ameaça para o EI e apresentar relatórios sobre eles. Depois, outra pessoa decidiria se eles deveriam ser sequestrados ou eliminados.[205] Ele chegou a confessar que, em 2014, quando Omar al-Muqdad fez uma visita a Antáquia, tencionando atravessar a fronteira com a Síria, ele o arrolara em sua lista de possíveis ameaças e repassara as informações pertinentes ao Estado Islâmico. Todavia, no último minuto, al-Muqdad resolveu desistir de entrar na Síria.

Enquanto o EI cuidava de silenciar a imprensa árabe, os rebeldes centravam seus esforços em jornalistas estrangeiros, embora não para silenciá-los, mas para sequestrá-los com fins extorsivos. Membros de várias redes de espiões e informantes se fingiam de mediadores, motoristas ou integrantes do Exército da Síria Livre em cidades turcas perto da fronteira com o país vizinho, de onde podiam induzir repórteres estrangeiros na Síria ao oferecer-lhes furos de reportagens falsos sobre a guerra civil e a insurgência. Foi o caso da equipe de Richard Engel, sequestrada na Síria em dezembro de 2012. Assim que entraram no país, os repórteres foram raptados. Embora jornalistas profissionais, como Engel, também houvessem caído nessa armadilha, a maioria das vítimas do negócio de sequestros era de autônomos, como Theo Padnos, um jornalista americano sequestrado no outono de 2012.

Assim como Daniel Rye Ottosen, Padnos não era jornalista profissional e não tinha nenhuma experiência de coberturas em zonas de conflito. Era apenas um homem de meia-idade que passara alguns anos aprendendo árabe no Iêmen e morara em Damasco por pouco tempo, até o verão de 2012. De volta aos Estados Unidos, ele havia tentado vender ensaios e reportagens sobre o Islã a revistas e jornais, mas parece que nenhuma publicação se interessou por seus escritos. Em outubro de 2012, ele resolveu mudar-se para Antáquia, na esperança de conseguir matérias sobre o conflito sírio para vendê-las à imprensa americana. Padnos, assim como Ottosen, não tinha contatos na Síria, tampouco na Turquia, e só os conseguiu quando chegou à Antáquia, tal como sempre acontece com jornalistas autônomos, conversando com moradores locais e outros autônomos. Quando três jovens, alegando que tinham a tarefa de fornecer suprimentos ao Exército da Síria Livre, se ofereceram para ajudá-lo a entrar clandestinamente na Síria, ele não hesitou em seguir com eles para lá. No dia seguinte, os jovens o sequestraram.

No relato de sua captura publicado no *The New York Times*,[206] Padnos admite que caiu numa armadilha por causa de sua grande ingenuidade com relação aos jihadistas, a insurgência e o conflito na Síria. Quando lemos a matéria, temos a impressão de que, embora ele conhecesse a história e a cultura do Islã e falasse árabe fluentemente, não entendia a complexa política da região, nem as inconstantes alianças e as relações de fidelidade da guerra por procuração na Síria.

Ao contrário de muitos outros jornalistas sequestrados, Theo Padnos teve sorte. Seus sequestradores eram da Frente Al-Nusra, não do Estado Islâmico: eles queriam dinheiro, não a sua cabeça. Teve sorte também porque Dave Bradley, um empresário de Washington, D. C., dono da empresa de comunicação que publica a revista *The Atlantic*, se envolveu pessoalmente na libertação dos reféns americanos mantidos em cativeiro na Síria. Infelizmente, Padnos foi o único refém que Bradley conseguiu levar de volta para o país são e salvo.

Dave Bradley entrou em contato com Ali Soufan, um ex-agente do FBI que conhecia muito bem o mundo jihadista. Soufan sugeriu que ele contatasse os catarianos que haviam cuidado da troca de prisioneiros talibãs por Bowe Bergdahl, o soldado americano sequestrado no Afeganistão em nome do governo americano. Os catarianos concordaram em participar da negociação da libertação de Padno.[207]

Em agosto de 2014, poucos dias após a decapitação bárbara de James Foley, Padnos foi libertado. "Os catarianos pagaram o resgate", diz um negociador árabe. "Como vinham financiando a Al-Nusra na Síria desde a deflagração da guerra civil, eles tinham uma via de acesso especial à liderança do grupo. Mas foi necessário muito tempo para convencer Abu Maria al-Qatani, conhecido como o Homem de Letras, o comandante do grupo que mantinha Padnos em cativeiro, a libertá-lo."

O irônico é que isso tenha acontecido porque fazia algum tempo que o Estado Islâmico vinha esmagando os guerrilheiros da Al-Nusra, expulsando--os de áreas-chave e levando, portanto, o Homem de Letras a concordar com o pagamento de resgate. "Ele precisava de dinheiro, armas e proteção para revidar os ataques. Padnos era um cidadão americano; o preço de sua libertação podia custear tudo isso. Eu não teria ficado surpreso se o resgate tivesse incluído também armas e treinamento", concluiu o negociador.

RECOMPENSAS HUMANAS

No fim de 2012, teve início a época das "fusões de jihadistas" na Síria, já que mais e mais grupos de guerrilheiros decidiram aliar-se às fileiras do Estado Islâmico. Alguns dos comandantes da Frente Al-Nusra puseram reféns estrangeiros nas negociações de aliança, como uma espécie de recompensa humana. Entre essas compensações estavam John Cantlie e James Foley. A essa altura, o EI já estava pronto para iniciar o trabalho de procurar calar a imprensa internacional e usar reféns como instrumento dessa política externa. No espaço de alguns meses, a Equipe de Segurança de Informações passou a visar jornalistas e socorristas. Outros foram comprados na Síria, no mercado secundário de reféns, de grupos menores especializados em sequestro.

Até hoje, John Cantlie é o único desse grupo inicial de estrangeiros capturados entre o fim de 2012 e o começo de 2014 ainda mantido em cativeiro pelo Estado Islâmico. O curioso é que ele não foi decapitado, mas transformado em repórter atuando dentro do Califado, divulgando tudo aquilo em que o EI deseja que acreditemos.

Cantlie é um fotojornalista britânico com um perfil incomum. Ele era um apaixonado por motocicletas que se transformara de editor de uma revista sobre motociclismo num dos milhares de jornalistas autônomos aventurando-se no Oriente Médio, uma metamorfose que aconteceu quando ele, assim como Padnos, já era um homem de meia-idade.

Quando Cantlie chegou à Síria, em 2012, ele não tinha, exceto por conta de um breve período na Líbia, nenhuma experiência com reportagens em zonas de guerra. Desse modo, a ideia que fazia do risco de sua nova profissão era muito precária. "John não acreditava em treinamentos improvisados ou cursos de técnicas de sobrevivência antes de ter começado a incursionar por zonas de guerra. Ele era uma espécie de aventureiro", rememora um colega americano que, em 2012, participou de uma palestra sobre segurança jornalística com Cantlie no Frontline Club, em Londres.

John Cantlie, tal como James Foley, Theo Padnos e Daniel Rye Ottosen, pertence a uma nova variedade de jornalistas de guerra: profissionais autônomos cujos primeiros espécimes apareceram durante a guerra do Kosovo e proliferaram ao longo da Primavera Árabe. Na Síria, eles se tornaram recompensas humanas ideais para sequestradores.

A proliferação de jornalistas autônomos é uma consequência direta das mudanças radicais que aconteceram na indústria da comunicação nos últimos vinte anos. Desde o fim da década de 1990, avanços tecnológicos aumentaram a competição entre os veículos de comunicação. As redes sociais, combinadas com jornalismo virtual, reduziram os lucros. Praticamente todos, de blogues a jornais de grande circulação, se tornaram incapazes de pagar a correspondentes e jornalistas profissionais para fazer a cobertura de conflitos. Como as taxas de serviços de seguro em zonas de guerra, combinadas com os custos de sistemas de segurança, se tornaram proibitivas, os veículos de imprensa tiveram que contar mais e mais com os serviços de jornalistas autônomos, que geralmente se dispõem a correr riscos evitados por jornalistas profissionais. "A ideia era ir além de onde a maioria costumava ir. Para conseguir material melhor, já que ninguém mais estaria lá", explicou James Foley à *Newsweek* em outubro de 2012, apenas um mês antes de ter sido sequestrado na Síria. "É o grande problema do jornalista autônomo, que corre riscos maiores para vencer a concorrência dos profissionais. Faz parte das leis básicas da competição; você precisa conseguir algo que os colegas contratados não têm, mas, numa zona de conflito, isso o obriga a correr riscos maiores, como: entrar lá antes, ficar por mais tempo, aproximar-se mais."[208]

Seguindo essa lógica para tentar vender seu peixe, em março de 2012, John Cantlie se tornou o primeiro jornalista do Ocidente a testemunhar uma incursão de soldados de infantaria do governo no noroeste da Síria. Ela foi realizada em Saraqeb, onde blindados com armamentos pesados entraram e começaram a bombardear indiscriminadamente o local.[209] Com os tanques logo abrindo fogo, estilhaços do tamanho de mãos em punho começaram a cortar os ares, um dos quais decapitou imediatamente um dos rebeldes. Seu fuzil caiu no chão, e os amigos arrastaram o corpo decapitado para longe da linha de combate", escreveu Cantlie no *The Sunday Telegraph*.[210] Para ilustrar melhor aquilo que os rebeldes sírios teriam que enfrentar, ele chegou a tirar uma fotografia olhando diretamente para o interior do cano de um tanque avançando em sua direção.

Um trabalho de alto risco, baixos rendimentos e nenhum benefício: essas são as principais características do serviço do jornalista autônomo que faz cobertura de guerra no Oriente Médio. Em 2007, no Afeganistão, Jason Howe, um fotojornalista britânico, apresentou um resumo das diretrizes seguidas por jornalistas autônomos a Amanda Lindhout, uma autônoma canadense sequestrada na Somália. "Você tinha que planejar tudo sozinho, pagava tudo do próprio bolso e assumia riscos por conta própria. Vencia as dificuldades, trabalhava sem nenhum tipo de seguro nem nenhum plano de longo prazo e se acostumava a ficar sem dinheiro. No que se refere ao trabalho em si, você mesmo criava as próprias tarefas, procurando postar-se no lugar mais favorável."[211] Embora essas diretrizes mais pareçam um guia para mochileiros viajando com pouco dinheiro, o ofício do jornalista autônomo é infinitamente mais arriscado.

TRABALHANDO COMO AUTÔNOMO PARA A IMPRENSA

Quando Amanda Lindhout e o jornalista independente Nigel Brennan chegaram a Mogadíscio, o mediador cujo serviço eles haviam contratado, Ajoos Sanura, disse que outra pessoa trabalharia como intermediadora para eles. Alegou que estava ocupado, circulando pela zona de conflitos com dois jornalistas da *National Geographic* hospedados no mesmo hotel. Ficou claro para ambos os autônomos que os dois jornalistas eram mais importantes do que eles, pois a *National Geographic* dispunha de mais recursos. Lindhout e Brennan não tinham escolha, pois haviam investido todo o seu dinheiro realizando coberturas jornalísticas na Somália e não poderiam voltar depois.

Na manhã em que ambos foram sequestrados, Ajoos tinha partido, do mesmo hotel, com dois repórteres e duas caminhonetes alugadas, acompanhados por um destacamento para protegê-los. Estavam indo na mesma direção de Lindhout e Brennan para uma localidade a oeste pela estrada de Afgoye. Porém, os dois autônomos estavam viajando sem nenhum esquema de segurança e foram capturados na periferia de Mogadíscio.

Depois da captura, souberam que a intenção dos sequestradores era sequestrar os dois jornalistas da *National Geographic*, já que tinham sido informados de que, naquela manhã, eles seguiriam viagem pela Estrada de Afgoye, mas acabaram sequestrando as pessoas erradas. Só não disseram a eles que atacar um comboio com três caminhonetes cheias de homens fortemente armados não era tão fácil quanto capturar um carro com um motorista, um mediador e dois jornalistas independentes. Os autônomos foram presas fáceis.

O risco que jornalistas independentes correm parece desproporcionalmente grande se comparado com o tamanho do retorno financeiro. Até mesmo as grandes publicações pagam apenas duzentos dólares por matéria, quase sempre uma quantia menor do que o custo de contratação dos serviços de um mediador e um motorista, tal como Nicole Tung, que trabalhou com James Foley na Líbia e na Síria, explicou à *Newsweek*. "Como a pessoa não pode pagar duzentos ou trezentos dólares por dia a um mediador ou a um motorista, logisticamente é muito difícil para ela trabalhar quando tem que agir sozinha, pois fica na dependência da boa vontade de outras pessoas ou de formas baratas de transporte — as quais, geralmente, não são o meio mais seguro para transitar pelos locais de conflito, mas ela não tem mesmo escolha, pois não pode arcar com algo melhor."[212]

Francesa Borri explicou essa situação: "James Foley foi sequestrado em novembro de 2012, quando dividia o custo dos serviços de um mediador e um motorista com John Cantlie numa área em que, apenas alguns meses antes, Cantlie tinha sido sequestrado e libertado pouco depois. Todo mundo sabia que a ordem entre os jihadistas do norte da Síria era capturar Cantlie se algum dia ele voltasse a pôr os pés no país." Cantlie era um homem procurado, pois, quando ele voltou para o Reino Unido, depois de seu primeiro rapto, seu testemunho havia sido fundamental para identificar um membro do grupo responsável, um médico chamado Shajul Islam, estabelecido no leste de Londres. "É por isso que ninguém em sã consciência teria dividido uma corrida de táxi com ele", afirma Francesca Borri.[213]

Só que, em tais situações, avaliar mal o tamanho de riscos é um erro comum até mesmo entre jornalistas experientes. Em julho de 2015, Junpei Yasuda, um jornalista independente japonês que tinha sido sequestrado e libertado no Iraque em 2004, atravessou a fronteira com a Síria através de Gaziantep, um ponto de travessia localizado entre a cidade turca de Kilis e a cidade síria de Azaz. O lado sírio da região está infestado de gangues de criminosos. Yasuda estava viajando sob a proteção da Harakat Sham al-Islam, uma coalizão de vários grupos islamitas e salafistas que se acredita ter ligação com a Frente Al-Nusra.[214] "Perto de Azaz, foram atacados por um bando de criminosos, e os jihadistas nem sequer reagiram",[215] diz Francesca Borri, que falou com o negociador sírio que intermediou a libertação dos reféns. O negociador é um fotógrafo que trabalha para a imprensa do Ocidente e que, desde 2015, se tornou o principal negociador oficial nas intermediações de libertação de reféns estrangeiros mantidos em cativeiro pela Frente Al-Nusra e pelo Estado Islâmico.

Junpei Yasuda ficou com três jornalistas espanhóis no cativeiro, Antonio Pampliega, José Manuel López e Ángel Sastre, que haviam sido sequestrados perto de Azaz no verão de 2015 durante uma viagem para Alepo. Os jornalistas espanhóis foram soltos no começo de maio de 2016, graças à mediação do Catar e da Turquia. Foram mantidos prisioneiros por um pequeno grupo de criminosos, embora as negociações para sua libertação tivessem sido realizadas pela Al-Nusra.

De acordo com Borri: "Estavam todos seguindo para Alepo, provenientes da travessia de fronteira em Gaziantep. A estrada é quase uma linha reta.

Todos entram na Síria por essa via, embora saibam que a estrada vive cheia de bloqueios controlados por grupos criminosos. As pessoas acham que conseguem subornar essas gangues, bastando para isso pagar alguns milhares de dólares e seguir em frente, mas elas estão muito, muito enganadas. Pessoas como nós — italianos, espanhóis ou japoneses — valem 10 milhões de dólares cada uma. Os governos de nossos países pagam essas quantias."

Borri tem razão: alguns milhares de dólares não são nada em comparação com a montanha de dinheiro que um refém do Ocidente oriundo de um desses países pode gerar para esses criminosos. Ainda quando vendidos para grandes organizações, como a Frente Al-Nusra ou o EI, em vez de diretamente a um governo estrangeiro, o lucro obtido com reféns é grande.

"Eu sempre entrava através de Bab Al-Hawa, a área de travessia entre Reyhanli, na Turquia, e Atmeh, na Síria", prossegue Borri. "E depois, para chegar a Alepo, eu atravessava a região de Idlib, que está sob o controle do Estado Islâmico. Nunca tive nenhum problema nos bloqueios porque meu motorista tem boas relações com o EI."

As palavras de Borri confirmam que a maioria dos profissionais autônomos desejosos de cobrir o conflito na Síria ou realizar todo tipo de trabalho humanitário comete erros, ainda que em pleno 2015, e acaba sequestrada porque tem um conhecimento superficial do que está acontecendo na região e não tem noção de que as coisas mudam rapidamente. De acordo com o negociador sírio, os três jornalistas espanhóis sequestrados em 2015 usaram um mediador, um professor de inglês — uma pessoa que não era mais confiável, não porque houvesse decidido vendê-los, mas porque não tinha os contatos certos. "A Ahrar al-Sham não pode garantir nenhuma proteção porque a força que controla o território em torno de Azaz é a Al-Nusra, a qual tem seu próprio departamento de imprensa e quer que as pessoas se cadastrem nele para obter permissão de entrar na região controlada por essa força. Como é muito difícil conseguir essa permissão, as pessoas recorrem a outros grupos islâmicos para entrar no território, mas esse não é um meio seguro. A única forma de entrar na Síria a partir desse local de travessia é com a permissão da Al-Nusra. Do contrário, é melhor não sair da Turquia."

O negociador sírio deu a Borri a confirmação de que os reféns cometeram um erro quando resolveram confiar na Ahrar al-Sham. Pois, aparentemente, os três jornalistas espanhóis foram sequestrados enquanto jantavam com as pessoas que tinham sido pagas para protegê-los, mas seus protetores não reagiram à ação dos captores.

Talvez a consequência mais grave da decisão de contar com jornalistas autônomos para fazer reportagens na linha de frente, tanto para leitores quanto para jornalistas em si, é a manipulação de seu trabalho para fins de propaganda. Em 2008, Amanda Lindhout foi contratada no Afeganistão por um canal de TV iraniano, a Press TV, por um salário mensal de 4 mil dólares. Na condição de jornalista autônoma sem nenhuma experiência então, ela acreditou que sua contratação era uma grande conquista, uma oportunidade de ouro. Mas logo percebeu que tinha se tornado parte de uma máquina de propaganda ideológica que retratava a política externa e os soldados americanos com as piores cores possíveis.[216] Contudo, não era nada fácil abrir mão de um salário alto daqueles!

Outra consequência negativa da opção de não se usarem jornalistas profissionais para cobrir conflitos é a baixa qualidade da análise crítica por trás da notícia, o que explica por que, até fins de maio de 2014, apenas um mês antes do nascimento do Califado, nenhum dos jornalistas independentes que cobriram o conflito na Síria havia escrito algo a respeito do Estado Islâmico. Poucos tinham exposto a situação caótica do Exército da Síria Livre tal qual o fizeram jornalistas profissionais, como Robert Fisk, ou tinham denunciado o papel que os países do Golfo Pérsico estavam exercendo no patrocínio de uma guerra sangrenta e movida por convicções religiosas.

Em parte, essa falha se deve ao fato de que, na maioria dos casos, jornalistas independentes não têm nenhum contato com editores ou mentores experientes. Afinal, não aprendem a profissão dentro de uma agência de notícias eficiente; daí o fato de quase nenhum deles ter noção de história. A maior parte de seu trabalho jornalístico assume, pois, a forma de relatos pictográficos, meras fotografias de acontecimentos trágicos que chocam as pessoas sem instruí-las. Por conseguinte, seus escritos podem ser sensacionalistas. Aliás, muitas vezes a mesma superficialidade e falta de visão histórica dos fatos prejudica sua própria avaliação dos riscos que estão correndo, o que acaba levando-os a enfrentar sérios problemas.

VINGANÇA PESSOAL

Em 19 de julho de 2012, Cantlie entrou na Síria com o fotógrafo holandês Jeroen Oerlemans no ponto de travessia de fronteira em Bab Al-Hawa. Na manhã desse mesmo dia, o Conselho Consultivo Islâmico dos Muhajedin, o grupo chefiado por Firas al-Absi, irmão de Abu Athir, tinha assumido o controle da travessia e hasteara no local a bandeira negra da Al-Qaeda.[217] Não foi um acontecimento irrelevante no conflito sírio. Ao contrário, provou que os jihadistas estavam ganhando terreno no norte do país.

O Conselho Consultivo do Estado Islâmico era um pequeno grupo de jihadistas estrangeiros, formado por cerca de 180 membros, que Firas al-Absi tinha organizado com o dinheiro de patrocinadores sauditas. Firas não era menos bem relacionado do que seu irmão na rede jihadista. Ele alegava ter conhecido al-Zarqawi no Afeganistão, quando o jordaniano comandava um centro de treinamento de guerrilheiros em Herat. Aliás, dizia com frequência que tinha sido treinado lá antes de haver feito a travessia para o Curdistão iraquiano com al-Zarqawi e, de lá, ter seguido para o Iraque.

Ao contrário do irmão, Firas al-Absi tinha abraçado a jihad apenas na Síria sem jurar lealdade a nenhum grupo guerrilheiro. Ele havia tentado usar sua ligação com al-Zarqawi de outrora como uma espécie de cartão de visita, mas esse artifício não bastara para convencer os patrocinadores dos países do Golfo a continuar a financiar sua *katiba* de combatentes estrangeiros. Assim, em 2012, ele tinha planejado conseguir dinheiro recorrendo ao sequestro de estrangeiros que procuravam entrar na Síria pela travessia de fronteira em Bab al-Hawa. Tal como Belmokhtar, no Mali, ele era no fundo um criminoso jihadista com alianças instáveis. Muito provavelmente, ele pretendia vender Cantlie e Oerlemans para a Frente Al-Nusra por alguns milhares de dólares.

Al-Absi estava brincando com fogo. Não apenas seu plano envolvia o sequestro de repórteres numa região controlada pelo Exército da Síria Livre, como também o bloqueio imposto por ele em Bab al-Hawa enfurecera a Brigada Al-Faruk, pois impedira que recebesse suprimentos e armas dos turcos. Cantlie e Oerlemans, que entraram na Síria por uma área perto de Bab al-Hawa, não tinham ideia da disputa pelo poder que vinha sendo travada no outro lado da fronteira. Tampouco compreendiam o risco que estavam correndo com sua decisão de atravessar a fronteira para entrar na Síria por essa área.

Quando se achavam a poucos quilômetros de Bab al-Hawa, a *katiba* de Firas al-Absi sequestrou Cantlie e Oerlemans. Aparentemente, alguém os tinha vendido ao grupo. Numa entrevista com a equipe do Channel 4 News, o próprio Cantlie afirma: "Nós [Oerlemans e ele] fomos entregues aos sequestradores", o que implica a ideia de que alguém avisou os sequestradores da chegada dos jornalistas autônomos. É muito improvável que Cantlie ou Oerlemans soubessem quem os irmãos al-Absi eram antes de terem sido capturados por um deles — de fato, um vídeo mostrando a captura de Bab al-Hawa foi publicado no Youtube no dia em que eles foram sequestrados.[218] Não é possível que Cantlie houvesse ficado sabendo quem Firas al-Absi era; não fazia ideia de quanto o movimento jihadista era forte no norte da Síria. Assim como a maioria dos jornalistas independentes, ele tinha contatos somente entre membros do Exército da Síria Livre e havia escrito apenas a respeito deles.

Jamais saberemos se Cantlie teria atravessado a fronteira com a Síria perto de Bab al-Hawa houvesse ele sabido quanto eram fortes os laços entre os jihadistas iraquianos e sírios nessa região. Mas podemos dizer, sem receio de errar, que ele não tinha a mínima noção de que esses laços vinham da invasão do Iraque em 2003, quando a comunidade jihadista do norte da Síria tinha facilitado a passagem, por seu território, de combatentes estrangeiros com destino ao Iraque para integrar a Jamaat al-Tawhid wal-Jihad, de al-Zarqawi, a mesma organização a que al-Baghdadi e ex-membros do serviço de espionagem e do exército de Saddam pertenceram. Em 2003, totalmente alheio a isso, Cantlie passava a maior parte do tempo passeando de motocicleta.

Cantlie e Oerlemans acabaram se envolvendo em uma das primeiras disputas territoriais entre forças seculares e jihadistas no interior da insurgência síria. Felizmente, assim como Richard Engel, eles foram resgatados. Quando al-Absi se recusou a atender às solicitações dos líderes dos grupos armados que controlavam a região para que libertasse os reféns, uma unidade de assalto do Exército da Síria Livre os resgatou. Mais tarde, Firas al-Absi foi morto por rebeldes, provavelmente integrantes da Brigada Al-Faruq, como forma de punição por terem invadido o território deles. Seu irmão, Abu Athir, assumiu o comando de sua *katiba* e prometeu vingar sua morte. Quando, em março de 2013, Dimitri Bontinck conheceu Abu Athir, num povoado em Kafr Hamra, o homem era o comandante oficial das forças guerrilheiras do norte da Síria fiéis ao Estado Islâmico.

O sequestro de Cantile e Oerlemans confirma que, já em 2012, o Exército da Síria Livre estava lutando para manter o controle do norte do país diante do avanço de uma onda de grupos armados jihadistas. Assim como todos os outros jornalistas transformados em reféns, Cantlie virou notícia e resolveu voltar para fazer uma reportagem a respeito do próprio sequestro. Como era autônomo, nenhum editor podia impedi-lo de fazer o que ele queria. Ele tinha certeza de que conseguiria vender a história de seu sequestro para a imprensa britânica.

"O sequestro de Cantlie contribuiu decisivamente para a morte de Firas al-Absi", explicou o negociador envolvido na libertação dos reféns europeus. "Após a morte de Absi, seu irmão, Abu Athir, mandou que capturassem Cantlie, pois achava que, se não tivesse sido pelo sequestro e resgate dele, Firas ainda estaria vivo. John nunca deveria ter voltado [à Síria]. E, a julgar pelo modo que se comportou antes de ter sido sequestrado pela segunda vez, sem o mínimo de prudência, ele não tinha ideia do perigo que estava correndo." No entanto, os sinais de perigo eram claros.

Alguns dias antes de seu segundo sequestro, Cantlie havia procurado um grupo de jihadistas europeus para conversar. Seu mediador, Mustafá, achou a ideia muito ruim, mas Cantlie ignorou seu conselho. "A certa altura da conversa, eles perguntaram a respeito do britânico que fora sequestrado e incriminara o médico deles quando voltou para o Reino Unido", disse Mustafá.[219] Eles sabiam tudo sobre o drama de Cantlie, mas não conheciam seu rosto.

No Dia de Ação de Graças de 2012, poucos dias após o incidente, John Cantlie e James Foley estavam voltando para a Turquia provenientes de Binnish, cidade situada a uns sessenta quilômetros da fronteira. Como o mediador deles se deu conta de que havia esquecido o telefone celular num cybercafé, eles passaram lá para pegá-lo. No estabelecimento, Cantlie e Foley resolveram enviar suas matérias dali mesmo, conversar online com seus familiares e ler suas mensagens de correio eletrônico. Quando um jihadista estrangeiro, que dava a impressão de que era do Golfo, entrou no cybercafé com uma boina na cabeça, Cantlie bradou para ele: "Ei, Che Guevara!" O sujeito não respondeu, mas olhou para ele com um semblante claramente hostil e se retirou depois de alguns minutos.

"É justamente esse tipo de atitude que acaba levando a pessoa a ser sequestrada ou morta", diz o mesmo negociador. "É uma grande tolice; é infantil." Embora jamais consigamos saber se o jihadista usando uma boina à la Che Guevara havia mesmo reconhecido Cantlie e avisara seus sequestradores, talvez tenha sido exatamente isso o que aconteceu. Menos de uma hora depois, na Estrada da Antiga Alepo, um grande Hyundai ultrapassou o táxi em que Cantlie e Foley estavam viajando. No espaço de alguns minutos, homens armados e mascarados capturaram os dois jornalistas autônomos, deixando o mediador e o motorista atônitos na estrada.

"Não tenho dúvida de que Cantlie e Foley foram entregues a Abu Athir", disse o negociador. No outono de 2012 e no inverno de 2013, a *katiba* de Athir havia se aproximado muito dos combatentes da Frente Al-Nusra. Negociações sobre uma fusão dessa organização com o Estado Islâmico do Iraque e da Síria prosseguiam entre membros das cúpulas de comando de ambos os grupos. Desse modo, Cantlie e Foley podem ter sido uma valiosa recompensa para satisfazer o desejo de vingança de Abu Athir. Em março de 2013, Jejoen Bontinck os viu na prisão de Alepo administrada pela *katiba* de Abu Athir.

"Foley estava no lugar errado na hora errada. Teve muito azar", concluiu o negociador. "Mas Cantlie deveria ter tido mais discernimento."

SILENCIANDO A IMPRENSA

Vinganças pessoais, e não dinheiro ou fatores políticos, transformaram Cantlie e Foley nos primeiros reféns ocidentais do Estado Islâmico. Todavia, assim que eles caíram nas mãos de Abu Athir, o plano mestre do EI começou a funcionar. "Eles organizaram um grupo especial de pessoas na Síria incumbido da tarefa de lidar com reféns estrangeiros. Até o fim de 2013, elas os transferiram para vários outros lugares, visando impedir missões de resgate. Depois, elas os levaram para uma série de esconderijos no norte da Síria", afirma Jean-René Augé-Napoli. Foi nessa ocasião que as negociações sérias com vários governos europeus começaram de fato.

De 2012 até fins de 2013, os reféns foram uma espécie de investimento político, e a liderança do EI avaliou os prós e os contras da ideia de trocar cada um deles ou assassiná-los. "Eles acabaram dividindo-os em dois grupos: os que iriam executar e os que trocariam", diz Jean-René Angé-Napoli.

A estratégia de intimidar estrangeiros era idêntica à usada com os jornalistas. Os terroristas não apenas autorizavam atos de violência contra as vítimas, mas os incentivavam também. Era o método usado por Saddam Hussein para aterrorizar seus inimigos. É por isso que a imagem dos sequestradores sírios nascida das histórias dos sobreviventes é de indivíduos psicóticos com personalidades sádicas e que gostavam de torturar seus prisioneiros. Aliás, nesse perfil psicológico se enquadram os "Beatles". Fazia parte desse grupo um terrorista conhecido como Jihadi John, o carrasco a serviço do Estado Islâmico.

A imagem que o EI criou dos carcereiros de reféns corresponde à descrita nos relatos de cativos libertados, na qual estes dizem que esses indivíduos são desumanos e psicóticos. Em suas histórias, ex-reféns chamam os sequestradores de demoníacos, simplesmente demoníacos, tal como se vê nos vídeos exibindo decapitações. Não existe nenhum tipo de justificativa racional para ações como essas, nem do ponto de vista político nem do religioso. Quando, no início de setembro de 2013, Marc Marginedas se encontrou com o comandante regional do EI, o homem do qual seu destino dependia, o jihadista russo lhe disse: "Você veio aqui duas vezes e não teve problemas. Agora, nós vamos matá-lo."[220] Jornalistas, trabalhadores de ajuda humanitária e estrangeiros foram aterrorizados para que se calassem, um artifício que funcionou muito bem no Iraque de Saddam Hussein.

Por trás da estratégia de incutir medo, havia um plano mestre muito bem arquitetado. Já em setembro de 2013, a elite dirigente do Estado Islâmico tinha chegado à conclusão de que o valor político de alguns dos reféns era muito maior se eles fossem executados, enquanto, no caso de outros, seria maior se eles os libertassem em troca de pagamento de resgate. Marginedas pertencia a este último grupo e, por sinal, foi o primeiro refém libertado. Longe de ser comandado por um bando de psicopatas, o EI é uma organização que pôs a responsabilidade dos cuidados para com os reféns negociáveis nas mãos de políticos e negociadores muito habilidosos. Por outro lado, os carcereiros dos reféns eram indivíduos desqualificados, de menor prestígio da organização. Por mais cruéis que os "Beatles" fossem, eles jamais controlavam o destino dos reféns; não decidiam quem seria libertado e quem seria decapitado. Jihadi John era pouco mais do que um simples porta-voz. Na frente de uma câmera, ele recitava um roteiro que não tinha escrito.

Os "Beatles" eram um exemplo do caráter prosaico do mal, tão bem descrito por Hannah Arendt. Eles seguiam ordens, e sua tarefa era apavorar os reféns, fazer tudo para que transmitissem ao mundo a mensagem aterrorizadora do EI. Cegos pelas características desumanas dessa perversidade, nenhum dos reféns conseguia enxergar que por trás disso estavam os objetivos da poderosa máquina política do EI. Nenhum deles tinha consciência, enquanto mantidos em cativeiro, dos fundamentos lógicos de seus diferentes destinos. Ainda hoje, quando lemos suas memórias ou entrevistas, vemos que aquilo que falta nelas é a descrição do papel de tijolos políticos exercidos por eles no projeto de construção do Califado, de quanto seu martírio foi fundamental para silenciar a imprensa internacional e ocultar a verdadeira natureza daquela estrutura.

As decapitações dos reféns puseram um fim à era de jornalismo independente na Síria, deixando a cobertura jornalística da guerra ao encargo dos aparatos de propaganda das diferentes forças envolvidas no conflito. Até mesmo veteranos correspondentes de guerra foram proibidos de entrar na Síria. O Califado havia conseguido livrar a região da presença da imprensa, deixando a tarefa de reportar os acontecimentos nas mãos de seus propagandistas. Em suma, ele tinha alcançado seu objetivo: o extermínio da verdade.

Capítulo Treze

Jogando com a Vida de Reféns

Em 23 de dezembro de 2013, os estrangeiros mantidos em cativeiro pelo Estado Islâmico foram levados de vários locais para um esconderijo improvisado nas montanhas, perto da fronteira da Síria com a Turquia. Essa prisão deveria ser a Guantánamo deles — os reféns tiveram até que usar macacões cor de laranja —, e os "Beatles" seriam seus carcereiros.

Objetivando portanto reproduzir as condições dos prisioneiros de Guantánamo, os "Beatles" mandaram que os reféns usassem macacões laranja, mas memorizassem seu número de identificação em árabe, o qual estava gravado em seus uniformes. Esses números seriam usados em vez de seus nomes. Exigências extravagantes faziam parte da tortura psicológica, como, por exemplo, cantar uma versão jihadista de "Hotel California" — uma música da banda americana The Eagles — quando os carcereiros entrassem na cela deles: "Bem-vindo ao encantador hotel de Osama,/Um lugar encantador,/Um lugar emcantador./Bem-vindos ao em cantador hotel de Osama,/Do qual jamais poderão sair/E, se tentarem,/Morrerão..."

As torturas físicas eram igualmente brutais e se assemelhavam à forma pela qual a *katiba* de Abdelhamid Abu Zeid, da AQMI, tratava seus reféns. "Dezenove homens de nove países e culturas diferentes, trancados durante meses em espaços apertados com menos de vinte metros quadrados, sem permissão até de sair para respirar um pouco de ar fresco, sempre com fome e sob constante tortura psicológica e física, incluindo a possibilidade de perderem a vida. É um duro teste para provar a capacidade de coexistência de qualquer pessoa", escreveu Marc Marginedas a respeito das condições em seu cativeiro.[221]

Todavia, longe de ser uma Guantánamo, um limbo destinado a supostos combatentes fora da lei, o esconderijo nas montanhas entre a Síria e a Turquia era o armazém em que os líderes do Estado Islâmico se desfaziam de sua carga humana. E eles faziam isso seguindo um plano detalhado. Reféns eram classificados de acordo com sua nacionalidade e o papel que poderiam ter na política externa e nas finanças do EI, vivos ou mortos. Seu destino, que poderia ser o de serem trocados por dinheiro ou de acabarem decapitados, era decidido não com base em necessidades financeiras do EI ou por motivos ideológicos, mas pela política do novo estado, o Califado.

Primeiro, seus dirigentes procuravam se desfazer dos que poderiam ser libertados mediante pagamento de resgate. Enquanto os reféns sofriam maus-tratos brutais, negociadores do EI trabalhavam para tentar extorquir o máximo de dinheiro de governos europeus, tratando com um país de cada vez. O primeiro governo com o qual negociaram a libertação de reféns foi o da Espanha. Para intimidar o governo espanhol, bem como todos os outros, o EI executou a menos valiosa de sua mercadoria humana, Sergei Gorbunov, um engenheiro russo de origem tártara que tinha sido sequestrado pela Brigada Al-Muhajirin. Esse grupo foi criado no verão de 2012. Seu líder era um imigrante checheno, Abu Omar al-Shishani, um combatente islâmico originário da Geórgia que tinha lutado contra a Rússia, na primeira e segunda guerras da Chechênia. Em 2012 e 2013, a Brigada Muhajirin ajudou a Al-Nusra em várias incursões militares.

Num vídeo publicado em outubro de 2013, Gorbunov pediu às autoridades sírias que soltassem, para que ele conseguisse em troca a própria libertação, um cidadão da Arábia Saudita, Khalid Muhammad Suleiman, encarcerado numa prisão da cidade de Hama. Não houve menção de pagamento de resgate.

Negociadores de libertação de reféns do EI sabiam muito bem que nem o governo russo e nem qualquer outra pessoa pagariam resgate para libertar Gorbunov. Aparentemente, o refém russo se recusou a fornecer um endereço eletrônico pessoal para que seus captores entrassem em contato com sua família, mas, quando pararam de torturá-lo, ele havia enlouquecido. O Estado Islâmico sabia também que o regime de Assad nunca teria concordado em fazer a troca de prisioneiros. Contudo, os negociadores tinham certeza de que sua execução levaria governos europeus a acelerar as negociações e o pagamento do resgate para libertar os reféns. Foi uma estratégia usada por outros grupos antes, incluindo a AQMI, a qual, em junho de 2009, havia executado Edwin Dyer, um refém britânico.

Em março de 2014, pouco depois da libertação de Marc Marginedas, Gorbunov foi levado e executado. Seus algozes mostraram uma fotografia de seu corpo. Como ele foi morto com uma bala explosiva, partes de seu cérebro tinham caído em cima de sua barba. Os "Beatles" forçaram Javier Espinosa a fazer uma descrição oral detalhada da fotografia e lhe disseram que era provável que essa seria a forma pela qual ele morreria também. "Todos os governos e serviços secretos dos países de origem dos reféns estrangeiros receberam cópias da fotografia e até um vídeo da execução de Gorbunov. Disseram a eles que, se não pagassem, a próxima fotografia e o vídeo seguinte seriam de seus cidadãos", disse um dos negociadores de libertação dos reféns europeus. Era uma forma de intimidação. "Eles mostraram a fotografia aos reféns também, de modo que, quando fossem interrogados, confirmassem tudo. Os negociadores do EI queriam ter certeza de que suas ameaças seriam levadas a sério."

Os "Beatles" aterrorizavam os reféns por outro motivo também: para que permanecessem calados· quando libertados. Eles diziam aos reféns repetidas vezes que, se revelassem qualquer informação sobre os esconderijos, as vítimas que ainda estivessem no cativeiro sofreriam retaliações. Esse plano funcionava muito bem. Até junho de 2014, o mundo não fazia ideia do que estava acontecendo na Síria e de quanto o Estado Islâmico havia se fortalecido.

Marc Marginedas foi libertado no começo de março de 2014. A imprensa divulgou que ele tinha sido sequestrado pelo EI, um grupo ligado à Al-Qaeda,²²² informação que era apenas parcialmente correta, já que a Al-Qaeda (ou seja, a Al-Nusra) e o EI não estavam cooperando uma com o outro. Ao contrário, eram organizações inimigas. No fim de março, Javier Espinosa e Ricardo García Vilanova foram libertados também. De novo, a imprensa deixou de apresentar um quadro preciso de seus captores. Logo depois da libertação dos reféns, o *The Guardian* observou: "Até pouco tempo atrás, não tinha havido nenhum contato com os sequestradores ou seus representantes, e suas exigências eram pouco claras. Mesmo depois de intensos esforços por parte de governos europeus para estabelecer contato, nenhum coordenador-chave de negociações do EI se apresentou. Parece que a sorte dos cativos depende dos caprichos de comandantes dos guerrilheiros."²²³

Menos de um mês depois, em 20 de abril de 2014, Edouard Elias, Didier François, Nicolas Hénin e Pierre Torres, os quatro reféns franceses, desembarcaram de avião na França sem problemas. Mais uma vez, a imprensa informou apenas que o EI fora o grupo que os tinha sequestrado, uma das muitas organizações jihadistas atuando na Síria. Entre abril e maio, o EI libertou também funcionários dos Médicos sem Fronteiras. Em 24 de maio, a ONG francesa ACTED publicou em seu site: "A ACTED tem a satisfação de anunciar a libertação de seu funcionário, Federico Motka, que havia sido sequestrado na Síria enquanto trabalhava em seu programa de ajuda humanitária a populações sírias afetadas pelo conflito. [...] A ACTED não fará mais nenhuma declaração sobre o assunto."²²⁴ O governo italiano pagou o resgate, embora Motka fosse um cidadão suíço. Não se fez nenhuma menção do EI na imprensa italiana nem na Suíça. Por fim, em junho, o EI libertou o refém alemão Toni Neukirch e o refém dinamarquês Daniel Rye Ottosen.

Ao todo, o Estado Islâmico conseguiu a maior quantia em resgates de todos os tempos com a libertação desses reféns, algo entre 60 e 100 milhões de euros, sem que ninguém ficasse sabendo. Até mesmo o fato de que, no espaço de três meses, doze reféns tinham sido libertados por essa mesma organização na Síria passara totalmente despercebido — e não apenas pela imprensa, mas também pelos Parlamentos dos países que tinham pagado os resgates, bem como por seus contribuintes, involuntários fornecedores desses recursos financeiros.

"Foi um plano muito, muito inteligente. Os negociadores do EI embolsaram grandes quantias sob sigilo total. Silenciaram os reféns e a imprensa, de forma que os negociadores conseguissem acirrar a competição entre governos estrangeiros para providenciar a libertação de seus cidadãos. O que pensariam as pessoas na França se os reféns espanhóis e italianos tivessem voltado para casa, mas os franceses acabassem sendo executados? Foi isso que eles incutiram na cabeça dos negociadores de libertação europeus. Eles souberam manipular os governos do Ocidente e foram bastante exigentes em suas negociações", disse um negociador que conseguiu libertar dois reféns.

Em junho, o EI tinha permitido a liberação da carga humana que ele havia negociado extorsivamente e estava preparado para invadir o noroeste do Iraque. O restante dos reféns seria usado no jogo político que o Califado estava prestes a realizar com o Ocidente.

A POLÍTICA EXTERNA DO ESTADO ISLÂMICO

Os reféns americanos e britânicos ficaram de reserva, guardados para serem negociados numa ocasião mais propícia. Embora os sequestros de Cantlie e Foley houvessem sido motivados por um sentimento de vingança pessoal de Abu Athir, devido ao assassinato do irmão, a opção de executar os reféns americanos e britânicos não tinha motivação pessoal. Tampouco foi ditada pela recusa dos governos de seus países em pagar resgates. Tal como vimos, uma vez existentes as devidas circunstâncias, tais como quando o refém é um soldado, até mesmo os governos americano e britânico negociam com sequestradores.

Na verdade, a decisão de decapitar os reféns americanos e britânicos se fundava em razões políticas e simbólicas. Afinal, Bush e Blair tinham forjado provas para justificar a invasão do Iraque, e grande parte do Estado Islâmico fora criada com vários dos remanescentes de seus maiores oponentes: os salafistas radicais de al-Zarqawi e ex-membros do sistema militar e do serviço de espionagem de Saddam Hussein. Os integrantes dos dois lados do Estado Islâmico, o religioso e o secular, provêm da insurgência anticoalizão no Iraque. O que ambos têm em comum é o desejo de criar uma nova nação, a concretização da utopia política muçulmana. O nacionalismo se tornou o denominador comum que uniu essas duas forças insurgentes. Portanto, a ideia de usar reféns americanos e britânicos para ajudar a estabelecer as bases do novo Estado, uma nação que se tornaria a plataforma de lançamento de um ataque ainda maior, era simbolicamente muito sedutora.

Em junho de 2014, quando foi declarada a criação do Califado, ninguém entendia essa estratégia, nem mesmo os negociadores europeus que haviam passado dois meses negociando a libertação dos reféns com o EI — e tampouco os que ainda estão tentando libertar o restante dos reféns britânicos e americanos. O Estado Islâmico foi desprezado, considerado mais um bando de jihadistas esfarrapados, religiosos fanáticos e psicopatas. Ninguém entendeu que, ao contrário dos grupos jihadistas anteriores, incluindo a Al-Qaeda e o Talibã, o Califado não era o objetivo final da jihad. Para o Estado Islâmico, o Califado é um instrumento de guerra, um meio de alcançar vitórias. E a decapitação dos reféns era uma estratégia para atrair o inimigo para o seu próprio território.

Em agosto de 2014, depois de terem posto um fim na fronteira da Síria com o Iraque, terem declarado o nascimento do Califado e terem invadido o noroeste do Iraque, os líderes do EI montaram sua armadilha: decapitaram James Foley e, horas depois, o vídeo exibindo sua morte viralizou na internet. Foi um acontecimento que chocou a opinião pública internacional e forçou as potências mundiais a tomar providências com relação à Síria.

"James foi o primeiro a ser assassinado, e isso foi chocante, um trauma pessoal para mim, mas um trauma para o mundo também", disse Nicolas Hénin, um dos reféns franceses, a Amy Goodman pelo rádio e no programa de televisão *Democracy Now!* "E é por isso que abro meu livro com ele, pois, com sua decisão de assiná-lo, o objetivo do Estado Islâmico era montar uma grande armadilha bem debaixo de nossos pés. Eles queriam nos impor seu programa político. Queriam nos apedrejar — fazer com que ficássemos tão chocados que parássemos de agir racionalmente... Existe algo muito peculiar numa ação terrorista. O sucesso, a eficácia de um ataque terrorista, não depende de seus perpetradores, mas de suas vítimas."[225]

Hénin tem razão. Em fins de agosto de 2014, o presidente Obama, alvo de uma pressão crescente por parte do eleitorado, abandonou a atitude anti-intervencionista para com o regime de Damasco e iniciou uma campanha para criar uma grande coalizão. Sua tarefa era executar um plano de bombardeio implacável contra o EI e as forças de Assad. O plano incluía também o financiamento, treinamento e fornecimento de armas aos insurgentes sírios, chamados de "forças" moderadas. Portanto, o Califado, embora ainda em seus primeiros dias de vida, tinha conseguido arrastar Washington e seus aliados para outro atoleiro no Oriente Médio.

O bombardeio foi um sucesso para o EI, por vários motivos. Ele forçou os moderados sírios a fugir, e, ao mesmo tempo, reforçou nos radicais a crença de que o inimigo eram as forças de coalizão, ao passo que o EI estava lutando para protegê-los. Até hoje a campanha de bombardeio favorece a propaganda ideológica do Estado Islâmico.

Nas palavras de Hénin: "É uma luta em busca da vitória ideológica. Portanto, basicamente falando, o lado vencedor — a facção vencedora — desta guerra não será a facção que combater mais arduamente ou que tiver os armamentos mais caros ou mais modernos, ou mesmo os combatentes mais corajosos. Será a facção que conseguir fazer com que o povo fique do seu lado. E o problema é que, com todos esses bombardeios — pois, atualmente, todo mundo está bombardeando a Síria —, esses ataques geram um efeito colateral terrível. E, de uma forma geral, nós — os ocidentais, mas não apenas nós, e sim também os russos, bem como o próprio regime — estamos empurrando o povo para as mãos do EI. Estamos trabalhando para essa organização e fazendo recrutamento para ela. Portanto, não estou dizendo não a nenhum ataque, mas o número deles deve permanecer o menor possível, pois precisamos pensar nas consequências e os efeitos colaterais que virão junto."[226]

Durante o ano de 2014 inteiro e parte de 2015, reféns se tornaram armas poderosas nas mãos do Estado Islâmico para influenciar a política externa dos países da OTAN também, conforme exemplificado pelo sequestro de 49 funcionários do consulado turco em Mossul, quando o Estado Islâmico conquistou essa cidade. Os reféns foram libertados depois de 101 dias, após a decapitação de James Foley, Steven Sotloff e Dave Haines. Dois meses antes, o Estado Islâmico tinha libertado também 32 motoristas de caminhão turcos que haviam sido capturados em Mossul em junho.

O serviço secreto turco, denominado Agência de Inteligência Nacional (MİT), cuidou das negociações juntamente com o gabinete do primeiro-ministro sem o envolvimento de nenhuma autoridade estrangeira. Os intermediadores foram os chefes das tribos sunitas de Mossul que tinham boas relações de longa data com a Turquia. Fontes turcas confirmam que a recusa de Erdogan de acatar a exigência dos Estados Unidos de dar efetivo apoio à grande coalizão foi fundamental para a libertação dos reféns.

Contudo, o melhor exemplo do sucesso da política diplomática do Estado Islâmico de procurar influenciar importantes decisões no exterior ocorreu durante a crise de reféns japoneses de janeiro de 2015. Até a ocasião do discurso do primeiro-ministro Shinzo Abe, em janeiro desse ano, numa conferência de empresários e investidores no Cairo, quando ele prometeu 200 milhões de dólares em ajuda humanitária a países que estivessem combatendo o EI, Haruna Yukama, que tinha sido sequestrado no verão de 2014, e Kenji Goto, capturado no outono de 2014, pertenciam ao estoque de carga humana destinada a ser trocada por dinheiro.

O primeiro-ministro Abe admitiu que o governo de seu país sabia que o sr. Goto havia sido sequestrado em novembro de 2014. De acordo com a esposa de Goto, em novembro ela começou a receber mensagens de correio eletrônico, aparentemente do EI, sobre o sequestro de seu marido. No fim de dezembro, os sequestradores começaram a falar em resgate, acabando por exigir um pagamento de 2 bilhões de ienes (ou 17 milhões de dólares) para libertá-lo, um pedido de resgate coerente com as exigências de pagamento de resgate iniciais que o Estado Islâmico tinha apresentado a outros governos do Ocidente. As negociações transcorreram em segredo, fora do alcance da imprensa. No entanto, tudo mudou depois da visita de grande repercussão do primeiro-ministro Abe ao Oriente Médio.

Com seu discurso, o primeiro-ministro Abe proporcionou ao Estado Islâmico uma inesperada oportunidade para a organização terrorista contestar a coalizão contra si e punir o Japão por ter prometido ajuda econômica aos seus integrantes. Fazia muito que o Japão conquistara credibilidade no Oriente Médio, com sua atitude de trabalhar discretamente nos bastidores em vez de procurar impressionar favorecidos e observadores. Porém, desde julho de 2014, o primeiro-ministro vinha realizando uma campanha para mudar a interpretação da constituição pacifista do Japão, de forma que o país pudesse "exercer o direito de autodefesa coletiva" no exterior. A controversa reinterpretação do Artigo 9 da Constituição nipônica provocara um movimento de forte oposição no Japão. Abe resolvera usar sua visita ao Oriente Médio para tentar mudar a opinião pública em favor de sua visão sobre a questão.

Como o Estado Islâmico sabia tanta coisa a respeito da política japonesa? É uma pergunta interessante, pois, ao contrário dos piratas somalis, o Califado não pode contar com a colaboração de muçulmanos que migraram. Todavia, os novos cidadãos do Estado Islâmico são muito cosmopolitas, pessoas provenientes de várias partes do globo. Seus dirigentes ficam de olho em seus inimigos, pedindo a seus cidadãos que mantenham ligações com seus países de origem e atuem como intérpretes para decifrar as atividades políticas em suas terras natais. Não surpreende, portanto, que a elite política do Califado soubesse muito bem o que estava acontecendo no Japão e que tivesse uma noção muito boa da controvérsia em torno da reinterpretação do Artigo 9.

Foi em meio a essas circunstâncias excepcionais que o Estado Islâmico viu uma oportunidade única para usar os dois reféns japoneses, visando impedir que o Japão participasse da coalizão criada por Obama e, ao mesmo tempo, fortalecer sua reivindicação de reconhecimento da soberania do Califado.

De repente, as negociações para libertar Yukawa e Goto chegaram ao conhecimento do público, provocando alvoroço nas redes sociais. No mundo real, as condições que os terroristas apresentaram para libertar os reféns, modificadas de repente para realçar a fraqueza do inimigo, não tinham como ser atendidas: o pagamento de 200 milhões de dólares, que deveria ser feito em 72 horas, para soltar ambas as vítimas; a troca de Goto, em pouco mais de 48 horas, pela prisioneira jordaniana Sajida al-Rishawi — uma mulher de ascendência árabe que não conseguira detonar seu cinto suicida em 2005, no ataque ao Radisson SAS Hotel, em Amã. Não apenas o tempo concedido para negociações foi deliberadamente curto demais: o valor do resgate foi também muito alto para que pudesse ser aceito e pago a tempo.

De reféns, Yukawa e Goto foram transformados em peças de um jogo na política externa jihadista do Estado Islâmico, uma transformação que o primeiro-ministro Abe havia provocado com sua repentina disposição de passar a integrar a grande coalizão de Obama. Por isso, os dois reféns japoneses tiveram o mesmo destino de pessoas como James Foley, e o John Jihadista usou as imagens de suas cabeças decepadas na transmissão da mensagem do EI ao mundo.

O EI teve grande sucesso na manipulação da crise de reféns japoneses. Afinal, conseguiu fazer com que o público japonês passasse a agir com discrição na luta contra o terrorismo islâmico. De fato, os vídeos com imagens dos reféns e as exigências para sua libertação tinham por objetivo frustrar e amedrontar ainda mais a população japonesa, fazendo com que ela não apoiasse a mudança de interpretação da Constituição. Com sua propaganda, o EI criou então um diálogo direto com o povo japonês, tal como havia feito com o povo americano decapitando Foley, envolvendo e manipulando assim o governo por intermédio de seu eleitorado.

Envolver a Jordânia na negociação simplesmente reforçou a impotência do governo japonês aos olhos do mundo. A exigência de trocar Goto, e não o piloto jordaniano capturado Moaz al-Kasasbeh, por Sajida al-Rishawi, foi uma clara provocação à Jordânia. O EI sabia que o rei Abdullah II jamais aceitaria essas condições e que a troca de al-Rishawi por Goto, fazendo com que al-Kasasbeh permanecesse nas mãos da organização, teria deixado revoltada a população jordaniana. Portanto, com sua hábil manipulação da crise de reféns japoneses, o Estado Islâmico minou também a autoridade do governo jordaniano.

Apesar desse complicado jogo político, muitos analistas negligenciaram a política externa do Califado e continuaram centrados nas mensagens de violência — terrível, bárbara violência. Assim também, ao longo de 2015, analistas não perceberam outra vitória "diplomática" do EI: a exposição da vulnerabilidade da Europa com o êxodo de migrantes do Oriente Médio.

Capítulo Quatorze

A História de Amor de um Refugiado

Antes de se transformarem em dois dos mais de um milhão de refugiados sírios em busca de asilo na Europa, Muhammad Jamil Hassan e sua esposa, Teakosheen Joulak, pertenciam à classe média alta de Alepo. Na primavera de 2013, o mundo desse casal de sírios curdos começou a ruir. A história do confisco da fábrica de ternos de Hassan pelo Exército da Síria Livre e de sua subsequente prisão e situação de prisioneiro pelas mãos do regime de Assad, na qual permaneceu até que seu tio pagasse 12 mil dólares de resgate, foi apresentada no Capítulo Seis. Em sua fuga da Guerra Civil Síria, marido e mulher seguiram caminhos diferentes, tentando aumentar suas chances de sobreviver, e, desse modo, cada um se tornou parte da carga humana negociada pelos mercadores de homens. Sua história chocante revela a existência de uma nova rede de atividades criminosas internacional, presente tanto no Oriente Médio quanto na Europa, representando uma rede de negócios em dólares multibilionários, criada por organizações armadas e bandos de criminosos com o dinheiro de resgates obtido com o sequestro de estrangeiros durante mais de uma década (e pago por países como a Itália), usado pelos criminosos como capital inicial.

Eis a seguir a história que Muhammad Jamil Hassan me contou na Dinamarca no outono de 2015:

"Atravessei a fronteira da Síria com a Turquia e cheguei a Gaziantep, a primeira cidade curda depois da zona fronteiriça. Estávamos no fim de junho de 2013. Eu tinha uma bolsa cheia de dinheiro que meu tio me dera para fazer a viagem para a Europa. Tudo aconteceu tão rapidamente que nem consegui me despedir de minha esposa... mas fiquei otimista com o futuro. Eu iria para a Suécia, onde pediria asilo, e depois a levaria para lá também.

"De Gaziantep, peguei um ônibus para Istambul. O motorista me pediu cem dólares para não revelar que eu era sírio. Eu lhe paguei e entrei no ônibus. Quando cheguei a Istambul, fui para Sirkeci, um bairro entre Sultanahmet e Eminönü, perto da Ponte de Gálata e o Chifre de Ouro. Recomendaram que eu fosse para o Hotel Scerim, pois é frequentado por contrabandistas: pessoas que levam gente como eu para a Grécia. Quando cheguei lá, havia muitos sírios e outros migrantes da Ásia e do Golfo. Estavam todos procurando uma forma de entrar na Europa.

"Fiquei no hotel por duas semanas. Fiz amizade com um grupo de homens curdos, árabes e sírios. Certo dia, eles me procuraram para dizer que tinham achado uma pessoa que poderia nos levar para a Grécia por terra por 1.500 dólares. Concordei em partir com eles. Os contrabandistas puseram doze de nós num carro; quando estávamos perto da fronteira, disseram que saíssemos do veículo e os seguíssemos. Éramos cerca de trinta pessoas ao todo, vinte delas do Afeganistão e nove ou dez da Síria. Uma hora depois, chegamos a um rio. Eles inflaram alguns botes de borracha pequenos e puseram cinco de nós dentro de cada um deles. Atravessamos o rio e, na margem oposta, no lado grego, havia dois homens fortemente armados e mascarados esperando por nós. Ficamos assustados quando os vimos. Esses homens nos forçaram a caminhar enfileirados ao longo de uma estrada de ferro. Caminhamos durante três horas com suas armas apontando para nós. Por fim, mandaram que parássemos e nos sentássemos para descansar. Eles nos deram um pouco d'água também. Ficamos esperando durante algum tempo e depois os dois homens mandaram que deixássemos a ferrovia e caminhássemos na direção da rodovia. A essa altura, era noite.

"Um enorme caminhão de transporte de combustível tinha acabado de parar na beira da estrada. Os homens abriram uma porta na traseira do caminhão e mandaram que embarcássemos. Era um espaço muito pequeno e, como éramos trinta pessoas, ficamos apertados lá dentro. Não havia como se sentar; tivemos que ficar em pé. Havia algumas aberturas de ventilação no teto, mas éramos tantos e estava tão quente lá dentro que era difícil respirar. Como o caminhão correu muito o tempo todo, ficamos sendo jogados uns contra os outros lá dentro. Permanecemos cinco ou seis horas naquele cubículo do caminhão até finalmente chegarmos a Atenas.

"Paramos numa garagem em Atenas. Alguém abriu a porta e saímos. Dois gregos nos levaram para um apartamento no térreo de um edifício e nos trancaram lá dentro. Para sair de lá, tivemos que pagar 1.500 dólares. Era o preço que tínhamos combinado para fazer a viagem de Istambul para Atenas. Você paga quando chega ao destino, não adiantado. Como uma das pessoas com as quais eu viajei, um sírio, tinha um amigo na área, nós pagamos e fomos para o apartamento dele. Seu amigo nos disse onde poderíamos achar contrabandistas que podiam nos levar para a Itália. Eles costumavam ficar numa cafeteria local. Fomos lá e nos disseram que a viagem de avião para a Bélgica custava 3.500 euros. Acabei decidindo ir de avião. Uma semana depois, eles me deram uma carteira de identidade e uma passagem, mas, no aeroporto, a polícia me deteve. A identidade era falsa. Ainda no aeroporto, a polícia me levou para uma sala e me interrogou. Quando viram que eu era sírio, disseram que entendiam aquilo pelo qual eu estava passando e me liberaram.

"Voltei à cafeteria e conheci alguém que disse que podia me levar de barco para a Itália por 2.500 euros. Ele me garantiu que não me pegariam. O contrabandista acrescentou que eu poderia ir para Creta e, de lá, eu embarcaria num navio cheio de turistas, uma barca. Assim, fomos para Creta de barca. Havia outros três refugiados conosco. Quando chegamos ao porto, um homem com um Jeep Cherokee estava esperando por nós. Ele tinha uma longa barba. Era um sírio alauíta e se chamava Abu Isham. Ele nos levou para sua casa. Era uma residência enorme, a melhor da rua, uma rua sem saída. Eu li o nome da rua, pois, como passei dez anos na Grécia para escapar do serviço militar na Síria, eu falo grego. A casa tinha dois andares, com dois apartamentos separados. Ficamos no térreo, pois, no de cima, morava uma família.

"Havia duas mulheres no apartamento, ambas com planos de ir para a Alemanha... Permanecemos na casa de Abu Isham por treze dias. As pessoas começaram a ficar irritadas. Elas queriam partir. Dois homens armados que trabalhavam para Abu Isham nos ameaçaram. Por fim, uma pequena perua veio nos pegar. Havia uma mulher e um homem da Albânia lá dentro. Eles pareciam ter mais de 50 anos de idade. Mandaram que nos deitássemos no piso do veículo e dirigiram durante cerca de três horas, até que alcançamos um povoado perto do mar. Pararam a caminhonete perto de um bosque de pinheiros e entraram conosco na mata. Os dois albaneses estavam armados. A certa altura, mandaram que nos sentássemos e ficássemos esperando escurecer.

"À noite, apareceram quatro homens. Um deles era de Raqqa, outro de Alepo e outro do Curdistão iraquiano. O quarto era o líder, que usava roupas afegãs e era do Afeganistão. Eles nos conduziram pela floresta em meio à escuridão. Conversavam em grego. Não sabiam que eu entendia o que eles diziam. Por exemplo, entendi que o afegão morava num povoado próximo. Eles nos levaram para uma caverna, onde nos revistaram e pegaram nossos celulares. Tive a impressão de que eu havia sido sequestrado mais uma vez!

"No dia seguinte, quando acordei, vi que havia mais de cem homens naquela caverna e que estávamos todos trancados lá dentro. A caverna tinha uma pequena porta com três guardas na frente. Havia ali também dois fogões, onde eles preparavam nossa comida. Lá dentro, conheci sírios, libaneses, afegãos, bengaleses. Algumas dessas pessoas eram muito instruídas — professores, engenheiros. Um sujeito me disse: 'Eu tinha cem funcionários em minha fábrica. Olhe para mim agora: trancado numa caverna!' Algumas estavam lá fazia três meses, esperando para prosseguir em sua viagem para a Europa. Suas barbas estavam muito grandes.

"A certa altura, um grupo de sírios começou a gritar, dizendo que não suportava mais aquela situação. Queriam voltar para a Síria. Os três guardas sírios vieram e disseram que os matariam e os enterrariam ali mesmo se eles dissessem mais uma palavra. Depois, eles nos disseram que, se 'por acaso' chegássemos à Itália, 'talvez' eles deixassem que seguíssemos em frente. Eu tive sorte, pois fiquei na caverna por apenas dez dias. Como não havia banheiro, os guardas levavam dez de nós lá fora de manhã e à noite. Adoeci lá dentro e comecei a sangrar por causa de hemorroidas. Era algo extremamente doloroso.

"Certa noite, por volta das dez da noite, três afegãos fortemente armados apareceram. Seu chefe era Abu Ali, um sírio de Afrin, um povoado a noroeste de Alepo. Mandaram que nos preparássemos. Antes que partíssemos, surraram três jovens afegãos e os deixaram na caverna. Acho que porque havia uma rixa entre as famílias desses homens e a do chefe afegão dos três guardas sírios, o homem que nos guiou pela floresta e nos levou para a caverna.

"Quando chegamos ao litoral, vimos que o local era rochoso e que o mar estava agitado. Os afegãos mandaram que nos espalhássemos ao longo da praia. Éramos mais de uma centena de pessoas viradas de frente para o mar, esperando a barca chegar. A certa altura, o restante das famílias chegou ao local. Não sei onde eles tinham ficado, talvez em outro esconderijo. A caverna era apenas para homens. Agora, éramos mais de cento e cinquenta pessoas ao todo. Depois de cerca de uma hora, chegou um barco de vinte metros. Era pequeno demais para tanta gente. Algumas pessoas começaram a se queixar, mas os contrabandistas afegãos apontaram as armas para nós e começaram a nos empurrar para dentro do barco. Todos ficaram com medo.

"Partimos para o mar aberto. As ondas estavam altas. As pessoas começaram a sentir enjoo. Elas gritavam, as crianças choravam, outras pessoas rezavam. Um egípcio era o condutor do barco. Ele tinha um ajudante, que era do Egito também. Ambos ignoraram nossos gritos. Por volta das cinco da madrugada, aproximamo-nos de um navio petroleiro, que tinha cerca de cinquenta metros de comprimento. Era muito velho e fedia. Havia muita gente dentro dele. Homens lançaram cordas do navio e começaram a içar passageiros como se fossem sacos de arroz.

"Havia sete tripulantes [no petroleiro], todos do Egito. O navio era de lá também. Quando embarcamos, ele ficou abarrotado de gente, a maior parte da qual estava doente. Muitos estavam desidratados como eu. Passei três dias naquele navio. Tudo que me deram foi um pedaço de falafel e um pouco d'água. Fiquei tão doente e com tanto frio que pedi chá. Tive que pagar quinhentos euros pela bebida! Eu estava tão mal que, a certa altura, acabei desmaiando. Fiquei tão desesperado que cheguei a pensar em me matar, em acabar com meu martírio pulando no mar.

"A tarefa do navio petroleiro egípcio era atravessar as águas internacionais da região conosco. Quando chegamos às águas territoriais italianas, eles nos transferiram para o pequeno barco. Seu capitão nos disse: "Vamos para a Itália."

"Passamos o dia inteiro no barco. À tarde, as pessoas começaram a desmaiar. Estava muito quente, insuportável. Depois, durante o pôr do sol, as pessoas começaram a brigar por causa de água. Por fim, às dez da noite, vimos algumas luzes no litoral; era a Sicília. O capitão usou uma pistola para disparar um foguete sinalizador, de modo que o navio de salvamento italiano nos visse e nos resgatasse. O capitão fingiu que era refugiado. Ninguém disse à polícia quem ele realmente era.

"A polícia italiana nos deixou no cais por mais de uma hora sem nos dar água ou cobertores. Um médico chegou e nos examinou com o estetoscópio. Eu disse a ele que estava doente, mas fui ignorado. Mandou que eu esperasse, mas ninguém veio me atender. Por fim, a polícia voltou e nos levou para o pátio de um edifício, onde nos deixou até de manhã. No dia seguinte, disseram que, para sairmos dali, precisavam colher nossas impressões digitais para fins de identificação. Eu não queria fazer isso; eu estava indo para a Suécia e sabia que, se eu deixasse que eles colhessem minhas impressões digitais, eu teria que ficar na Itália por causa da

Convenção de Dublin.[227] Mas eu estava muito doente. E precisava de atendimento médico. Por isso, resolvi deixar que colhessem minhas impressões digitais.

"Depois disso, fomos levados para uma escola, onde não havia camas, mas apenas colchões no chão. Fiquei lá durante três dias, esperando um médico, mas não apareceu nenhum. Aí, a polícia voltou e mandou que partíssemos. 'Não queremos vê-los na Itália de novo. Sigam o seu destino e não voltem mais.'

"Seis de nós pegamos um táxi e fomos para a rodoviária, onde compramos passagens para Milão. Como tínhamos identidades falsas, dadas por nós pelos traficantes na caverna, nós as usamos. Mas lembrei que eu havia deixado a bolsa com a identidade numa pequena cafeteria em que tínhamos ido comer algo. Os policiais haviam achado a bolsa e entraram no ônibus à nossa procura. E nos levaram para a delegacia. Gritaram conosco e voltaram a colher nossas digitais, mas acabaram nos soltando.

"Quando cheguei a Milão, fiquei na rodoviária. Havia um lugar lá em que conseguíamos comida todo dia. A senhora que eu tinha conhecido no apartamento em Creta telefonou para o filho dela na Alemanha. Ele veio pegá-la e perguntou se eu não queria ir com eles no carro também. Então, fui para Munique, onde uma pessoa nos hospedou por alguns dias. Recomendaram que eu procurasse um restaurante turco frequentado por traficantes. Lá, conheci um argelino de 23 anos que providenciou para que eu chegasse à Suécia de carro ao preço de 1.200 dólares.

"Um iraquiano gordo e uma dinamarquesa me pegaram de carro. A mulher era alta e loura e não falava árabe. Na Alemanha, o homem dirigiu o tempo todo, mas, antes que atravessássemos as fronteiras da Dinamarca e da Suécia, ele trocou de lugar com a mulher. Fiquei escondido dentro do carro. Cheguei à Suécia em agosto de 2013, algumas semanas antes de minha esposa, Teakosheen, e sua irmã chegarem."

A esposa de Muhammad, Teakosheen Joulak, me contou seu lado da história. Ela era uma professora de inglês que trabalhara como voluntária na Cruz Vermelha e no Crescente Vermelho para ajudar pessoas em Alepo.

Como vários membros de sua família eram médicos, ela se tornou mediadora entre eles e essas organizações, ajudando a conseguir medicamentos e dinheiro. Por causa desse envolvimento com missões humanitárias, ela acabou tendo problemas.

"Em 2013, Alepo estava dividida em dois setores: um deles se achava sob o controle do regime, e o outro, dos rebeldes, aos quais as pessoas chamavam de Exército da Síria Livre. Uma vez que muitos idosos ficaram presos num desses setores e não podiam locomover-se, nós levávamos remédios e ajuda para eles. Eu morava no setor controlado pelo governo, cujos integrantes achavam que aquilo que eu fazia era criminoso.

"No fim de julho, depois da partida do meu marido, o chefe de nosso grupo, uma unidade de apoio formada por amigos sem nenhuma ligação com política, foi morto por um franco-atirador. Como dois de nossos amigos foram presos imediatamente, minha irmã e eu fugimos prontamente para a cidade de nossos pais, Afrin, na Síria curda. Quando chegamos lá, homens do PKK, organização que controlava a região, começaram a nos perguntar por que tínhamos levado conosco a esposa do homem que havia sido morto por um franco-atirador; ela era professora de minha escola também. Ficaram muito desconfiados, principalmente com ela, porque ela e seu marido haviam sido conhecidos opositores do regime de Assad. Visto que sabíamos que o PKK tinha algumas ligações com o governo, ficamos com muito medo. Várias pessoas procuradas pelo regime tinham sido levadas pelo PKK e acabaram desaparecendo. Por isso, receávamos que o mesmo acontecesse conosco. Num dia de julho, um integrante do PKK foi à casa de minha mãe e disse que tínhamos de ir ao quartel-general para interrogatório naquela mesma noite. Minha mãe disse: 'Vocês não vão. Vocês têm que partir para a Europa.'

"Havia somente mulheres em nossa casa: minha mãe, minhas duas irmãs, minha amiga e eu. Não tínhamos ninguém para nos proteger. Minha mãe disse: "Temos recursos. Então, vamos usá-lo para chegarmos à Europa.' Ela vendeu todo o nosso ouro para conseguir dinheiro para que partíssemos. Dado que, na ocasião, já estávamos fazendo preparativos para que minha amiga, a viúva, fosse para a Turquia, minha mãe resolveu que minha irmã e eu partiríamos também e que ela e minha outra irmã se juntariam a nós depois.

"Minha mãe telefonou para o marido da própria irmã e pediu que ele nos ajudasse. Naquela noite, fomos dormir na casa deles. Ficamos lá um dia apenas. Meu tio providenciou para que um curdo pegasse o carro e atravessasse a fronteira conosco, três mulheres e dois homens, em Bab al-Salam, cidade que, na época, era controlada pelos curdos do Exército da Síria Livre. Era o dia 10 de agosto. Usamos o *hijab* e ficamos com a cabeça abaixada; como não podíamos olhar para os policiais, ninguém reparou que nossos passaportes eram de outras pessoas. Essa travessia nos custou 150 euros.

"Passei dois meses num povoado situado a apenas quinze quilômetros da fronteira, na casa de um primo. Enquanto hospedadas lá, recebemos uma mensagem informando que uma jovem, Rosa, que tinha sido intimada a comparecer conosco ao quartel-general do PKK para interrogatório, foi e nunca mais voltou. Minha mãe estava certa!

"Meu primo providenciou para que um contrabandista, que cobrou 8 mil euros por cada uma de nós, nos levasse para Istambul de ônibus e depois para a Suécia de avião. Portanto, minha mãe teve que pagar 16 mil euros. Um homem nos acompanhou durante toda a viagem, mas fingiu que não nos conhecia. No aeroporto nos foram dadas duas identidades. Acho que eram turcas e autênticas. Com um cachecol em volta do pescoço, ficamos de cabeça baixa o tempo todo, tal como fazem as boas muçulmanas, e ninguém prestou atenção em nós. Embarcamos no avião para Estocolmo.

"Quando chegamos lá, o homem nos deu um telefone e ligamos para nossa família para avisar que tínhamos chegado a Estocolmo. Com isso, nossa família pagou seu sócio na Turquia. Assim que ela fez isso, o homem nos entregou dois passaportes europeus. Sabíamos o que tínhamos de fazer. Ele havia explicado que, se a polícia de fronteira nos parasse, teríamos que pedir asilo imediatamente. Mas, se ela nos deixasse passar, teríamos que entregar os passaportes a outro homem, que estaria esperando do lado de fora, e pedir asilo no dia seguinte. Atravessamos a fronteira e entregamos os dois passaportes a um homem que estava esperando por nós no setor de desembarque. Ele se aproximou de nós e disse: 'Deem-me os passaportes.'

"Não pedimos asilo no aeroporto e isso foi o meu maior erro, mas eu não conhecia as regras. Eu não sabia que, pelo fato de que meu marido tinha sido registrado na Itália, alguém me diria que eu teria que ir para lá. Se eu houvesse pedido asilo no aeroporto, eu não teria tido esse problema.

"Era o dia 8 de outubro e meu marido já estava na Suécia com um de nossos parentes que estava morando em Helsinborg, perto de Malmö. No dia seguinte, fui ao departamento de imigração com meu marido e minha irmã para pedir asilo, onde as autoridades nos cadastraram. Ficamos esperando durante seis horas por uma entrevista, mas, no fim de tudo, elas deram asilo somente à minha irmã. Elas nos negaram asilo porque meu marido tinha sido registrado na Itália. Eu disse a elas que ele era meu marido. Contei a verdade, mas disseram que, pelas normas [da Convenção] de Dublin, a esposa tem que acompanhar o marido.

"Fui interrogada sozinha. Elas me perguntaram: 'Se enviarmos seu marido de volta para a Itália, você partirá com ele?' Respondi que não, que não podia fazer isso. Não conhecíamos ninguém lá. E onde iríamos morar? Já na Suécia, eu tinha minha irmã e outros parentes. Mas disseram que eu tinha de acompanhar meu marido, pois ele era mais velho e responsável por mim. Portanto, eu tinha mesmo que ir para a Itália.

"Estávamos em março de 2014. As autoridades nos deram uma semana para partirmos para a Itália. Na ferroviária, desatei a chorar. Fiquei histérica. Não conseguia parar de chorar. Mas Muhammad sugeriu: "Vá para a Dinamarca, onde você tem dois tios, e peça asilo lá. Voltarei para a Síria e ficarei esperando que você consiga visto de residência. Depois, você pode mandar me buscar.' Ele não queria voltar para a Itália. Disse que preferia morrer a voltar para a Itália, pois tinha visto muita pobreza entre refugiados e migrantes lá e percebera que havia muito poucas oportunidades para pessoas como ele.

"Ele foi para a Turquia e eu fui para a Dinamarca, onde o Conselho Dinamarquês de Refugiados me ajudou a conseguir asilo. Quando as autoridades de imigração dinamarquesa telefonaram para seus pares na Suécia, estas disseram que eu havia mentido, que não tinham recusado meu pedido e que não me haviam dito que eu precisava acompanhar meu marido. Como mostrei à organização dinamarquesa os documentos negando o pedido, acreditaram em mim. As autoridades de imigração dinamarquesa entraram em contato com os italianos e explicaram o que havia acontecido. No fim das contas, ambos os países me recusaram a concessão: a Itália porque eu estava sem meu marido e a Suécia porque eu tinha um marido.

"A certa altura dos acontecimentos, fiquei tão desesperada que pedi que me fizessem voltar para a Síria. Eu era feliz lá. Tinha apartamento próprio e um carro; trabalhava na universidade. Era uma boa esposa. Foi o que eu disse, mas era verdade: tínhamos uma vida muito boa. Nessa altura dos acontecimentos, a Cruz Vermelha se envolveu no problema. Passei dois dias com uma cuidadora psiquiátrica, que acabou solicitando que um advogado me ajudasse. Por fim, a Cruz Vermelha me pôs em contato com o advogado da instituição, que assumiu o meu caso. O advogado disse que eu era um daqueles refugiados presos nas engrenagens da máquina burocrática. Como ele me ajudou, consegui o visto de residência uma semana depois."

Muhammad ficou na Turquia durante um ano e meio. Não pôde voltar para a Síria. Todos os seus familiares tinham partido para a Alemanha. Por isso, ficou trabalhando na Turquia, esperando que Teakosheen conseguisse visto de residência na Dinamarca. Quando ela conseguiu o visto, ele pagou 7 mil dólares a um traficante de migrantes para levá-lo para a Dinamarca. Era o dia 9 de junho de 2015. Ele foi de avião para a Alemanha, talvez para Hamburgo, partindo de Istambul. Tal como no caso de sua esposa, deram a ele um passaporte europeu apenas alguns minutos antes que ele passasse pela alfândega. Depois, ele devolveu o passaporte a um homem que o estava esperando no setor de desembarque e que o conduziu à presença de dois traficantes iraquianos, que por sua vez o levaram de carro para a Dinamarca clandestinamente. Seis horas depois, ele chegou ao apartamento em que sua esposa estava esperando por ele.

Quando ele pediu asilo ao departamento de imigração dinamarquês, as autoridades o levaram para um campo de refugiados. Não deixaram que ele ficasse com a esposa. Somente quando ela adoeceu, acometida por um câncer, permitiram que ele cuidasse da esposa, depois da operação.

No momento em que escrevo estas linhas, Muhammad e Teakosheen continuam esperando a concessão do visto de residência. Não podem trabalhar. Estão num limbo, mas ainda sonham em ter uma família um dia.

Capítulo Quinze

O Bumerangue Político

Em 2015, 1,8 milhão de pessoas entraram na Comunidade Europeia, um número cuja tendência é só de aumentar num futuro próximo. No verão desse ano, a ligação entre sequestros de estrangeiros e o tráfico de migrantes ficou clara. Fato admitido pelo próprio diretor da Europol: "Noventa por cento dos migrantes que chegam à Europa tiveram sua viagem facilitada por uma organização criminosa qualquer."[228] Daí a decisão de criar, na primavera de 2016, o Centro Europeu de Combate ao Tráfico de Migrantes (EMSC, na sigla em inglês) para desmantelar essas redes de atividades ilícitas.[229]

Os europeus estão simplesmente perplexos com o maior êxodo internacional desde a Segunda Guerra Mundial, fenômeno que sustenta um negócio que gera mais de um 1 bilhão de euros por ano fluindo para as mãos de uma miríade de grupos criminosos regionais. Fora das fronteiras da União Europeia, pequenos grupos de bandidos e jihadistas criminosos fornecem a traficantes europeus sua parcela de carga diária de seres humanos. Esses bandos embolsam quantias semelhantes às de seus congêneres europeus. Tal como vimos, nesta última década muitas dessas organizações vêm sendo financiadas com capital inicial obtido com o dinheiro de resgates do sequestro de estrangeiros, ou seja, com o dinheiro do contribuinte europeu. Numa conjuntura de instabilidade política cada vez maior na periferia da Europa, em apenas uma década o investimento em atividades de sequestro transformou o tráfico de migrantes numa indústria internacional multibilionária que, em matéria de lucros, se iguala agora ao tráfico de drogas. É uma espécie de bumerangue político que vem retornando velozmente para a Europa!

Assim como o sequestro de estrangeiros, o tráfico de migrantes tem sido lucrativo para grandes organizações jihadistas, como o Estado Islâmico, que controla os principais pontos de travessia de fronteiras nas rotas de migração para a Europa. Em 2015 e 2016, houve grandes correntes migratórias. A rota do Mediterrâneo oriental, que se estende da Síria e passa pela Turquia, atravessa a Grécia e chega aos Bálcãs, é, de longe, a mais movimentada via de migração para a Comunidade Europeia. Em 2015, perto de 1,5 milhão de pessoas passaram por ela. Embora os sírios constituam o maior grupo de imigrantes nesse êxodo, pessoas do Afeganistão, Bangladesh e África oriental também atravessam a rota.

Traficantes de migrantes vindos da Síria usam principalmente a travessia de fronteira controlada pelo Estado Islâmico para chegar à Turquia. "É mais seguro viajar pelo território do Califado", disse um ex-refugiado sírio que pediu anonimato. "Ali, não existem bloqueios de estrada criados por diferentes grupos armados ou comandantes guerreiros. A viagem é tranquila, mesmo se houver bombardeios, pois os traficantes viajam longe de povoados, cidades e instalações petrolíferas. Além do mais, quando a pessoa atravessa a fronteira com a Turquia, não corre o risco de ser morta pela patrulha de fronteira turca, tal como acontece em Bab al-Salam ou nas travessias de fronteira perto de Afrin, na província de Idlib." Essa rota é também mais barata para migrantes, pois traficantes pagam apenas uma vez na fronteira, em vez de ter que fazer isso várias vezes, quando atravessam territórios controlados por diferentes grupos armados, bandos de criminosos ou até soldados do exército de Assad. No verão de 2015, o imposto de travessia de carga humana da fronteira com a Turquia gerou cerca de meio milhão de dólares por dia para o Estado Islâmico, mais do que o obtido com a taxação sobre petróleo contrabandeado.

As rotas menos movimentadas passam pela região central do Mediterrâneo, indo da Líbia para a Itália, e pela parte ocidental do Mediterrâneo, de fluxos partindo do Marrocos para a Espanha. De acordo com a Frontex, em 2015 por volta de 300 mil migrantes chegaram à Europa por essas rotas. Não apenas na Síria, mas na Líbia também, o Estado Islâmico está lucrando ao contrabandear seres humanos. O EI estabeleceu regras, determinando, por exemplo, que barcos partindo do litoral ocidental do país sob seu controle podem transportar no máximo 120 pessoas. Antes de autorizar a partida de barcos, membros do Estado Islâmico vistoriam cada um deles, procurando verificar se o número de migrantes não excede a capacidade imposta. Como traficantes pagam metade de seus lucros ao EI em troca do direito de operar, a contagem de migrantes serve também para se definir o montante que cada barco tem de pagar. Em 2015, essa margem gerou algo em torno de 20 milhões de dólares para cada leva de 10 mil migrantes.[230]

Da mesma forma, antes de conceder autorização para o uso do litoral de seus domínios, o Estado Islâmico examina a identidade de cada traficante e verifica se eles respeitaram o preço fixado para a travessia. Em outras palavras, traficantes não têm permissão de cobrar a migrantes um valor muito acima das taxas instituídas pelo EI. Por isso, navegar sob a supervisão do Estado Islâmico se tornou uma espécie de certificado de conformação com as normas de transporte de migrantes estabelecidas pela organização. Ao preço de 1.600 dólares por pessoa, a travessia do território controlado pelo EI é mais cara do que a da travessia a partir das praias da Líbia, mas a viagem é mais segura. O EI não apenas exige preços mais altos para o uso de suas rotas, mas também que migrantes frequentem um curso de uma semana sobre a xariá para ter o direito e condições de fazer uma travessia segura. Portanto, o EI usa as correntes migratórias para fazer proselitismo.[231]

MIGRAÇÃO: "PAGUE ENQUANTO VIAJA"

Com o grande aumento do número de migrantes fugindo de Estados falidos e do território controlado por islamitas, o contrabando de seres humanos se transformou num negócio ilícito gigantesco. Enquanto, quinze anos atrás, apenas cem mil pessoas chegavam à Europa todos os anos, hoje esse número é quase de dois milhões. Ao contrário de outrora, quando as levas de migrantes eram compostas, em sua maioria, por pessoas pobres e sem instrução em busca de oportunidades econômicas, nos dias atuais, levadas a partir para outras terras por situações de instabilidade política, agora elas provêm de todas as classes sociais e setores profissionais. Muito cientes dessa realidade, traficantes adaptaram preços e serviços à capacidade de pagamento dos migrantes. Por exemplo, o custo da viagem para a Europa de avião partindo da Turquia varia entre 8 mil e 10 mil euros, ao passo que a opção de viajar por rotas terrestres ou marítimas é muito mais barata, embora também mais arriscada.

Independentemente do fato de o migrante ser rico ou pobre, o traficante é fundamental para a viagem. Mesmo quando, no verão de 2015, a União Europeia abriu temporariamente as suas fronteiras, traficantes foram necessários para se alcançar um de seus Estados-membros. Uma vez dentro da União Europeia, os migrantes prosseguem a viagem a pé, se bem que traficantes europeus se apressem em oferecer caronas aos que tenham condições de pagar. Por exemplo, a um custo de mil dólares por pessoa, migrantes são postos em caminhões e carros para a viagem à Alemanha partindo da Bulgária ou da Hungria. Essas viagens pelo território da União Europeia não são muito diferentes das que se fazem através do deserto líbio.

Em agosto de 2015, 71 migrantes morreram asfixiados durante a travessia pela Áustria num caminhão trancado que partira da Bulgária. No mesmo dia, a polícia austríaca descobriu outro, transportando 81 migrantes à beira da morte por asfixia. À noite, a polícia alemã interceptou um terceiro caminhão, perto da fronteira com a Áustria, que levava 86 migrantes a bordo. O relatório da polícia informa que traficantes forravam internamente com madeira os baús dos caminhões, como forma de isolamento acústico, para impedir que a polícia descobrisse a existência de carga humana em seu interior. Às vezes, migrantes ficavam trancados dentro desses caminhões por mais de 24 horas, sem direito a nenhuma parada para beber água ou usar banheiros.[232]

No verão de 2015, o florescente tráfico de migrantes convenceu grupos de criminosos que operavam na rota da Europa oriental a entrar para o negócio. Esse tipo de tráfico era tão lucrativo que eles abandonaram outras atividades ilícitas. A polícia austríaca, por exemplo, informou que houve uma queda acentuada no roubo de fios de cobre, um crime outrora disseminado por toda a região perto da fronteira com a Hungria. Pequenos criminosos e gangues locais passaram a alugar caminhonetes e carros para transportar migrantes através da fronteira. A polícia austríaca parou muitos desses veículos na Áustria. Em setembro, quando o governo húngaro decidiu transportar migrantes em ônibus gratuitamente, a polícia austríaca não prendeu nenhum contrabandista. Contudo, assim que o serviço de transporte gratuito parou, os traficantes voltaram a praticar a atividade.

Tal como no Sahel, na África setentrional, pequenos grupos de criminosos independentes, operando localmente, transportavam migrantes clandestinamente através das fronteiras da Europa. No território europeu, a maior parte desses grupos é formada por pequenos criminosos ou traficantes provenientes da mesma comunidade de imigrantes dos retirantes internacionais. Esses grupos não detêm o monopólio do negócio. Num país após o outro, de fronteira em fronteira, migrantes partem em busca dos traficantes certos e lhes pagam somente quando chegam ao destino combinado.

O modelo do "pague enquanto viaja" é um subproduto da natureza muito descentralizada do negócio do tráfico de seres humanos. O curioso também é que, embora a globalização tenha pulverizado as fronteiras econômicas e financeiras de nações inteiras, transformando o mundo numa aldeia global, sequestradores e traficantes se concentraram em modelos de negócios regionalizados, preferindo trabalhar dentro de fronteiras e até de divisas estaduais. A pirataria e a jihad criminosa floresceram no interior de áreas cultural e historicamente homogêneas, antes partes de nações outrora colonizadas e do período pós-colonial. No interior dessas regiões, a autoridade política central se desmantelou, levando outros valores e chefes tribais a preencher o vazio deixado por sua falência. As atividades de sequestro de estrangeiros no Sahel, na África setentrional e na Síria aconteceram nesse contexto, quase sempre com chefes tribais e políticos locais exercendo o papel de mediadores entre os traficantes e as famílias ou os governos dos países dos reféns.

Essa nova variedade de crimes é muito diferente do antigo modelo ocidental de crime organizado, por sinal bastante articulado e diversificado, tal como no caso da Máfia, pois o sequestro de estrangeiros e o tráfico de migrantes são atividades ilícitas que se expandiram e evoluíram longe do típico Estado-nação do Ocidente. Prosperam onde quer que haja anarquia política e exploram a fonte de recursos mais valiosa dessas áreas: pessoas. Esse nunca foi o caso com o crime organizado, que precisa de uma organização política centralizada para estabelecer seu sistema de exploração.

Traficantes não europeus conseguiram exportar seu criminoso modelo de "pague enquanto viaja" para a União Europeia, em parte porque é mais funcional e eficiente no caso de migrantes, tal como demonstrado pela terrível viagem de Muhammad Jamil Hassan. Eles passaram a explorar a falha, deixada pela União Europeia, da inexistência de uma política unificada para controlar a questão das fronteiras nacionais e a imigração. Com isso, há a presença de um vácuo político no interior das fronteiras da UE, gerado pela falta de uma política externa comum aos países-membros, no qual pequenos criminosos e comunidades de imigrantes delinquentes conseguem entrar facilmente.

O tráfico de migrantes não é o primeiro exemplo de miscigenação criminosa entre malfeitores não europeus e europeus. A prostituição de africanas tem se apoiado numa parceria semelhante. "No verão passado, a polícia pediu que déssemos abrigo a duas mulheres de Gâmbia. Elas tinham chegado da Líbia com um grupo de refugiados", disse Ida Pierotti, da Aquiloni, uma organização humanitária com sede em Verona, Itália. "Disseram-nos que elas precisavam de ajuda porque tinham sofrido abuso e foram estupradas durante a viagem. Alugamos um quarto com uma pequena cozinha para elas e providenciamos um professor de italiano. Eram mulheres jovens e muito bonitas. Uma delas se parecia com Naomi Campbell. Como vimos que se vestiam de forma bastante provocante e sempre usavam muita maquiagem, tentamos adverti-las de que não deviam fazer isso, que era perigoso, mas elas nos ignoraram. Apenas um mês depois, uma amiga do Senegal, que estava morando na cidade próxima de Brescia, veio visitá-las. Ela ficou por pouco tempo e depois partiu. No mesmo dia, as duas mulheres sumiram. Deixaram muitos recibos de roupas e sapatos que tinham comprado. Algumas compras passavam de quinhentos euros. Achamos também comprovantes de vales postais da Western Union, enviados da Espanha para Brescia, no valor de duzentos e trezentos euros cada. Uma semana depois, uma trabalhadora de ajuda humanitária viu uma das mulheres trabalhando como prostituta nas ruas de Verona. Ela se aproximou da mulher, perguntou o que ela estava fazendo e ofereceu ajuda. A mulher riu dela e se retirou. Embora eu não possa provar isso, tenho certeza de que essas duas mulheres faziam parte de uma rede de prostituição internacional que as tinha enviado para a Europa como refugiadas para trabalhar como prostitutas." Vários trabalhadores de ajuda humanitária concordam com Pierotti. Criminosos africanos e europeus usam a rota de migração para o tráfico de drogas e a exploração da prostituição na Europa.

    Todavia, seria errôneo achar que a maior parte das imigrantes deseje muito se prostituir, tal como os defensores da adoção de medidas antimigratórias europeus querem nos fazer acreditar. Devemos considerar que a migração é uma questão muito complexa e que as pessoas deixam seus países em busca de uma vida melhor na Europa, nos Estados Unidos ou em qualquer outra nação rica porque não têm condições de melhorar a própria existência em sua terra natal.

Após a queda do regime de Kadafi, houve um grande aumento no tráfico de mulheres da África oriental e ocidental para a Europa via território líbio, com vistas a abastecer o crescente mercado de prostituição na Espanha, na Suíça e no norte da Itália.

"De 2010 a 2013, os migrantes eram principalmente africanos do sexo masculino, com 30, 32 anos de idade, no máximo", explicou Pierotti. "Em 2014, começamos a receber também homens de Bangladesh e do Paquistão. Logo depois, menores de idade passaram a vir também, pois se espalhou a notícia de que era mais fácil para eles conseguirem asilo, e os garotos começaram a migrar. Depois, vieram as africanas, solteiras e jovens, todas muito bonitas, a maior parte da Nigéria, Gâmbia e Zâmbia. Mais recentemente, em 2015 e 2016, as levas de migrantes passaram a ser formadas principalmente por famílias com crianças e mulheres grávidas. Muitas engravidam na Líbia e chegam à Itália nos primeiros meses de gravidez porque dizem a elas que assim é mais fácil conseguirem asilo."

Enquanto seu pedido de asilo é processado, os migrantes ficam sob os cuidados de organizações como a Aquiloni, de Pierotti, que lhes fornecem tudo, desde acomodações, alimentos e roupas a orientações e apoio para obter assistência médica, bem como ajuda para a satisfação de necessidades mais banais, tais como conseguir um telefone celular ou óculos escuros de grife. Este tipo de ajuda não é raro. "A maior parte dos migrantes com os quais lidamos considera o Ocidente um imenso shopping center. Eles querem produtos que viram na televisão em seus países de origem e mostrar que os possuem a seus amigos que ficaram lá", explicou Nadia Albini, que também trabalha na Aquiloni. "Seus perfis no Facebook estão cheios de fotografias ostentando esses produtos. Querem que as pessoas em casa os vejam, como forma de reforçar esse conceito absurdo a respeito do Ocidente. Sim, essas pessoas são verdadeiros retirantes, mas muitas delas vêm para a Europa trazidas por motivações enganosas para se tornarem parte de uma sociedade de consumo superficial."

O contribuinte europeu paga as contas dessas pessoas do instante em que põem os pés no litoral da Europa até o momento em que obtêm visto de residência e conseguem autorização para trabalhar. Esse processo pode levar vários anos. Portanto, a satisfação das necessidades dos migrantes alimenta outra indústria gigantesca, uma que está enriquecendo um novo tipo de empresários europeus.

ENRIQUECENDO COM A EXPLORAÇÃO DOS MIGRANTES

O maior êxodo global desde a Segunda Guerra Mundial não é apenas uma mina de ouro para pequenos criminosos europeus. Tanto para organizações de ajuda humanitária quanto para empresas privadas, as oportunidades de crescimento são enormes, já que refugiados e migrantes precisam de abrigo, roupas, alimentos e meios de locomoção. De fato, trata-se de uma considerável indústria "legal", financiada, nesses casos também, com o dinheiro do contribuinte europeu.

Em 2015, a Noruega, um país de 5 milhões de habitantes, recebeu 31.500 refugiados, mais que o dobro dos que tinha recebido no ano anterior. Migrantes vieram, principalmente, da Síria, do Afeganistão, do Iraque e da Eritreia. O Departamento de Imigração Norueguês (UDI) não conseguiu lidar com uma corrente migratória tão caudalosa e teve que recorrer à iniciativa privada para obter ajuda.

Na Noruega, os cuidados para com cerca de noventa por cento dos refugiados ficam ao encargo de empresas privadas. Para os donos dessas empresas, a onda de refugiados é o equivalente a uma Corrida do Ouro. Afinal, para abrigar e alimentar cada um dos refugiados, o governo norueguês gasta entre 31 e 75 dólares por noite. É fácil, portanto, ver quanto lucro se pode obter com essas taxas. "Na periferia de Oslo, um empresário com grande tino comercial chamado Ola Moe [...] alugou um hospital desativado por 10 mil dólares mensais, fez melhorias mínimas e começou a cobrar ao governo 460 mil dólares mensais para abrigar e alimentar duzentos refugiados."[233]

Entre os beneficiários dessa corrida está a Hero Norway, uma empresa de serviços de hospedagem cujos donos são os irmãos noruegueses Adolfsen. A Hero oferece vários tipos de hospedagem: dormitórios para pequenos períodos de hospedagem aos que estão no aguardo da análise policial; acomodações para períodos maiores, de duas ou três semanas, para os que estão esperando passar por entrevistas com outras autoridades do serviço de imigração; e centros habitacionais, destinados a longas estadias, nos quais essas pessoas podem morar em casas de forma independente, enquanto se mantêm à espera, às vezes durante anos, da oportunidade de serem assentadas em alguma parte da Noruega.

A Hero Norway não é a única empresa comercial nessa operação de larga escala no Velho Continente. Em 2014, a ORS Service AG, uma empresa suíça, teve uma receita de 99 milhões de dólares com a prestação de serviços de amparo a refugiados na Suíça, Áustria e Alemanha. É impossível conseguir informações das receitas de muitas dessas empresas obtidas em 2015, visto que empresas comerciais que lidam com refugiados adotaram uma política de severa discrição em torno de seus negócios.

Migrantes e refugiados são abrigados em edifícios que foram abandonados ou se achavam desocupados havia muito tempo, tais como os de antigos internatos, extintos centros de reabilitação, hospitais e hotéis em regiões montanhosas. Pessoas como os irmãos Adolfsen os compram a baixo preço e os transformam em centros de refugiados.

É um modelo adotado em toda a Europa. No verão de 2015, cerca de quinhentos migrantes e refugiados foram abrigados em uma grande propriedade, o Centro di Costagrande, em Veneto. "O proprietário é um rico empresário de Verona, Pietro Delaini, que comprou a propriedade com esse objetivo", disse Ida Pierotti. O governo italiano paga 35 euros por dia por pessoa abrigada ali: 27,50 euros por hospedagem e alimentação, 2,50 euros de ajuda para gastos pessoais e cinco euros à organização para custear seu programa de assistência, desde a ministração de aulas de idioma a atendimento médico. Organizações de ajuda humanitária, como, por exemplo, a Caritas ou a Aquiloni, na qual Pierotti trabalha, recebem apenas trinta euros porque fornecessem este último tipo de serviço gratuitamente, mas outras empresas, tais como a cooperativa Spazio Aperto, que cuida dos refugiados na Costagrande, recebem cinco euros extras por migrante ao dia. "Não é pouco dinheiro", observou Ida Pierotti. "Para cuidar de quinhentos pessoas, são mais ou menos 2.500 euros por dia ou 75.000 euros por mês. É a quantia padrão para se poder fornecer ajuda diária. Contudo, a maioria das empresas envolvidas nesse negócio não emprega pessoas em regime integral, mas, em vez disso, se utilizam de voluntários."

Às vezes, até mesmo ONLUS, que normalmente são, pela própria natureza, entidades sem fins lucrativos, não pagam adequadamente a seus trabalhadores de ajuda humanitária para prestar assistência aos migrantes. Essas pessoas reclamam frequentemente do pagamento insuficiente. Por exemplo, uma refugiada que prestou serviços de tradução para uma entidade italiana sem fins lucrativos, um grande concorrente no negócio de assistência a refugiados em Milão, me disse que foi paga com vales-refeição pelo trabalho de tradução que estava fazendo. Assim como muitas pessoas empregadas pela indústria de amparo a refugiados, ela prefere manter o anonimato, pois teme a reação das grandes ONLUS que têm dinheiro e advogados ávidos por processar oponentes. Tal como acontece em todas as corridas ao ouro, a provocada pela onda de refugiados está cheia de exploradores ansiosos por se aproveitar da situação.

Ainda mais chocante é o fato de que as autoridades não fiscalizam as contas e as receitas das empresas desse setor, empresas pagas com o dinheiro do contribuinte para fornecer amparo aos migrantes. Grandes ONLUS, tal como a instituição sem fins lucrativos de Milão mencionada acima, recebem verbas imensas de municípios para cuidar dos migrantes que se abrigavam precariamente nas estações de trens e ônibus das grandes cidades. Dinheiro que elas podem gastar como quiser, até mesmo para contratar relações públicas. Quando, em outubro de 2015, um voluntário me levou para uma visita a um centro de refugiados perto da estação ferroviária de Milão, uma área doada pela associação dos ferroviários e administrada pela entidade milanesa sem fins lucrativos, fui abordada por um grupo de pessoas dessa instituição após tirar uma fotografia do refeitório. Um sujeito um tanto grosseiro me disse que eu não tinha permissão de tirar fotografias do local e que precisava de autorização para conversar com as pessoas do centro. Quando perguntei quem ele era, o homem me disse que era secretário de imprensa da entidade. Ao seu lado havia um homem com uma câmera na mão que parecia bem cara. Ele era o fotógrafo oficial! Enquanto eu explicava que estava fazendo pesquisas para um livro sobre sequestros e refugiados, fui acompanhada por eles para fora do local.

Dentro da rede de negócios explorados por essa entidade sem fins lucrativos, havia outras ONLUS e organizações de ajuda humanitária, incluindo a Cruz Vermelha, oferecendo serviços de amparo a refugiados. Antes de ter sido conduzida para fora do centro, consegui conversar com um médico sírio. Enquanto eu conversava com ele, um homem da Eritreia se aproximou de nós. Além de sandálias de plástico surradas e roupas muito velhas, ele em si estava muito sujo. Parecia exausto e doente. Ninguém lhe tinha oferecido ajuda, comida, roupas ou a oportunidade de tomar um banho. O médico disse a ele que esperasse o término da conversa comigo. Com isso, o homem foi sentar-se numa cadeira do lado de fora do consultório médico, apoiando a fronte nas mãos espalmadas. Ele não fazia ideia de que valia 35 euros por dia.

Enquanto eu fazia pesquisas sobre o assunto, tive a forte impressão de que refugiados são mercadorias para todo mundo, uma fonte de renda, de receitas. A indústria erigida em torno de sua tragédia dá emprego a centenas de milhares de pessoas na Europa. Às vezes, são empregos de meio expediente, mas, ainda assim, trata-se de trabalho numa economia acossada pelo flagelo de índices de desemprego de dois dígitos.

Controlar a forma pela qual se fornece amparo a migrantes é tão difícil quanto deve ter sido controlar a Corrida ao Ouro na Califórnia, em 1849. O líder está sempre um passo na frente dos concorrrentes nesse jogo comercial. "Até entidades sem fins lucrativos lucram", disse a tradutora de Milão. "Tudo que precisam fazer é emitir faturas em nome de empresas 'amigas' ou pagar salários a pessoas que elas conhecem." Tal como contratar um secretário de imprensa e um fotógrafo? Uma forma ainda mais fácil de lucrar é transferir os refugiados de um lugar para outro, como se fossem mercadoria. Quando ficou claro que manter quinhentas pessoas na Costagrande, com homens e mulheres no mesmo lugar, não era uma boa ideia, quase a metade delas foi transferida para outro local. Essas pessoas acabaram parando em Prada, um povoado nas montanhas perto de San Zeno di Montagna, num hotel abandonado e isolado que tinha sido comprado pelo dono da Costagrande.

SANGUE NOVO PARA O VELHO CONTINENTE

Traficantes têm andado bastante ocupados com a oportunidade de ganhar rios de dinheiro à custa de pessoas fugindo da campanha de bombardeios da grande coalizão de Obama e da força aérea de Putin. Tanto entidades sem fins lucrativos quanto empresas comerciais fornecem serviços de amparo a essas pessoas, e os dois tipos de organização são pagos pelo contribuinte. Para justificar esse cenário surreal, economistas e políticos afirmam que a súbita enxurrada migratória de novos trabalhadores é positiva para a Europa. Em outras palavras, a União Europeia pode lucrar com essa tragédia humana.

Em janeiro de 2016, o UBS, um banco internacional suíço, elaborou um relatório intitulado O Futuro da Europa,[234] em que declarou: "Para fazer frente ao crescimento da força de trabalho americana, a União Europeia precisará anualmente de 1,8 milhão de novos imigrantes (em condições de trabalhar) nos próximos dez anos." Em outras palavras, a onda de migrantes — embora seja um pesadelo para a civilização ocidental, para cidades em toda a Europa e para a segurança europeia — é um acontecimento perfeito para os que querem dispor de mais mão de obra barata no continente. Naturalmente, esse argumento seria válido se a maioria dos migrantes fossem homens em condições de trabalhar, mas não são. A maior parte dos migrantes sírios é composta de famílias. Mesmos nos casos em que os refugiados são homens, assim que conseguem o visto de residência, eles recorrem aos procedimentos legais de reunificação familiar para levar seus parentes para a Europa. Conforme assinalado pelo *The Financial Times*,[235] nos próximos anos a Europa terá que lidar com milhões de dependentes de migrantes, cuja "vinda de seus países de origem eles providenciarão". Por isso, a criação de uma força de trabalho maior se utilizando da onda de imigrantes é questionável, principalmente se levarmos em conta os parentes dos imigrantes transferidos para o território europeu, o dispêndio de capital necessário para transferi-los, policiá-los e abrigá-los e, aliás, as obrigações previdenciárias que esse adicional de massa humana acarretará.

Outros estudos, do Fundo Monetário Internacional (FMI) e da Organização para a Cooperação e o Desenvolvimento Econômico (OCDE), afirmam que, a longo prazo, a onda migratória será benéfica para a Europa, um continente cujo número de idosos cresce rapidamente e que, num futuro próximo, poderá ficar como o Japão, com um número assombroso de aposentados e, proporcionalmente, uma população economicamente ativa muito pequena contribuindo para sua aposentadoria. A Alemanha está entre os países com as mais altas taxas de envelhecimento populacional da Europa. Até o fim de 2060, haverá 59 aposentados com idade superior a 65 anos para cada cem pessoas da população economicamente ativa. Se nada mudar até o ano de 2060, para cada aposentado alemão haverá menos de duas pessoas trabalhando e pagando impostos para lhe sustentar a aposentadoria. Além disso, despesas com o serviço nacional de saúde e o pagamento de aposentadorias absorver cinco por cento a mais de seu PIB.

De fato, a realidade demográfica do continente parece recomendar o incentivo a correntes migratórias. De acordo com a OCDE, para evitar estagnação, a União Europeia precisará absorver 50 milhões de migrantes antes de 2060, o que significa receber mais de um milhão deles por ano. Sem essa injeção de sangue novo, a população alemã diminuirá, de um total de 81,3 milhão em 2013, para 70,8 milhões em 2060. Nessa época, o país mais populoso da Europa será o Reino Unido, cuja população crescerá, segundo estimativas, de 64,1 milhões de habitantes para 80,1 milhões no mesmo período. Esses números têm relação direta com as grandes correntes migratórias que o Reino Unido vem recebendo, as quais, curiosamente, vêm partindo, principalmente, de Estados-membros em anos recentes.

Contudo, atualmente, a entrada de refugiados e migrantes em seus países tem sido mesmo um grande problema para os europeus. "Em longo prazo, o crescimento das despesas públicas aumentará a demanda interna e o PIB", concluiu o FMI em um de seus relatórios sobre migração. "Membros do FMI estimam que o efeito [positivo do fenômeno migratório] será modesto para a UE como um todo (com um aumento do PIB de apenas 0,1 por cento em 2017), embora mais acentuado nos principais países em que os migrantes buscam asilo."[236] O PIB per capita será menor, como reflexo do menor desempenho dos refugiados no mercado de trabalho e de restrições que enfrentarão no acesso a esse mercado em alguns países. "Em longo prazo, o impacto econômico dependerá do ritmo de absorção dos refugiados pelo mercado de trabalho." Como políticos de visão curta pouco se importam com questões de longo prazo, a crise de migrantes está se transformando rapidamente numa crise política muito grave.

Embora o fenômeno esteja longe de ser considerado uma tragédia humana, para os dirigentes europeus o maior êxodo desde a Segunda Guerra Mundial é um bumerangue político que está se aproximando deles rapidamente. Aqueles que estiverem em seu caminho serão atingidos. E nenhuma solução fácil vem despontando no horizonte. O fim dos bombardeios na Síria servirá apenas para dar mais poder à Rússia para fortalecer o regime de Assad e não fará as pessoas pararem de fugir de sua terra natal. A abertura de fronteiras se mostrou uma medida desastrosa por causa do número gigantesco de refugiados e migrantes que as atravessam. De acordo com a UE, a única solução possível é fazer o que Berlusconi e Prodi fizeram: impedir o avanço dos migrantes, já nas portas de entrada da Europa, com a ajuda de uma nação amiga, a Turquia.

Será que Erdogan fará para a União Europeia o que Kadafi fez para a Itália e a UE até alguns anos atrás? A Turquia está pedindo dinheiro e privilegiadas relações de trabalho para seus cidadãos, incluindo a isenção de vistos para entrarem na União Europeia, como uma espécie de condição prévia para um possível ingresso do país na comunidade.

Pelo visto, o avanço dos migrantes será bloqueado no território turco, onde eles ficarão detidos em centros de refugiados e onde nascerá a próxima geração de sequestradores, jihadistas e criminosos. O Califado achará muitos guerreiros entre eles.

Epílogo

O Brexit

Foi a mais longa das noites. Minutos depois do fechamento das urnas para a votação do referendo objetivando decidir a permanência ou a saída do Reino Unido da União Europeia, uma pesquisa de boca de urna da YouGov indicava uma considerável vantagem dos favoráveis à permanência e, minutos depois, o valor da libra em relação à moeda americana saltou para 1,50 dólar, um claro sinal da confiança no prognóstico.

Fiquei consultando a página da Bloomberg o tempo todo, cujos indicadores estavam verdes, todos eles subindo! Os mercados e o mundo tinham certeza de que a permanência era fato consumado. E por que não? Afinal, durante semanas, políticos, economistas, instituições internacionais, cientistas e até estrelas de Hollywood tinham exortado os britânicos a permanecer na União Europeia, a se manterem fiéis ao *status quo*, ainda que essa opção não fosse a "ideal".

Os corretores de valores estavam muito otimistas e contentes, pois a UE vinha sendo um dos mais fortes defensores do neoliberalismo e uma das maiores forças impulsionadoras da globalização; após a queda do Muro de Berlim, ela tinha conseguido integrar os países do extinto Bloco

Soviético aos mercados financeiros. Além disso, socorrera mais de uma vez os mercados financeiros como um todo. Em 2010, no início da crise das dívidas públicas nacionais, e depois também, em 2011, quando os sistemas bancários italiano e espanhol pareciam prestes a ruir, o Banco Central Europeu exerceu um papel fundamental na tentativa de evitar um desastre financeiro global, com o socorro que prestou a bancos e instituições financeiras. Sim, na ocasião os mercados estavam entre os principais beneficiários da União Europeia "nova" e "ampliada", uma instituição com 28 membros e ainda procurando acrescentar outros aos já existentes. Portanto, era natural que, na noite da contagem dos votos para saber se os britânicos continuariam ou não como sócios do clube, o mundo das finanças estivesse atento e torcendo para que o lado dos favoráveis à permanência ganhasse a votação.

Durante quase uma hora, corretores de valores tiveram muito trabalho, comprando libras, ações e, com isso, provocando o aumento dos indicadores. Especuladores se mantinham na expectativa de uma noite maravilhosa; afinal, o Brexit, a temidíssima saída da segunda maior economia da União Europeia, parecia um pesadelo do passado, e ganhar dinheiro apostando na valorização da libra parecia tão fácil quanto imprimir dinheiro. Como de costume, apostas na compra de libras como forma de investimento foram feitas por meio de empréstimos, um artifício muito comum nos mercados da atualidade. O investidor banca do próprio bolso um percentual da aposta e toma emprestado o restante de outra entidade. Depois, quando aufere os lucros do investimento, ele paga os juros e embolsa o restante. Não ocorre nenhuma movimentação de dinheiro de fato, e as apostas são de curtíssimo prazo, durando, na maioria dos casos, apenas algumas horas. Mas, quando a aposta não dá certo, as perdas são enormes!

Desse modo, assim que os primeiros resultados foram divulgados, os votos dos favoráveis à saída começaram a apresentar números melhores do que o esperado, e aí tudo mudou.

Em vinte minutos, o valor da libra em relação à moeda americana caiu de 1,50 para 1,43 dólar, descrevendo o contorno de um precipício nas telas de indicadores. A moeda britânica continuou a cair a noite inteira e acabou materializando sua maior queda em trinta anos, para 1,32. Uma noite que deveria ser de comemorações para o mercado financeiro internacional se tornou uma noite de confusão e desânimo. Corretores se desesperaram, políticos entraram em pânico, o mundo ficou apavorado. O *status quo* estava desmoronando.

À medida que a contagem dos votos prosseguia, ficou claro que o Reino Unido estava rumando para o Brexit, mas também que era um país muito dividido. A Inglaterra e o País de Gales votaram maciçamente na opção de deixar a União Europeia, movidos por questões econômicas e sociais: para pôr fim à estagnação econômica, que muitos atribuem ao exagero de normas e regulamentos de uma instituição europeia excessivamente burocrática, a UE, e barrar as maciças correntes migratórias vindas de Estados-membros da UE para o Reino Unido — uma enxurrada constante e crescente de pessoas em busca de emprego e de um futuro melhor num país que, desde 2010, tem criado mais empregos do que qualquer outro dos 27 membros da União Europeia.

Quando amanheceu, o mapa desse país dividido foi exibido nas telas de televisão. Todavia, algo que os programas de notícias não apresentaram foi um quadro de um continente inteiro dividido por causa dos mesmos problemas e, principalmente, dos movimentos migratórios. De fato, o fator decisivo que fez o país optar pelo Brexit não foi a maneira desastrada com que Bruxelas enfrentou uma série de crises nos últimos anos, tampouco sua obsessão por normas e regulamentos, mas o fato de que foi muito ineficiente no tratamento do problema do êxodo de refugiados da África, do Oriente Médio e da Ásia Central. Infelizmente para os favoráveis à permanência do Reino Unido na UE, a crise dos refugiados aconteceu no verão de 2015. A crise logo se tornou a principal causa das críticas a Bruxelas. Os líderes da campanha pela saída dos britânicos da UE criticaram duramente a súbita abertura de fronteiras sem a adoção de uma adequada estratégia para a absorção dos imigrantes; eles se opuseram com mais veemência ainda ao acordo com a Turquia, o qual afirmaram que daria à população turca o direito de entrar no Reino Unido sem a necessidade de visto.

Um ano antes do Brexit, a fortaleza europeia tinha começado a desmantelar-se por dentro, sob a pressão de milhões de pessoas deslocadas pelo flagelo de guerras e outros fatores, vítimas da tola política externa que a Europa vinha adotando desde o começo do milênio. Uma política arquitetada do outro lado do Atlântico, em Washington, D. C., e não em Bruxelas! A crise dos refugiados, o maior êxodo desde a Segunda Guerra Mundial, é a consequência direta da política de desestabilização de uma grande parte do mundo, um fenômeno irreversível provocado, primeiramente, pela globalização, e depois pela crescente onda de jihad criminosa. Será que os europeus ou os americanos entendem isso? Os dirigentes políticos vêm transmitindo uma ideia diferente da realidade, pintando um quadro em que figura um conflito entre o bem e o mal. A imprensa, por sua vez, tem evitado estabelecer uma relação lógica entre os fatos, de forma que possa apresentar uma interpretação mais realista dessa épica tragédia humana. Portanto, a resposta é NÃO! Os dirigentes europeus e americanos parecem incapazes de entender que a principal causa do problema está em sua reação ao 11 de setembro: a guerra ao terror. Mas a incompetência de uma classe política que fracassou em sua tentativa de recuperar o controle do navio nas águas turbulentas da globalização não escapou à percepção e à capacidade de discernimento da população mundial.

O Brexit é apenas a ponta do iceberg dessa situação. A crescente popularidade de grupos de direita, a volta de movimentos xenofóbicos e racistas, a recomposição de fronteiras, os clamores em favor de medidas protecionistas são todos sintomas de uma doença que está se espalhando pelo mundo ocidental inteiro. Nos próximos anos, talvez vejamos uma nova classe política assumindo o controle de nossas vidas, uma classe que apela para sentimentos de isolacionismo. Veremos outros impasses políticos, como o que houve na Espanha, na qual, pela segunda vez, nenhum partido conquistou maioria nas urnas para governar. Enquanto esse estado de coisas persistir, os mercadores de homens continuarão a ganhar dinheiro enviando pessoas desesperadas para os portões de entrada das fortalezas do Ocidente, um negócio que continuará a financiar a jihad dentro e fora de nossos muros recém-construídos.

Glossário

Abu Bakr al-Baghdadi: O dirigente do EI e guerrilheiro autoproclamado califa do Estado Islâmico.

Abu Musab al-Zarqawi: Militante islâmico natural da Jordânia que comandou um centro de treinamento de terroristas no Afeganistão em meados da década de 1990. Ficou famoso depois que foi para o Iraque, onde foi o responsável por vários ataques a bomba na Guerra do Iraque. Morto em 2006 pelas forças americanas.

ACTED (antiga Agence d'Aide à la coopération technique et au développement *ou "Agência de Cooperação Técnica e Desenvolvimento")*: ONG de ajuda humanitária criada em 1993. É uma organização não governamental, apolítica e sem fins lucrativos, dedicada ao amparo de populações vulneráveis, expostas a situações de grande perigo, no mundo inteiro.

Advogados da Síria Livre: Organização que começou a protestar contra o governo no começo da guerra civil na Síria, em Qasr al-Adly, no palácio da justiça de Alepo. Eles levaram seus protestos para as ruas quando o regime começou a prender outros ativistas. Além de realizar manifestações de protesto e prestar ajuda humanitária, os Advogados da Síria Livre estão trabalhando também na criação de um sistema judiciário melhor, capaz de incorporar a tradição síria e que seja reconhecido pelo povo.

Alauítas: Adeptos de uma seita religiosa síria que segue uma vertente mística do islamismo xiita. Uma vez que mantiveram suas crenças sob segredo aos olhos de estranhos, não se sabe muita coisa sobre eles, que formam uma minoria considerável na Síria, com seus crentes compreendendo doze por cento da população.

Al-Nusra: Um braço da Al-Qaeda que opera na Síria e no Líbano. Foi criado em 2012 durante a Guerra Civil Síria. Teve vários conflitos com o Estado Islâmico e estava sofrendo sérias derrotas numa guerra aberta com a organização.

Al-Qaeda: Termo que significa, literalmente, "a base", é uma organização criada, por volta de 1988, por Osama bin Laden e Abu Ubaydah al--Banshiri, o principal comandante militar de bin Laden, como uma rede para interligar os árabes que se ofereceram como voluntários para lutar na jihad antissoviética. A Al-Qaeda ajudou também a financiar, recrutar e treinar extremistas islâmicos sunitas para participarem da resistência afegã. Em pouco tempo, se transformou numa organização de insurgentes islâmicos sunitas multiétnica e continuou ativa até muito depois da Guerra do Afeganistão. Seu principal objetivo é o estabelecimento de um Califado Pan-Islâmico em todo o mundo árabe e, por isso, ela busca obter a colaboração de outras organizações armadas islâmicas para derrubar governos considerados "não islâmicos" e expulsar ocidentais e não muçulmanos de países islâmicos. Em 1998, ela se fundiu com a Jihad Islâmica Egípcia ("al-Jihad"). Acredita-se que o número de membros da organização oscile entre várias centenas e alguns milhares de pessoas.

Al-Qaeda no Magreg Islâmico (AQMI): Organização armada islâmica atuante na África ocidental e no Sahel que tem por objetivo criar um estado islâmico. O grupo manifestou a intenção de atacar alvos europeus (incluindo espanhóis e franceses) e americanos. Seus membros são recrutados principalmente nas comunidades da Argélia e do Saara (tais como as dos tuaregues e de clãs tribais de berabiches do Mali), bem como entre marroquinos das periferias das cidades desse país da África setentrional. Seus líderes são majoritariamente argelinos.

Al-Shabaab: Grupo armado jihadista com bases na África oriental. Em 2012, ele jurou fidelidade à Al-Qaeda e, em 2015, ao Estado Islâmico. Segundo estimativa de 2014, o número de sectários do Al-Shabaab oscila entre 7 mil e 9 mil militantes. Em 2015, o grupo se retirou das principais cidades e passou a controlar algumas áreas rurais. O grupo é uma ramificação da União dos Tribunais Islâmicos, a qual se dividiu em várias facções menores após ter sido derrotada, em 2006, pelo Governo Interino da Somália (GIS) e seus aliados militares da Etiópia. O grupo afirma que seu objetivo é empreender uma jihad contra os "inimigos do Islã".

Ansar al-Islam: Grupo armado sunita ativo durante a Guerra do Iraque. Criado nesse país em 2001, como um movimento salafista, impunha uma rigorosa observância da xariá. O grupo continuou a combater o governo iraquiano após a retirada dos soldados americanos e enviou membros para a Síria com o objetivo de lutar na guerra civil naquele país.

Autodefesas Unidas da Colômbia: Organização paramilitar e de traficantes de drogas que operou na Colômbia de 1997 a 2006. A milícia tem suas raízes na década de 1980, quando chefões do tráfico de drogas criaram esses grupos para combater operações de sequestro e extorsão por parte de rebeldes. A AUC tem cerca de 20 mil membros e foi financiada com grandes recursos de traficantes de drogas e o apoio de proprietários de terras locais, criadores de gado, empresas de mineração, petrolíferas e políticos.

Brigada Al-Faruq é uma organização armada da cidade de Homs composta de algumas unidades do Exército da Síria Livre. O grupo aumentou rapidamente de tamanho e importância em 2012, antes de ter sofrido divisões internas e reveses no campo de batalha em 2013, fatos que reduziram muito sua influência. Já em 2014, a maior parte do grupo estava extinta, com facções aliando-se a outros grupos rebeldes.

Brigada de Abu Omar. Grupo jihadista de combatentes estrangeiros conhecido também como Katibat al-Muhajirin (Brigada dos Emigrantes), mas igualmente conhecida como Brigada Al-Muhajirin, comandada por Abu

Omar al-Shishani, que fora líder da Jaish al-Muhajirin wal-Ansar na Síria antes de ter ingressado no Estado Islâmico. Ex-soldado da Geórgia, Al-Shishani foi dispensado do exército depois que contraiu tuberculose e teve cassado seus direitos políticos.

Brigadas Vermelhas: As Brigadas Vermelhas (Brigate Rosse, ou BR) foram formadas em 1969, na Itália, com elementos de movimentos estudantis e operários. Eram uma organização que defendia a prática de atos de violência a serviço da luta de classes e da revolução. O grupo tinha bases e operava na Itália e os alvos de suas ações eram principalmente símbolos do *establishment*, tais como industriais, políticos e empresários.

Califa: Título do chefe muçulmano civil e líder religioso que se empenha na preservação da integridade do Estado e da crença. Os califas são considerados sucessores de Maomé. O termo deriva da palavra árabe *khalifa*, que significa "sucessor". "Califa" era também o título honorífico adotado pelos sultões otomanos no século 16, depois que o sultão Maomé II conquistou a Síria e a Palestina, tornou o Egito um satélite do Império Otomano e foi reconhecido como o guardião das cidades sagradas de Meca e Medina.

Califado: O domínio territorial ou governo do califa e sua duração.

Centro Europeu de Combate ao Tráfico de Migrantes (EMSC, na sigla em inglês*)* foi criado em fevereiro de 2016 pela Europol. O objetivo do centro é apoiar os estados-membros, com ações preventivas, no esforço de desmantelamento de redes de crime organizado envolvidas com o tráfico de pessoas. O centro concentrará suas ações em áreas perigosas e notórias pela prática de crimes, bem como na ampliação, em toda a União Europeia, da capacidade material e humana de combater redes de tráfico de seres humanos.

Conselho Consultivo Islâmico dos Muhajedin: Coalizão de grupos rebeldes islâmicos criada para combater o EI na Síria. Os grupos a ela afiliadas são a Frente Al-Nusra, Jaysh al-Islam, Ahrar ash-Sham, Exército de Ahl al-Sunni wal-Jamaa, Jaysh Usud al-Shaqiya, al-Qa'qa', Jabhat al-Jihad wal-bina, Bayareq al-Shaaitat, Liwa al-Qadisiya, Exército de Maoata al-Islami, Exército de al-Ikhlas e Liwa al-Muhajedin wal-Ansar.

Convenção de Dublin ou Regulamento de Dublin: Lei da UE e marco do Sistema de Asilo de Dublin, que consiste no Regulamento de Dublin e no Regulamento da EURODAC, com o qual autoridades europeias determinaram a criação, em toda a Europa, de bancos de dados dactiloscópicos, visando à identificação de imigrantes clandestinos na União Europeia. O Regulamento de Dublin tem por fim "determinar rapidamente o estado-membro responsável [pela solicitação de asilo]" do imigrante ou refugiado e dispor sobre a transferência do solicitante de asilo para esse estado. Geralmente, o estado-membro responsável pelo imigrante ou refugiado será o país através do qual o refugiado entrou na UE.

Corão ou Alcorão: O livro sagrado da religião muçulmana.

EIIS: Sigla de Estado Islâmico do Iraque e da Síria. Também conhecida como Estado Islâmico do Iraque e do Levante (EIIL) e Estado Islâmico (EI), essa organização terrorista foi criada oficialmente em 2013, embora sua história remonte aos primeiros tempos do ano 2000 e da Al-Qaeda. Seus domínios abrangem grandes regiões do Iraque e da Síria e, até o início de setembro de 2014, suas forças continuavam a atacar a cidade iraquiana de Mossul.

Euskadi ta Askatasuna (ETA): Euskadi ta Askatasuna, que significa "Pátria Basca e Liberdade" no idioma basco, é um grupo armado que luta pela independência do País Basco em relação à Espanha. O ETA nasceu do EKIN, um grupo nacionalista que mudou o próprio nome para Euskadi ta Askatasuna em 1958. As primeiras iniciativas do grupo envolveram atentados com explosivos em cidades bascas, tais como Bilbao. Em 1968, o ETA pôs em prática sua primeira iniciativa militar e, em anos subsequentes, intensificou seus atos de violência contra forças de segurança e políticos. O grupo continua em atividade na Espanha e mantém laços com grupos armados em todo o mundo. Acredita-se que seu número de militantes seja muito pequeno, talvez formado por não mais que vinte ativistas radicais e várias centenas de aliados, e que seu quartel-general esteja localizado nas províncias bascas da Espanha e da França.

Exército Republicano Irlandês (IRA, na sigla em inglês): Qualquer um de vários grupos armados irlandeses, ativos nos séculos XX e XXI, dedicados à busca do ideal do republicanismo irlandês, num esforço para a criação de uma república irlandesa independente. Ele se caracterizava também pela convicção de que, para alcançar esse objetivo, era necessário recorrer à prática de atentados políticos.

Frente de Salvação Islâmica: Partido político da Argélia. Em 1990, a FSI conseguiu mais da metade dos votos válidos dos eleitores argelinos na eleição do governo local. Quando, em janeiro de 1992, deu a impressão de que venceria uma eleição geral, os maquinadores de um golpe militar desmantelaram o partido e encarceraram milhares de seus partidários no Saara. Ele foi oficialmente extinto dois meses depois.

Groupe Islamique Armé (GIA): Um dos dois principais grupos islâmicos armados que combateu o governo e o exército argelinos durante a Guerra Civil na Argélia. Foi criado a partir de grupos armados menores após o golpe militar de 1992 e a prisão de milhares de membros da Frente Islâmica de Salvação (FIS), depois que o partido ganhou o primeiro turno das eleições parlamentares em dezembro de 1991.

Guerra por procuração: Expressão que denota a ideia de terceiros combatendo no lugar de potências mundiais mais poderosas, com o apoio financeiro delas. Um excelente exemplo desse tipo de guerra é o conflito no Vietnã, nas décadas de 1960 e no início dos anos de 1970, no qual o Norte e o Sul foram jogados um contra o outro pelas potências estrangeiras, principalmente pelos Estados Unidos.

Hezbollah: Palavra árabe que significa "Partido de Deus", Hezbollah é o nome de um grupo libanês xiita radical formado em 1982, em resposta à invasão do Líbano por Israel. Ele defende o estabelecimento de um governo islâmico no Líbano, tal como aconteceu no Irã, a libertação de todos os territórios árabes ocupados e a expulsão de não muçulmanos de países islâmicos. O grupo é financiado pelo Irã e opera, predominantemente, no vale de Beca, ao sul de Beirute. Estima-se que seu número de militantes chegue a 40 mil pessoas no Líbano e a vários milhares de aliados. Ele conta em suas ações com armamento pesado, tais como vários lançadores de foguetes de artilharia soviéticos BM-21. Sabe-se ou suspeita-se que alguns de seus membros participaram de inúmeros ataques contra os Estados Unidos. O Hezbollah é conhecido também pelo nome islâmico Jihad, mas seu braço armado oficial é denominado Resistência Islâmica. Esta última, criada em 1983, supervisiona operações militares no Sul do Líbano. Ela conta em suas fileiras com quatrocentos combatentes bem treinados e a colaboração de 5 mil aliados. Além de ataques esporádicos (a maioria atentados a bomba e assassinatos), comanda operações militares contra os exércitos israelense e libanês. Militarmente organizada, as atividades da Resistência Islâmica vêm se tornando cada vez mais ilegais desde 1993. Digna de nota é a tentativa do grupo de criar uma base de apoio popular no sul do Líbano por meio de atividades de assistência social, tais como a empreendida por sua Jihad al-Hoed ("Campanha sagrada de reconstrução"), com a qual financia a reconstrução de edifícios destruídos pelo exército israelense. Ela dá também 25 mil dólares às famílias dos "mártires" que morrem durante operações suicidas.

Human Rights Watch (HRW): ONG internacional que realiza pesquisas e defende os direitos humanos ao redor do mundo.

Islamismo; Ideologia política baseada na crença de que princípios religiosos muçulmanos devem dominar todos os aspectos da vida pública e privada.

Jamaat al-Tawhid wal-Jihad: Grupo militante islâmico criado em Fajula em 2003 e comandado por Abu Musab al-Zarqawi. O grupo providenciou documentos falsos para mais de uma centena de guerrilheiros da Al-Qaeda que fugiram do Afeganistão durante a guerra em 2001. Forneceu-lhes também recursos financeiros e refúgio (perto de Teerã) e depois transferiram suas bases do Irã para outras áreas do Oriente

Médio e do Ocidente. Em 2004, o grupo jurou fidelidade a Osama bin Laden e mudou seu nome para Al-Qaeda no Iraque. Seu nome significa Monoteísmo e Jihad.

Jihad. Esse termo é frequente e equivocadamente traduzido como Guerra Santa, conceito criado na Europa durante as Cruzadas. "Jihad" é uma palavra árabe que significa "esforço, empenho, luta" e uma tradução melhor de seu significado no âmbito de doutrina religiosa seria "lutando ou empenhando-se pela causa de Deus". A jihad apresenta dois aspectos: a jihad maior, a luta íntima do crente para superar os desejos carnais e as más inclinações, e a jihad menor, a defesa armada do mundo islâmico contra agressores. O termo tem sido usado por diferentes grupos armados em seus violentos confrontos com o Ocidente; num episódio famoso de sua vida, Osama bin Laden convocou uma jihad em sua *fatwa* contra os americanos, conclamando os fiéis a travar uma "guerra justa" contra o opressor

Lei PATRIOT: Também conhecida como *The USA PATRIOT ACT*, esta é uma resolução do Congresso americano transformada em lei pelo presidente George W. Bush em 26 de setembro de 2001. Com sua sigla de dez letras (USA PATRIOT), seu nome completo é Uniting and Strengthening America by Providing Appropriate Tools Required to Intercept e Obstruct Terrorism Act of 2001. A lei visa ajudar agências do governo americano a detectar e impedir ações terroristas ou o patrocínio de grupos terroristas.

Movimento pela Unificação da Jihad na África Ocidental: Também conhecido como *Mouvement pour l'uncité et le jihad em Afrique de l'Ouest (MUJAO)*, é uma organização armada formada por membros que se desligaram da Al-Qaeda no Magreb Islâmico. Em 12 de dezembro de 2011, ela divulgou sua primeira ação armada com a publicação de um vídeo, na qual manifestou o objetivo de espalhar a jihad por uma parte maior da África ocidental, embora suas operações tenham se restringido ao sul da Argélia e ao norte do Mali.

Mujahedin: Forma plural da palavra árabe *mujahed* e que significa "aquele que faz jihad". O termo era aplicado a muçulmanos que lutavam contra os soviéticos no Afeganistão (1979-89) e tem sido traduzido como "guerreiros santos".

Nacionalismo: Termo usado para descrever o sentimento e a ideologia de apego a uma nação e a seus interesses. A palavra se origina da tese segundo a qual a existência do Estado deve basear-se numa nação de fato e que esta deve constituir-se na forma de Estado. O nacionalismo, para assim se caracterizar, demanda a consciência de uma identidade nacional, que pode incluir o componente da integridade territorial, um idioma usado em comum pelos membros da nação, bem como a valorização e a preservação, da parte destes, de costumes e outros elementos culturais inerentes a essa identidade.

Operation Restore Hope: Força multinacional liderada pelos Estados Unidos e sancionada pelas Nações Unidas que operou na Somália entre 5 de dezembro de 1992 e 4 de maio de 1993, incumbida da tarefa de criar um ambiente seguro para a realização de operações humanitárias na metade sul do país.

Organização Internacional de Reassentamento de Migrantes (IOM, na sigla em inglês): Organização criada em 1951 com o nome de Comitê Intergovernamental de Migrações na Europa (ICEM, na em inglês) para ajudar a reassentar pessoas deslocadas na Segunda Guerra Mundial. A partir de abril de 2015, a IOM passou a contar com 162 estados-membros e estados observadores. É a principal organização intergovernamental atuando no âmbito da problemática das migrações. A IOM se dedica à promoção de movimentos migratórios humanitários e ordenados, em benefício de todos. Ela faz isso fornecendo serviços e assessoria a governos e migrantes.

Organização para a Libertação da Palestina (OLP). Movimento nacionalista palestino e a principal organização de todos os movimentos palestinos, a OLP foi criada, em 1964, por Ahmed Shukeiry sob os auspícios do Egito.

Seu objetivo, conforme declarado em seus estatutos, estabelecidos em maio de 1964, é a criação de um Estado palestino independente no território ocupado atualmente por Israel ou pelo menos nos Territórios Ocupados (Gaza e Cisjordânia). Yasser Arafat foi seu líder de 1969 a 2004, ano de sua morte, e sucedido por Mahmoud Abbas, que continua no posto.

PKK (Parti Karkerani Kurdistan, ou Partido dos Trabalhadores do Curdistão): Organização de militância esquerdista com bases na Turquia e no Curdistão iraquiano. Desde 1984, o PKK vem travando uma luta armada contra o estado turco pelo direito de autodeterminação do povo curdo na Turquia. O grupo foi fundado em 1978, no povoado de Fis, por um grupo de estudantes curdos liderados por Abdullah Ocalan. Inicialmente, a ideologia do PKK era uma combinação de socialismo revolucionário e nacionalismo curdo, com a qual seus adeptos visavam à criação de um estado marxista-leninista independente que deveria ser conhecido como Curdistão. Em agosto de 2015, o PKK anunciou que aceitaria um cessar-fogo com a Turquia amparado por garantias dos Estados Unidos. Numa declaração conjunta com outras nove organizações em março de 2016, o PKK concitou seus partidários a empenhar-se em preparativos para um golpe de estado revolucionário contra o governo turco e o capitalismo.

Real Polícia Montada Canadense (RPMC) ou Gendarmerie royale du Canada (GRC): Força policial nacional e federal do Canadá.

Salafismo: Uma seita islâmica que defende a adesão e observância rigorosa, literal, à doutrina islâmica. Surgida no século XIX como resposta à influência europeia no mundo islâmico, o salafismo é considerado puritano às vezes e quase sempre associado à jihad. Os salafistas estão localizados, em sua maioria, na Arábia Saudita, no Catar e nos Emirados Árabes Unidos e são considerados "a minoria dominante" do Oriente Médio.

Sunismo: A maior seita do mundo islâmico. Após a morte de Maomé, os sectários do Islã que apoiavam um método tradicional de escolha de seu líder político-religioso com base na concordância da comunidade muçulmana passaram a ser conhecidos como sunitas, aos quais se opunham os xiitas, que defendiam a sucessão do califado por direito hereditário.

Takfir: Palavra árabe que significa acusação de apostasia.

Xariá: Literalmente, *legislação*, palavra que se refere ao código moral e legal que coliga ideologicamente os muçulmanos e rege todos os aspectos de suas vidas.

Xiitas: Seguidores dos partidários de Ali ("Shiat Ali"), genro de Maomé, que se recusaram a submeter-se ao califa Muawiya na Grande Fitna, provocando assim o maior dos cismas no Islã.

Notas Finais

1. Este capítulo contém trechos extraídos de uma coletânea de entrevistas realizadas por Loretta Napoleoni com vários negociadores de sequestros ou de pagamento de resgate nos últimos dez anos.
2. Entrevista da autora com Maria Sandra Mariani, em agosto de 2015, via Skype, e em Florença, em outubro de 2015. Todas as citações de declarações de Mariani no capítulo advêm dessas entrevistas.
3. O maciço rochoso de Acacus ou de Tadrart Acacus (*Tadrart* é palavra feminina que significa "montanha" nas línguas berberes) é uma cadeia de montanhas na região desértica ocidental da Líbia, parte do Saara. Está situada a leste da cidade líbia de Ghat e, ao norte, se estende por quase 100 quilômetros a partir da fronteira com a Argélia. O maciço de Acacus tem uma grande variedade de paisagens, que vão de dunas de areia de diferentes cores a arcos, gargantas, rochedos isolados e desfiladeiros profundos (*wadis*). Embora essa região seja uma das mais áridas do Saara, apresenta alguma vegetação, além de algumas cachoeiras e poços nas montanhas. É uma parte do deserto conhecida por suas pinturas rupestres e foi declarada Patrimônio Mundial da Humanidade pela UNESCO em 1985 por causa da importância dessas pinturas e entalhes, que datam de 12 mil a.C. a 100 d.C. Fonte: *Wikipedia, The Free Encyclopedia*, s.v. "Tadrart Acacus", https://en.wikipedia.org/wiki/Tadrart_Acacus.
4. Cf. Loretta Napoleoni, *Terror Incorporated* (Nova York: Seven Stories Press, 2005), Capítulo 18.

5. Entrevista da autora com um agente da Europol em 2003, em Turim.
6. A nova moeda adotada pelos criminosos internacionais reduziu também o custo da lavagem de dinheiro. "Nos velhos tempos, a *N'drangheta* usava agências de casas de câmbio para lavar receitas de negócios sujos, trocando-as por várias outras moedas. Era uma operação cara, 50 liras por dólar, e consumia muito tempo também", explica um funcionário de alto escalão da Guardia di Finanza. Cf. Loretta Napoleoni, *Rogue Economics* (Nova York: Seven Stories Press, 2008), Capítulo 3.
7. Gioia Tauro, por exemplo, é o terceiro maior porto da Europa e o décimo oitavo do mundo. Cerca de 3 mil navios e 3 milhões de contêineres passam por suas instalações ao ano. É um porto especializado em transbordos: a transferência de cargas de grandes navios (50 mil toneladas) para navios menores.
8. Timothy Kustusch, "AQIM's Funding Sources — Kidnapping, Ransom, and Drug Running by Gangster Jihadists", *361 Security* (28 de novembro de 2012), http://www.361security.com/analysis/aqims-funding-sources-kidnapping--ransom-and-drug-running-by-gangster-jihadists.
9. Cf. Richard Luscombe, "Ally of Hugo Chávez Jailed for Links to Colombian Drugs Cartels", *The Guardian*, de 6 de novembro de 2014, http://www.theguardian.com/world/2014/nov/06/hug-chavez-colombian-drugs-cartels-jude-jail-venezuela.
10. Cf. Daniel Ruiz, "Drugs, Destabilization and UN Policy in Guinea-Bissau", arquivos de áudio digital da Universidade de Oxford, http://podcasts.ox.ac.uk/drugs-destabilisation-and-un-policy-guinea-bissau-role-investigative--journalism-oxpeace.
11. Kustusch, "AQIM's Funding Sources".
12. Cf. Dario Cristiani, "Al-Qaeda in the Islamic Maghreb and the Africa-to-Europe Narco-Trafficking Connection", *Terrorism Monitor* 8, nº 43 (24 de novembro de 2010), http://www.jamestown.org/single/?no_cache=1&tx_ttnews%5Btt_news%5D=37207.#.Vyiu7yguill.
13. Cf. Colin Freeman, "Revealed: How Saharan Caravans of Cocaine Help to Fund al-Qaeda in Terrorist's North African Domain", *The Telegraph*, 26 de janeiro de 2013, http://www.telegraph.co.uk/news/worldnews/africaandindianocean/mali/9829099/Revealed-how-Saharan-caravans-of-cocaine-help-to-fund-al-Qaeda-in-terrorists-North-African-domain.html.

14. Ibid., na declaração: "Na Argélia, país de economia socialista subsidiada com as receitas do petróleo, os produtos têm sido muito mais baratos do que no distante Mali, um país pobre e sujo, fato que criou um florescente mercado negro de toda espécie de mercadorias, de gasolina a semolina. 'No norte do Mali, todo tipo de comestível vem da Argélia e chega [ao Mali] clandestinamente', disse Andy Morgan, um especialista britânico com escritório na região do Saara."
15. O GSPC foi criado em 1998 por uma facção dissidente do Grupo Islâmico Armado (GIA) que se opunha a ataques contra populações civis. Ele se tornou um dos vários grupos de fundamentalismo islâmico compromissado com a recuperação e restauração da observância dos escritos originais do Islã no norte da África. Portanto, logicamente, seu objetivo estratégico era derrubar governos nacionais e criar um Estado Islâmico.
16. O Grupo Salafista de Pregação e Combate (GSPC), que depois se tornou a AQIM, sequestrou 32 turistas europeus no sul da Argélia, perto da fronteira com o Mali. Os turistas foram libertados depois do pagamento de um resgate de 5 milhões de euros.
17. Kustusch, "AQIM's Funding Sources".
18. R. Filippelli, "Cradle of Resistance: Algeria's Kabylia Region", *Parallel Narratives*, http://parallelnarratives.com/cradle-of-resistance-algerias-kabylia-region/.
19. Cf. Jean-Pierre Filiu, "Could Al-Qaeda Turn African in the Sahel?" CarnegiePapers, Middle East Program 112, junho de 2010, http://carnegieendowment.org/files/al_qaeda_sahel.pdf.
20. Cf. Amado Philip de Andrés, "Organised Crime, Drug Trafficking, Terrorism: The New Achilles' Heel of West Africa," Fride Comment, maio de 2008, http://fride.org/descarga/COM_Achilles_heel_eng_may08.pdf.
21. Cf. Rukmini Callimachi, "Paying Ransoms, Europe Bankrolls Qaeda Terror,"New York Times, 29 de julho de 2014, http://www.nytimes.com/2014/07/30/world/africa/ransoming-citizens-europe-becomes-al-qaedas-patron.html.
22. Embora nenhum serviço secreto local ou do Ocidente tenha conseguido constatar a existência de ligações entre a AQMI e a organização voltada à prática do tráfico de drogas através do Atlântico, apareceram provas consideráveis

de que os jihadistas estão obtendo recursos financeiros cobrando uma taxa a contrabandistas. Um grupo de traficantes da Mauritânia recentemente detido pelas forças de segurança argelianas relatou que a passagem de um comboio de haxixe — outra droga transportada através da região — pelo território controlado pela AQIM custaria 50 mil dólares. Apesar de tais pagamentos constituírem lucros muito menores do que os obtidos com resgates pagos por sequestros, eles ainda assim representam uma fonte mais consistente de renda, com o crescimento do tráfico de drogas pela região. cf. Kustusch, "AQIM's Funding Sources."

23. Kustusch, "AQIM's Funding Resources".
24. "Saharawi Culture," Organization for Statehood & Freedom, 2010, http://statehoodandfreedom.org/en/western-sahara/saharawi-culture.
25. Cf. Henry Samuel, "French Hostages Return Home from Niger after Al-Qaeda Release," *The Telegraph*, de 30 de outubro de 2013, http://www.telegraph.co.uk/news/worldnews/europe/france/10414038/French-hostages-return-home-from-Niger-after-Al-Qaeda-release.html.
26. Cf. "2015 UNHCR country operations profile—Algeria," UNHCR, http://www.unhcr.org/pages/49e485e16.html.
27. Entrevistas da autora com um negociador de sequestros europeu, via Skype, no verão de 2015, e em outubro de 2015, na Dinamarca.
28. Entrevista da autora com Liban Holm, do Conselho Dinamarquês de Refugiados em outubro de 2015, em Copenhague.
29. Jessica Buchanan, Erik Landemalm e Anthony Flacco, *Impossible Odds: The Kidnapping of Jessica Buchanan and Her Dramatic Rescue by SEAL Team Six* (Nova York: Simon & Schuster, 2013/2014), Capítulo 1.
30. Amanda Lindhout e Sara Corbett, *A House in the Sky* (Nova York: Simon & Schuster, 2013/4), 366.
31. Site da INTERSOS Humanitarian Organization na web: http://www.intersos.org/en.
32. O atentado a bomba em Nassíria, em 2003, foi um ataque suicida contra o quartel da polícia militar dessa cidade iraquiana, situada ao sul de Bagdá, em 12 de novembro de 2003.
33. *Time*. Disponível em http://content.time.com/time/magazine/europe/0,9263,901041011,00.html.

34. Joe Lopez, "Japanese Government Shaken by Iraq Hostage Crisis," site do World Socialist na web, em 16 de abril de 2004, https://www.wsws.org/en/articles/2004/04/jap-a16.html.
35. Bruce Hoffman e Fernando Reinares, eds., *The Evolution of the Global Terrorist Threat: From 9/11 to Osama bin Laden's Death* (Nova York/Chichester, West Sussex: Columbia University Press, 2014).
36. Robert R. Fowler, *A Season in Hell: My 130 Days in the Sahara with Al-Qaeda* (Nova York: HarperCollins, 2011), 264.
37. Paul Gilbert, *Terrorism, Security and Nationality: An Introductory Study in Applied Political Philosophy* (Londres/Nova York: Routledge, 1994).
38. No início de 2000, o PIB per capita na Mauritânia era de 1.042 dólares; de 657 dólares no Mali; e de 390 dólares no Níger. Algumas regiões, como, por exemplo, o norte do Mali, já se enquadravam no conceito de estados falidos.
39. Vincent Cochetel, "I was held hostage for 317 days. Here's what I thought about..." TED talk, março de 2015, https://www.ted.com/talks/vincent_cochetel_i_was_held_hostage_for_317_days_here_s_what_i_thought_about/transcript?language=en.
40. Adrian Edwards, "Vous devez trouver en vous les ressources nécessaires pour survivre," UNHCR, 19 de agosto de 2010, http://www.unhcr.fr/4c6ce2a410.html. (em francês)
41. Filiu, "Could Al-Qaeda Turn African in the Sahel?"
42. Fowler, *A Season in Hell*, 294.
43. Ibid., 296.
44. "France 'Paid $17 Million' Ransom for Mali Hostages," France 24, February 8, 2013, http://www.france24.com/en/20130208-france-ransom-mali-hostages--huddleston.
45. Fowler, *A Season in Hell*, 302.
46. "People Trafficking Is Biggest Crime Business after Drugs," Irin, 17 de setembro de 2004, http://www.irinnews.org/report/51407/west-africa-people-trafficking-is-biggest-crime-business-after-drugs.
47. Ibid.
48. Rachel Donadio, "Race Riots Grip Italian Town, and Mafia Is Suspected," *The New York Times* de 10 de janeiro de 2010, http://www.nytimes.com/2010/01/11/world/europe/11italy.html.

49. Entrevista da autora com M, em 2009, no centro comunitário Ex Snia, Roma.
50. Rukmini Callimachi, "Rise of al-Qaida Sahara Terrorist," Associated Press, 28 de maio de 2013, http://www.ap.org/Content/AP-In-The-News/2013/AP-Exclusive-Rise-of-al-Qaida-Sahara-terrorist.
51. Rukmini Callimachi, "Algeria Terror Leader Preferred Money to Death," *USA Today* de 20 de janeiro de 2013, http://www.usatoday.com/story/news/world/2013/01/20/algeria-terror-leader/1849045/.
52. Kustusch, "AQIM's Funding Sources".
53. Andrea Segre, "Andrea Segre Come un uomo sulla Terra," YouTube video, 27 de abril de 2013, https://www.youtube.com/watch?v=icV7wzHwhNQ. (em italiano)
54. Ibid.
55. Ibid.
56. Ibid.
57. A Líbia, além do fato de que não era signatária da Convenção das Nações Unidas sobre o Estatuto dos Refugiados, não tinha também nenhum programa de amparo a refugiados.
58. "Italy/Libya: Gaddafi Visit Celebrates Dirty Deal," Human Rights Watch, 9 de junho de 2009, http://www.hrw.org/news/2009/06/09/italy/libya-gaddafi-visit-celebrates-dirty-deal.
59. Segre, "Andrea Segre Come un uomo sulla Terra."
60. Ibid.
61. Ibid.
62. Entrevista de Judith Tebutt com Dan Damon, "Hostage in Somalia for 6 Months," BBC World Service Radio, em 9 de julho de 2013, https://soundcloud.com/bbc-world-service/hostage-in-somalia-for-6.
63. Judith Tebutt and Richard T. Kelly, *A Long Walk Home: One Woman's Story of Kidnap, Hostage, Loss—and Survival* (Londres: Faber and Faber, 2013), 328.
64. *Pirate Trails: Tracking the Illicit Financial Flows from Pirate Activities off the Horn of Africa* (Washington, D.C.: The World Bank, 2013), http://siteresources.worldbank.org/EXTFINANCIALSECTOR/Resources/Pirate_Trails_World_Bank_UNODC_Interpol_report.pdf.
65. A *Khat* provém de uma planta frondosa cujas folhas contêm um estimulante semelhante à anfetamina, classificada pela Organização Mundial da

Saúde (OMS) como droga. Quando mastigadas, suas folhas causam um leve entorpecimento, algo entre o que a cafeína e a cocaína produzem. As folhas mastigadas são mantidas na bochecha, onde se decompõem com a saliva e acabam entrando na corrente sanguínea.

66. O incidente é citado em Karsten Hermansen e Søren Lyngbjørn, *Sørens Somalia: Søren Lyngbjørns beretning om 839 dage som gidsel i Somalia* (Marstal, Dinamarca: Marstal Søfartsmuseum, 2014), p. 126-127.
67. Mark Bowden, Black Hawk Down: *A Story of Modern War* (Nova York: Grove Press, 1999/2010).
68. Brian Stewart, "Tales of a Nation of Poets," CBC Prime Time News (agosto de 1992), https://www.youtube.com/watch?v=aR2eivEqHZg.
69. Joana Ama Osei-Tutu, "The Root Causes of the Somali Piracy," Kofi Annan International Peacekeeping Training Center (KAIPTC) Occasional Paper No. 31 (março de 2011), http://www.kaiptc.org/Publications/Occasional-Papers/Documents/Occasional-Paper-31-Joana.aspx.
70. O Decreto Legislativo nº 8, de 15 de janeiro de 1991, transformado na Lei nº 82, em 15 de março de 1991, autoriza o congelamento dos bens postos à disposição de terroristas ou de suas famílias.
71. Entrevista da autora com Giacomo Madia em outubro de 2015, em Milão.
72. *Pirate Trails* (The World Bank).
73. Ibid.
74. Tebutt e Kelly, *A Long Walk Home*, 329.
75. *Pirate Trails* (The World Bank).
76. Cochetel, "I was held hostage for 317 days".
77. Ibid.
78. Scott Pelley, "The Rescue of Jessica Buchanan," CBS News, 12 de maio de 2013, http://www.cbsnews.com/news/the-rescue-of-jessica-buchanan/.
79. Tebutt and Kelly, *A Long Walk Home*, 302.
80. "More Sophisticated than You Thought," *The Economist* de novembro de 2013, http://www.economist.com/news/middle-east-and-africa/21588942-new-study-reveals-how-somali-piracy-financed-more-sophisticated-you.
81. A Al-Shabaab, que significa "A Juventude" em árabe, surgiu como uma facção de jovens radicais da extinta União dos Tribunais Islâmicos, que controlou Mogadíscio em 2006, antes de ter sido expulsa por forças etíopes.

82. Robert Young Pelton e "MJ," "Mystery of Missing MV Leopard Crew Member," *Somalia Report* de 7 de agosto de 2011, http://www.somaliareport.com/index.php/post/1315/Mystery_of_Missing_MV_Leopard_Crew_Member.
83. Disponível em http://www.manw.nato.int/pdf/Press%20Releases%202011/Press%20releases%20Jan-June%202011/SNMG2/NATOWarshipGAZIANTEPAssists%20MVLeopard12Jan11%20(2).pdf.
84. Hermansen e Lyngbjørn, *Søren's Somalia*.
85. Entrevista da autora com Karsten Hermansen, via Skype, em outubro de 2015.
86. *Pirate Trails* (The World Bank).
87. Ibid.
88. Além disso, Lopez abriu um processo contra a imprensa por exploração de sua condição de refém.
89. Entrevista da autora com Karsten Hermansen, via Skype, em outubro de 2015.
90. Mohamed Ahmed, "Somali Sea Gangs Lure Investors at Pirate Lai", Reuters, 1º de dezembro de 2009, http://www.reuters.com/article/us-somalia-piracy-investors-idUSTRE5B01Z920091201.
91. Entrevista da autora com Karsten Hermansen, via Skype, em outubro de 2015.
92. *Pirate Trails* (The World Bank).
93. Ibid.
94. Ibid.
95. *Desperate Choices: Conditions, Risks & Protection Failures Affecting Ethiopian Migrants in Yemen* (Niraróbi, Quênia: Danish Refugee Council and the RegionalMixed Migration Secretariat, outubro de 2012), p. 23, http://www.regionalmms.org/images/ResearchInitiatives/RMMSbooklet.pdf.
96. Ibid.
97. Ibid.
98. Ibid.
99. Ibid.
100. Marianne Riddervold, "Who Needs NATO to Fight Pirates? Why Europe Launched UE Counter-Piracy Mission Atalanta," *Piracy Studies*, 13 outubro de 2014, http://piracy-studies.org/who-needs-nato-to-fight-pirates-why-europe-launched-eu-counter-piracy-mission-atalanta/.
101. Colin Freeman, "Why Fighting Piracy Won't Work as a Model for Fighting People Traffickers," The Telegraph, 23 de abril de 2015, http://www.telegraph.

co.uk/news/worldnews/africaandindianocean/libya/11557301/Why-fighting-piracy-wont-work-as-a-model-for-fighting-people-traffickers.html.

102. Entrevista da autora com Mohammed em outubro de 2015, em Milão.
103. Entrevista da autora com um negociador de sequestros em novembro de 2015, na Dinamarca.
104. Entrevista da autora com um negociador de sequestros em novembro de 2015, na Suécia.
105. Entrevista da autora com Joakim Medin em setembro de 2015, em Gotemburgo, e via Skype, em novembro de 2015.
106. Em 2014, Piccinin entrevistou um dos sequestradores, e o jihadista falou sobre a relação entre sua *katiba* e a Brigada Faruq:
    Piccinin: Antes de começarmos, há uma coisa que eu gostaria de deixar bem claro: o fato de que você — e seus amigos —, quando fui seu prisioneiro, vocês não esconderam o fato de que trabalhavam para as Brigadas Al-Faruq.
    Jihadista: Sim! Sim! É verdade...
    Piccinin: Eu fiz essa pergunta porque, depois que voltei para a Bélgica, disse isso à Al-Faruq, mas eles contestaram o fato, afirmando que não o conheciam e que nunca ouviram falar da *kabita* [de] Abu Omar.
    Jihadista: Não sei por que lhe disseram isso, pois nosso grupo era das Brigadas Al-Faruq. Nossa *katiba* trabalhava para as Al-Faruq em al-Qusayr e nosso líder, Abu Omar, recebia suas ordens de al-Faruq.
    Pierre Piccinin da Prata, "Interview with the Jihadist Who Held Me Hostage for Five Months..." *Maghreb and Orient Courier,* junho de 2014, http://lecourrierdumaghrebetdelorient.info/exclusive/syria-interview-with-the--jihadist-who-held-me-hostage-for-five-months/.
107. Richard Engel, "The Hostage," *Vanity Fair* de 20 de março de 2013, http://www.vanityfair.com/news/politics/2013/04/richard-engel-kidnapping-syria.
108. Richard Engel, "New Details on 2012 Kidnapping of NBC News Team in Syria," NBC News, 15 de abril de 2015, http://www.nbcnews.com/news/world/new-details-2012-kidnapping-nbc-news-team-syria-n342356.
109. Ibid.
110. Ibid.
111. Domenico Quirico, "My 150-Day Ordeal as a Hostage of Syria's Rebels," *The Guardian* de 14 de setembro de 2013, http://www.theguardian.com/world/2013/sep/15/domenico-quirico-my-hostage-ordeal.

112. Ibid.
113. Entrevista da autora com Marc Marginedas, em dezembro de 2015, via Skype.
114. Javier Espinosa, "La libertad, al otro lado de la valla," *El Mundo* de 18 de março de 2015, http://www.elmundo.es/internacional/2015/03/18/5508695222601d5f078b4570.html. (em espanhol)
115. Davide Giacalone, "Monica Maggioni da Assad: non transformiamo il leader siriano in un gentlemen," *Libero Quotidiano* de 20 de novembro de 2015, http://www.liberoquotidiano.it/news/sfoglio/11850858/Monica-Maggioni-da-Assad--non.html. (em italiano)
116. Piccinin da Prata, "Interview with the Jihadist".
117. Ibid.
118. Entrevista da autora com Luis Munar, via Skype, em agosto de 2015.
119. Piccinin da Prata, "Interview with the Jihadist".
120. Harald Doornbos and Jenan Moussa, "The Italian Job," *Foreign Policy*, 15 de janeiro de 2014, http://foreignpolicy.com/2014/01/15/the-italian-job/.
121. Omar al Muqdad, "Inside the Islamic State Kidnap Machine," BBC News, 22 de setembro de 2015, http://www.bbc.co.uk/news/magazine-34312450.
122. Ibid.
123. Fowler, *A Season in Hell*, 303.
124. Página da Real Polícia Montada Canadense em http://www.rcmp-grc.gc.ca/en/home.
125. "Algeria: Ban ki-Moon chiede liberazione cooperante italiana e suoi colleghi,"Adnkronos, 3 de novembro de 2011, http://www1.adnkronos.com/IGN/News/Esteri/Algeria-Ban-ki-Moon-chiede-liberazione-cooperante-italiana-e-suoi-colleghi_312608742782.html. (em italiano)
126. "Fonti arabe: 'Rossella Urru è viva,'" Mediaset TgCom24, 16 de junho de 2012, http://www.tgcom24.mediaset.it/mondo/articoli/1049574/fonti-arabe--rossella-urru-e-viva.shtml. (em italiano)
127. Página pessoal de Rosario Fiorello, http://www.rosariofiorello.it. (em italiano)
128. Deborah Dirani, "Rossella Urru, un sequestro che ha commosso gli italiani," Il Sole 24 ore, 3 de março de http://www.ilsole24ore.com/art/notizie/2012-03-03/stampa-senegalese-rossella-urru-123227.shtml?uuid=AaVgMS1E. em italiano)
129. Adam Entous e Giada Zampano, "U.S. Says Militants Demanded Ransom for Hostage Bodies in Pakistan," *The Wall Street Journal* de 20 de agosto de 2015, http://www.wsj.com/articles/u-s-says-militants-demanded-ransom--for-hostage-bodies-in-pakistan-1440112045.

130. Ibid.
131. Entous e Zampano, "U.S. Says Militants Demanded Ransom".
132. "Giuramento e discorso di insediamento del Presidente Mattarella, I parte," vídeo do YouTube de 3 de fevereiro de 2015, https://www.youtube.com/watch?v=4EXFjpOfMuA.

    "Desidero rivolgere un pensiero—aveva detto il neo capo dello Stato—ai civili impegnati, in zone spesso rischiose, nella preziosa opera di cooperazione e di aiuto allo sviluppo. Di tre italiani, padre Paolo Dall'Oglio, Giovanni Lo Porto e Ignazio Scaravilli non si hanno notizie in terre difficili e martoriate. A loro e ai loro familiari va la solidarietà e la vicinanza di tutto il popolo italiano, insieme all'augurio di fare presto ritorno nelle loro case." ("Gostaria de dizer — declarou o novo chefe de Estado — aos civis que costumam trabalhar em áreas perigosas e que prestam o valioso serviço humanitário de cooperação e ajuda ao desenvolvimento [de outros povos]. Não temos nenhuma notícia de três italianos, o padre Paolo Dall'Oglio, Giovanni e Ignazio Scaravilli, que estão sendo mantidos em cativeiro em terras problemáticas e castigadas. Gostaria de enviar sentimentos de solidariedade do povo [italiano] a eles e a suas famílias, com votos de que retornem a seus lares o mais rapidamente possível." Versão do tradutor da tradução da autora do italiano para o inglês) (vídeo em italiano).
133. Entrevistas da autora com Margherita Romanelli, via Skype, em agosto de 2015, e em outubro de 2015, em Bolonha.
134. Entrevista da autora com Francesca Borri, via Skype, em abril de 2016.
135. "E' arrivata in Italia la salma di Lo Porto. Molti Punti oscuri da chiarire," Libero.it, agosto de 2015, http://247.libero.it/lfocus/23816243/1/e-arrivata-in-italia-la-salma-di-lo-porto-molti-punti-oscuri-da-chiarire/. (em italiano)
136. Al Jazeera Investigative Unit, *The Hostage Business*, outubro de 2015, http://www.aljazeera.com/investigations/hostagebusiness.html.
137. Ibid.
138. Ewen MacAskill, Seumas Milne e Clayton Swisher, "Italian Intelligence Lied about Hostage Rescue to Hide Ransom Payment," *The Guardian* de 8 de outubro de 2015, http://www.theguardian.com/world/2015/oct/08/italian-intelligence-lied-hostage-rescue-bruno-pelizzari-debbie-calitz.
139. Al Jazeera Investigative Unit, *The Hostage Business*.

140. Lindhout e Corbett, *A House in the Sky*, 354.
141. Entrevista da autora com Samir Aita, via Skype, em julho de 2015.
142. Entrevista da autora com Francesca Borri, via Skype, em julho de 2015.
143. Entrevista da autora com um membro do Senado italiano, via Whatsapp, em junho de 2015.
144. Entrevista da autora com Michaël Lescroart, via Skype, em agosto de 2015.
145. Joanie de Rijke, *In the Hands of Taliban* (Pune, Maharashtra, Índia: Metha Publishing House, 2011), 29.
146. Entrevista da autora com Michaël Lescroart, via Skype, em agosto de 2015.
147. Entrevista da autora com Joanie de Rijke, via Skype, em agosto de 2015.
148. Entrevista da autora com um negociador de sequestros europeu, via Skype, em outubro de 2015.
149. Entrevista da autora com um negociador de sequestros, via Skype, em outubro de 2015.
150. Entrevista da autora com um trabalhador de ajuda humanitária, via Skype, em novembro de 2015.
151. Rebekah L. Sanders and Richard Ruelas, "Final Months of Freedom: Mueller's Time before Her Capture Detailed," *AZ Central*, 14 de fevereiro de 2015, http://www.azcentral.com/story/news/arizona/2015/02/14/muellers-final-months-detailed/23402231/.
152. Ibid.
153. Entrevista da autora com Francesca Borri, via Skype, em agosto de 2015.
154. Entrevista da autora com um negociador de libertação de reféns, via Skype, em outubro de 2015.
155. Entrevista da autora com Francesca Borri, via Skype, em agosto de 2015.
156. Abul Taher, "Heartbroken Lover of ISIS Hostage Kayla Mueller Breaks Silence to Reveal His Desperate Bid to Save Her by Pretending They Were Married..." *The Daily Mail* de 14 de fevereiro de 2015, http://www.dailymail.co.uk/news/article-2953880/Kayla-Mueller-s-lover-reveals-went-Syria-save-her.html.
157. Entrevista da autora com um negociador de libertação de reféns, via Skype, em dezembro de 2015.
158. Entrevista da autora com Carsten Jensen, via Skype, em agosto de 2015.
159. Entrevista da autora com Omar al-Muqdad, via Skype, em janeiro de 2015.
160. Entrevista da autora com um negociador de sequestros sírio, via Skype, em fevereiro de 2015.

161. Entrevista da autora com um ex-refém europeu do EI, via Skype, em dezembro de 2015.
162. Entrevista da autora com um negociador de libertação de reféns, via Skype, em dezembro de 2015.
163. Entrevista da autora com Carsten Jensen, via Skype, em agosto de 2015.
164. Entrevista da autora com um negociador de libertação de reféns, via Skype, em novembro de 2015.
165. Entrevista da autora com um negociador de libertação de reféns, via Skype, em junho de 2015.
166. Entrevista da autora com Francesca Borri, via Skype, em abril de 2016.
167. Entrevista da autora com Joanie de Rijke, via Skype, em agosto de 2015.
168. Entrevista da autora com um psicólogo europeu em janeiro de 2016, em Bruxelas.
169. Entrevista da autora com um psicólogo europeu em janeiro de 2016, em Bruxelas.
170. Entrevista da autora com Joanie de Rijke, via Skype, em agosto de 2015.
171. Entrevista da autora com Joanie de Rijke, via Skype, em agosto de 2015.
172. "A família de Absi é de Alepo, mas ele nasceu na Arábia Saudita, provavelmente em 1979. Seu irmão mais velho, um dentista chamado Firas, treinou com a Al-Qaeda no Afeganistão. Acredita-se que Amr e Firas tenham ingressado na organização Al-Qaeda no Iraque, a qual se tornou depois o Estado Islâmico do Iraque e da Síria; o objetivo do grupo era estabelecer um califado islâmico que se expandiria pelo Oriente Médio e por terras além. Em 2007, Amr al-Absi foi preso na Síria e mantido na ala da Al-Qaeda do Presídio de Sednaya com centenas de outros extremistas. Quatro anos depois, em junho de 2011, Assad mandou que os soltassem. Foi um momento decisivo na Guerra Síria. Assad tinha afirmado que a oposição estava cheia de terroristas, afirmação que a misteriosa anistia confirmou então. Pareceu uma medida calculada para envenenar a nascente insurgência síria.

"Absi assumiu o comando de uma brigada de jihadistas perto da cidade síria de Homs. Pouco tempo atrás, seu irmão Firas tinha criado um grupo chamado Conselho Consultivo do Estado Islâmico, que ganhou notoriedade depois que hasteou a bandeira da Al-Qaeda na barreira de fronteira perto de Bab al-Hawa, um importante ponto de cruzamento entre a Turquia e a Síria, em julho de 2012. Foi a primeira vez que se fez menção de um estado islâmico na Guerra Civil Síria." Ben Taub, "Journey to Jihad," *The New Yorker* de 1º de junho de 2015, www.newyorker.com/magazine/2015/06/01/journey-to-jihad.

173. Radwan Mortada, "Al-Qaeda Leaks II: Baghdadi Loses His Shadow," *Al-Akhbar* de 14 de janeiro de 2014, http://english.al-akhbar.com/node/18219.
174. Entrevista da autora com Joanie de Rijke, via Skype, em agosto de 2015.
175. Entrevista da autora com um negociador de libertação de reféns, via Skype, em agosto de 2015.
176. Ben Taub, "Journey to Jihad," *The New Yorker* de 1º de junho de 2015, http://www.newyorker.com/magazine/2015/06/01/journey-to-jihad.
177. Entrevista da autora com um negociador de sequestro europeu, via Skype, em agosto de 2015.
178. Marine Olivesi, "American Took Up Arms with Libya's Rebels," NPR, 24 de outubro de 2011, http://www.npr.org/2011/10/24/141646227/u-s-aid-worker-took-up-arms-with-libyas-rebels.
179. Eliot Higgins, "Interview with Kevin Dawes on His Time in Libya," *Bellingcat* de 8 de abril de 2016, https://www.bellingcat.com/news/mena/2016/04/08/interview-with-kevin-dawes-on-his-time-in-libya/.
180. Kevin Patrick Dawes, "Aerial Battlefield Photojournalism," Kickstarter campaign, 30 de março de 2012-14 de maio de 2012, https://www.kickstarter.com/projects/177238975/aerial-battlefield-photojournalism
181. Bobby Pollier, "Kevin Patrick Dawes: 5 Fast Facts You Need to Know," *Heavy* de 8 de abril de 2016, http://heavy.com/news/2016/04/kevin-patrick-dawes--american-prisoner-released-from-syria-freelance-photographer-twitter--bashar-al-assad-regime-age/.
182. "President Obama Speaks on the Recovery of Sgt. Bowe Bergdahl," *White House*, 31 de maio de 2014, https://www.whitehouse.gov/photos-and--video/video/2014/05/31/president-obama-speaks-recovery-sgt-bowe--bergdahl#transcript.
183. Os presidiários talibãs — conhecidos como os "Cinco Talibãs" — que foram transferidos da Baía de Guantánamo, Cuba, para um presídio em Doha, Catar, são Mohammed Fazl, Khairullah Khairkhwa, Abdul Haq Wasiq, Norullah Noori e Mohammed Nabi Omari. Eles eram o chefe do estado-maior do exército, o vice-ministro do Serviço de Inteligência, um ex-ministro do Interior e outras duas graduadas autoridades dos Talibãs.

184. Sarah Koenig, et al., "DUSTWUN," *Serial* Season 2, Episode 1, dezembro de 2015, https://serialpodcast.org/season-two/1/dustwun.
185. Ibid.
186. Ibid.
187. Ibid.
188. Ibid.
189. Lawrence Wright, "Five Hostages," *The New* Yorker de 6 & 13 de julho de 2015, http://www.newyorker.com/magazine/2015/07/06/five-hostages.
190. Entrevista da autora com Omar al-Muqdad, via Skype, em janeiro de 2015.
191. Brian Oakes, director, vídeo promocional da *Jim: The James Foley Story* da HBO, janeiro de 2016, http://www.hbo.com/documentaries/jim-the-james-foley-story/index.html.
192. Lindhout e Corbett, *A House in the Sky*, 100.
193. Al Jazeera Investigative Unit, The Hostage Business.
194. Daniele Raineri, "Greta e Vanessa raccontate da vicino," *Il Foglio*, January 17, 2015, http://www.ilfoglio.it/articoli/2015/01/17/greta-e-vanessa-raccontate--da-vicino___1-v-124688-rubriche_c392.htm. (em italiano)
195. Fiorenza Sarzanini, "Greta e Vanessa, il racconto ai pm 'Ci hanno detto: rapite per soldi,'" *Corriere della Sera*, 17 de janeiro de 2015, http://www.corriere.it/esteri/15_gennaio_17/greta-vanessa-racconto-pm-ci-hanno-detto-rapite-soldi-4e39106a-9e15-11e4-a48d-993a7d0f9d0e.shtml. (em italiano)
196. Al Jazeera Investigative Unit, "Italy Paying Ransoms in Syria and Somalia," Al Jazeera, 9 de outubro de 2015, http://www.aljazeera.com/news/2015/10/exclusive-italy-paying-ransoms-syria-somalia-151007093239241.html.
197. "Ai Servizi segreti è sparito un milione," *Il Tempo*, February 5, 2016, http://www.iltempo.it/esteri/2016/02/05/ai-servizi-segreti-e-sparito-un--milione-1.1505798. (em italiano)
198. Todas as organizações ficaram sob a jurisdição do MRE sob o amparo da Lei 49/87.

Na verdade, muitas organizações de natureza não governamental *não* se enquadravam nas disposições da Lei 49/87, mesmo as que realizavam um trabalho muito semelhante ao das ONGs. Aliás, como um número cada vez menor de organizações nem se interessava por obter recursos financeiros do MRE, elas não precisavam ser reconhecidas como tais (ter *idoneità*) pela

Lei 49/87. A ActionAid, por exemplo, era uma ONG no sentido amplo da palavra, mas só passou a ser reconhecida como uma organização desse tipo pela Lei 49/87 a partir de 2003. E tal foi o caso de muitas outras, incluindo algumas das mais importantes do setor atualmente, como a Save the Children, a AMREF etc...

Em 1997, foi criado outro tipo de categoria legal. A Lei 460/97, que é de natureza fiscal, foi sancionada para dar *status* legal à categoria de ONLUS (Organizzazioni Non Lucrative di Utilità Sociale). Assim, com o tempo, sua organização podia ser uma ONLUS ou não (do ponto de vista fiscal) ou uma "ONG", ou não, *ex Lege* 49/87. Todas as ONGs enquadráveis na Lei 49/87 passaram a ser automaticamente reconhecidas como ONLUS a partir de 2003 e assim continuaram até 2014, quando foi aprovada uma nova lei regulamentando atividades de cooperação e desenvolvimento humanitário (Lex 125/2014), que reconheceu apenas as mais de duzentas "ONGs" entidades classificáveis numa categoria de organizações "correlatas", lei em torno da qual ainda perdura uma polêmica para determinar quais instituições dessa espécie podem usufruir de benefícios e a forma pela qual podem operar, inclusive sob o ponto de vista fiscal e comercial.

199. "Greta e Vanessa, il prezzo della libertà," episódio de *Otto e Mezzo* de 16 de janeiro de 2015, https://www.youtube.com/watch?v=IL9E13mX3B4. (em italiano)

200. Sarah Koenig, et al., "Listening Guide," *Serial* Season 2, abril de 2016, https://serialpodcast.org/season-two/listening-guide.

201. Mark Mazzetti, "How a Single Spy Helped Turn Pakistan Against the United States," *The New York Times* de 9 de abril de 2013, http://www.nytimes.com/2013/04/14/magazine/raymond-davis-pakistan.html.

202. "Nos primeiros meses da ocupação liderada pelos Estados Unidos, autoridades baniram o Partido Baath e tiraram todos os principais baathistas do governo e das forças de segurança. Mas autoridades americanas começaram a mudar sua estratégia em abril de 2004 e, numa tentativa de reforçar o corpo de oficiais militares, permitiram que alguns ex-baathistas se reintegrassem às forças de segurança. O primeiro-ministro interino Ayad Allawi prosseguiu com essa política." Sharon Otterman, "IRAQ: Debaathification", Council on Foreign Relations, 7 de abril de 2005, http://www.cfr.org/iraq/iraq-debaathification/p7853.

203. Cenas não publicadas do documentário sobre Omar al-Muqdad, *We Left Them Behind*.
204. Ibid.
205. Entrevista da autora com Omar al-Muqdad, via Skype, em janeiro de 2016.
206. Theo Padnos, "My Captivity," *The New York Times* de 29 de outubro de 2014, http://www.nytimes.com/2014/10/28/magazine/theo-padnos-american-journalist-on-being-kidnapped-tortured-and-released-in-syria.html.
207. Wright, "Five Hostages".
208. Sarah A. Topol, "Rookie Freelancers Risking Their Lives to Cover the Arab Spring," *Newsweek* de 8 de outubro de 2012, http://europe.newsweek.com/rookie-freelancers-risking-their-lives-cover-arab-spring-65383.
209. Colin Freeman, "The Video that Shows the Real John Cantlie," *The Daily Telegraph* de 26 de setembro de 2014, http://web.archive.org/web/20140929041743/http://blogs.telegraph.co.uk/news/colinfreeman/100287672/the-video-that-shows-the-real-john-cantlie.
210. John Cantlie, "Syria Eyewitness Dispatch: 'I Watched as Assad's Tanks Rolled in to Destroy a Rebel Town,'" *The Daily Telegraph* de 31 de março de 2012, http://www.telegraph.co.uk/news/worldnews/middleeast/syria/9177910/Syria-eyewitness-dispatch-I-watched-as-Assads-tanks-rolled-in-to-destroy-a-rebel-town.html.
211. Lindhout e Corbett, *A House in the Sky*, 81.
212. Topol, "Rookie Freelancers Risking Their Lives".
213. Entrevista da autora com Francesca Borri, via Skype, em setembro de 2015.
214. A Harakat Sham al-Islam é uma coalizão de vários grupos islâmicos e salafistas que lutam contra as forças do governo de Bashar al-Assad.
215. Entrevista da autora com Francesca Borri, via Skype, em abril de 2016.
216. Lindhout e Corbett, *A House in the Sky*, 93.
217. "(07-09-12) Bab Al-Hawa, Sarmada | Idlib | FSA Frees Syria / Turkey Border from Regime Forces," um video da *Ugarit News* de 19 de julho de 2012, https://www.youtube.com/watch?v=W13i_Nbj3q8 (em árabe).
218. Ibid.
219. Cenas não publicadas do documentário sobre Omar al-Muqdad, *We Left Them Behind*.
220. Entrevista da autora com Marc Marginedas, via Skype, em dezembro de 2015.

221. Marc Marginedas, "Los que no pueden contarlo," *El Periódico Internacional* de 19 de março de 2015, http://www.elperiodico.com/es/noticias/internacional/homenaje-los-rehenes-que-fueron-ejecutados-por-estado-islamico-4029456. (em espanhol)
222. "Journalist Marc Marginedas Back in Barcelona after 6 Months of Captivity in Syria," *Catalan News Agency* de 3 de março de 2014, http://www.catalan-newsagency.com/society-science/item/journalist-marc-marginedas-back-in--barcelona-after-6-months-of-captivity-in-syria.
223. Martin Chulov, "Spanish Journalists Freed in Syria after Six-Month Ordeal," *The Guardian* de 30 de março de 2014, http://www.theguardian.com/world/2014/mar/30/spanish-journalists-javier-espinosa-ricardo-villanova--garcia-freed-syria.
224. "Syria: ACTED Humanitarian Worker Released in Syria," *ACTED*, 27 de maio de 2014, http://www.acted.org/en/27-may-2014-syria-acted-humanitarian--worker-released-syria.
225. Amy Goodman, et al., "Airstrikes Against Syria Are a Trap, Warns Former ISIS Hostage Nicolas Hénin," *Democracy Now!* de 7 de dezembro de 2015, http://www.democracynow.org/2015/12/7/airstrikes_against_syria_are_a_trap.
226. Ibid.
227. Veja o Glossário.
228. "Europol Launches the European Migrant Smuggling Centre," Europol, 22 de fevereiro de 2016, https://www.europol.europa.eu/content/EMSC_launch.
229. "A Europol inaugurou hoje o novo Centro Europeu de Combate ao Tráfico de Migrantes (CECOTRAM). O objetivo do centro é prestar apoio, com ações preventivas, aos estados-membros da UE no desmantelamento de redes de grupos criminosos envolvidas no tráfico sistemático de migrantes. O centro concentrará suas ações em áreas perigosas, notórias pela prática de crimes, e na ampliação, em toda a União Europeia, da capacidade material e humana de combater redes de tráfico de pessoas. [...] Rob Wainwright, diretor da Europol, disse o seguinte a respeito do centro: '[...] O Centro Europeu de Combate ao Tráfico de Migrantes fornecerá aos estados-membros os meios necessários para que possa melhorar sua troca de informações e sua coordenação operacional na luta contra o tráfico sistemático de migrantes.'" Ibid.

230. Adrian Goldberg, "Terror Finance & Emissions," programa ao vivo na BBC Radio 5, em 15 de maio de 2015, http://www.bbc.co.uk/programmes/b05vck3r.
231. Ibid.
232. Joe Parkinson, Georgi Kantchev, and Ellen Emmerentze Jervell, "Inside Europe's Migrant-Smuggling Rings," Wall Street Journal, 28 de outubro de 2015, http://www.wsj.com/articles/inside-europes-migrant-smuggling-rings-1446079791.
233. Bill Donahue, "Meet the Two Brothers Making Millions Off the Refugee Crisis in Scandinavia," *Bloomberg Businessweek* de 6 de janeiro de 2016, http://www.bloomberg.com/features/2016-norway-refugee-crisis-profiteers/.
234. Ricardo Garcia, editor in chief, *The Future of Europe* (Basiléia, Suíça: UBS AG and UBS Switzerland AG, 13 de janeiro de 2016), https://www.fundresearch.de/sites/default/files/partnercenter/UBS/News/news_2016/European%20economy_en_1217027.pdf.
235. Duncan Robinson, "Women and Children Refugee Numbers Crossing into Europe Surge," *The Financial Times* de 20 de janeiro de 2016, http://www.ft.com/intl/cms/s/0/dff3b5ea-bf99-11e5-9fdb-87b8d15baec2.html.
236. Shekhar Aiyar, et al., *The Refugee Surge in Europe: Economic Challenges* (Washington, D.C.: International Monetary Fund, janeiro de 2016), https://www.imf.org/external/pubs/ft/sdn/2016/sdn1602.pdf.

Agradecimentos

A ideia de escrever este livro não foi minha. Meu publisher japonês, Susumu "Shim" Shimoyama, da Bungei Shunju, sugeriu que eu pensasse na possibilidade de escrever um livro sobre o negócio de sequestros. Minha agente, Diana Finch, achou que era uma boa ideia, e meu publisher americano, Dan Simon, da Seven Stories Press, concordou em publicar o livro. Sem eles, eu nunca teria embarcado num empreendimento tão difícil.

    Confesso que fiquei muito nervosa com a perspectiva de tratar do tema; afinal, sequestro é um problema muito delicado e envolve muito sigilo. De qualquer forma, recorri à ajuda de todos os meus contatos na indústria do combate ao terrorismo, mas o que tornou este livro possível foram algumas importantes colaborações. A primeira delas veio de meu publisher dinamarquês, Claus Clausen, da Tiderne Skiffer. Ele me pôs em contato com Nagieb Khaja, um jornalista independente e escritor que havia sido sequestrado pelo Talibã, e também com Carsten Jensen, o aclamado romancista dinamarquês. Por intermédio deles, fui apresentada a várias pessoas que trabalham no setor de mediação de negociações de sequestros, libertação de reféns e operações correlatas. Um deles, um negociador, concordou em conversar comigo detalhadamente a respeito de seu trabalho. Sua experiência e compreensão do assunto foi fundamental para que eu entendesse quanto se tornaram complexas as negociações com sequestradores depois do advento do Estado Islâmico.

Outra ótima contribuição veio da jornalista italiana autônoma Francesca Borri. Ela me proporcionou um panorama corrente do negócio de sequestros na Síria e me repassou valiosas informações sobre a forma pela qual pessoas são capturadas, bem como realizadas as negociações para libertá-las. Francesca me pôs em contato também com ex-reféns, entre os quais Joanie de Rijke, uma jornalista holandesa autônoma sequestrada no Afeganistão pelo Talibã. As entrevistas com Joanie foram extremamente valiosas para minha compreensão da importância da chamada fase crítica das negociações de libertação de pessoas sequestradas.

Para me ajudar, vários jornalistas se ofereceram para entrar em contato com ex-reféns, negociadores de sequestros ou autoridades governamentais que trabalhavam nas "equipes de emergência" de seus países. Aproveito para enviar um agradecimento especial a Mônica Terribas, que gerencia a *El Matí de Catalunya Ràdio*, em Barcelona.

Por fim, gratidão às mulheres da MAG Verona — Loredana Aldegheri, Nadia Albini e Ida Pierotti —, que me transmitiram uma visão da crise de refugiados que me ajudou a compreender a relação entre o negócio de contrabando de seres humanos e o ramo de sequestros.

À medida que minhas pesquisas avançaram, conheci pessoas que se mostraram dispostas a compartilhar comigo suas experiências no drama dos sequestros: Giacomo Madia, um corretor de seguros italiano, que me explicou as várias etapas da negociação de libertação de reféns nas mãos de piratas somalis; Karin Weber, uma ex-trabalhadora de ajuda humanitária que prestou serviços para as Nações Unidas e outras organizações e revelou as contradições de algumas instituições de ajuda humanitária em zonas de guerra; e Omar al-Muqdad, um jornalista independente que me repassou os resultados de sua investigação em torno das atividades de mediadores de sequestros e sequestradores na Síria.

Deixo aqui um agradecimento especial a Teakosheen Joulak, uma ex-professora de inglês e refugiada na Dinamarca, por ter me contado a história chocante de sua viagem e a de seu marido para a Europa. Um muito obrigada especial também ao tradutor dinamarquês de meu livro, Joachim Wrang, que foi muito além de suas obrigações de tradutor, verificando todos os nomes, datas e fatos desta obra, e a Lauren Hooker e Jon Gilbert, por terem feito uma reconferência de tudo e incorporado modificações de última hora.

Por último, preciso agradecer também a todas as pessoas que entrevistei, por me terem confiado o teor de suas histórias, incluindo as que não mencionei no livro. Por motivos de segurança, concordei em respeitar seu desejo de permanecerem anônimas, mas quero que saibam quanto sou grata por terem conversado comigo.

Fazer pesquisas para produzir este livro e escrevê-lo foi muito difícil para mim, além de emocionalmente desgastante, já que me fez deparar com muitas descobertas chocantes, tais como a prática de governos de adotar um sistema de classificação de reféns de acordo com uma escala de valores individuais e sua consequente prioridade de libertação. Conheci também algumas pessoas, até mesmo vítimas de sequestro, que se recusaram a conversar comigo e demonstraram hostilidade para com minhas pesquisas. Afinal, divulgar a verdade pode ser extremamente doloroso para todos, incluindo ex-reféns. A política do silêncio acaba predominando também porque as pessoas não querem reviver seus pesadelos. Contudo, se quisermos impedir que outras pessoas se tornem vítimas de sequestradores, teremos que levantar a cortina do silêncio.

Sei que muitos me atacarão por eu ter lançado luz sobre mais um canto escuro do lado tenebroso da globalização, por haver questionado a atitude de se criar uma aura de heróis em torno de ex-reféns de sequestro e por ter condenado a manipulação dessa imagem por parte dos governos de seus próprios países. Isto não significa que sou insensível à tragédia daqueles que se tornam vítimas de sequestro e acabam morrendo! Ao contrário, como mãe e escritora que sou, tentei mostrar a jovens entusiastas da caridade e a suas famílias o perigo de se "fazer o bem" em algumas partes do mundo, e não os levar a desanimar de abraçar a nobre tarefa de ajudar e socorrer. Na verdade, com isso, meu objetivo é incentivá-los a fazer o bem de forma profissional e segura. "Fazer benefícios sem malefícios" deveria ser o lema deles. Jamais devemos nos esquecer de que o dinheiro de resgates é uma das principais fontes de recursos usadas para financiar muitos grupos armados — dinheiro que os mantém nesse negócio.

Índice Remissivo

11 de setembro (ataque terrorista) 9-10, 11, 18, 26-27, 28, 71-72, 87, 254
Abdelaziz, Muhammad 129
Abdelrazaq 106
Abdullah II, rei 220
Abe, Shinzo 218
Abu Ali 226
Abu Athir 165-6, 167, 202, 206-7, 208, 215
Abu Isham 225
Abu Omar 105, 108, 277
 Brigada de 105, 259
Abu Zeid, Abdelhamid 54, 57-8, 59, 63-4, 211
ACTED (ONG francesa) 214
ActionAid 186
Ad Dafniyah, Líbia 167
Áden, Golfo de 72, 76, 80, 88
Adolfsen, irmãos 243
Advogados da Síria Livre de Alepo 165, 257
afegãos 225-6
África do Sul 136
África, norte da 17, 32, 34, 56, 113, 238-9, 258
África ocidental 9, 13, 18, 26, 29, 30-1, 32-3, 35, 37, 56-7, 60, 62, 97, 100, 113, 241, 258, 264

Costa do Ouro (*Veja* Costa do Ouro)
 povos da 10, 12, 30-1, 65, 69, 239, 240-1
África oriental 97, 100, 235, 241, 259
 povos da 32
africanos 10, 12, 30-1, 65, 69, 239, 240-1
Afrin, Síria 226, 229, 235
Agence France-Presse 60
Agência das Nações Unidas para o Combate às Drogas e o Crime Internacional (UNODC) 30
Agência de Inteligência Nacional da Turquia (MIT) 218
Agência Federal de Investigação dos EUA (FBI) 131
Agência Norte-Americana de Apoio ao Desenvolvimento Internacional (USAID) 131
agências de ajuda humanitária 37, 39, 40-1, 42-3, 44-5, 46-7, 48-9, 52, 58, 72, 108, 113, 121-2, 126-7, 129, 130, 132, 134, 140, 146, 148-9, 150, 158-9, 167, 169, 182, 186, 194, 209, 214, 218, 240, 242-3, 244-5 (*Veja* também ONGs)
Ahrar ash-Sham 260
Aita, Samir 139, 140, 184

Ajdabia, Líbia 66
ajuda humanitária 37, 39, 43, 44-5, 46-7, 48-9, 52, 58, 72, 108, 113, 121-2, 126-7, 129, 130, 132, 134, 140, 146, 148-9, 158-9, 167, 169, 182, 194, 209, 214, 240
    aspectos econômicos das organizações de 40, 186, 218, 242-3, 244-5
    e o compromisso das missões de 40-1, 42, 150
AKE (empresa britânica) 137
Al Jazeera 48, 85, 135-6, 182, 184
Al Shifa Hospital 177
al-Absi, Amr 165
al-Absi, Firas 166, 204-5, 206
al-Assad, Bashar 101, 114
alauítas 107, 225, 258
al-Baghdadi, Abu Bakr 165, 193, 205, 257
albaneses 225
Albini, Nadia 241, 290
alemães 122, 132-3, 214, 247
Alemanha 54, 61, 126, 225, 228, 232, 237, 243, 247
Alepo, Síria 101, 103, 109, 115, 140, 146, 149, 150 -1, 152, 162, 164-5, 167-8, 177, 183, 201-2, 207, 222, 225-6, 228-9, 257
Al-Faruq, Brigada 105, 108, 111-2, 113, 206, 259
Al-Faruq, Grupo Islâmico 113
Alkhani, Omar 148, 154
Al-Muhajirin, Brigada 212, 259 (*Veja também* Abu Omar, Brigada de)
al-Muqdad, Omar 114, 156, 178, 194-5
Al-Nusra, Frente 11-2, 122, 201, 194, 207, 212, 214, 258, 260
    e o mercado secundário de reféns 108, 140, 163, 184, 196-7, 202, 204
    e seu departamento de imprensa 202
Al-Qaeda no Magreb Islâmico (AQMI) 10, 23, 25-6, 32, 53, 60, 64, 85, 87,106, 122, 131, 163, 204, 214, 216, 258-9, 261, 263-4
    recursos financeiros da 10, 33, 35

al-Rishawi, Sajida 220
Al-Shabaab 85-6, 87, 259
al-Shihabi, Milad 193-4
al-Shishani, Abu Omar 212, 260
Alto Comissariado da ONU de Amparo a Refugiados 56, 84
al-Zarqawi, Abu Musab 46, 193, 204-5, 216, 257, 263
América do Norte 91, 95, 171
América Latina 29, 30-1
americanos 12, 26-7, 43, 74, 131, 150, 159, 160, 169, 176, 196, 203, 215-6, 254, 258-9, 264
Amsterdã 145-6, 162
Ansar, al-Zawahiri 46
Antáquia, Turquia 146, 168, 194-5
anti-Kadafi, insurgência 107, 167
Antuérpia, Bélgica 162-3
Aquiloni (agência de ajuda humanitária italiana) 240-1, 243
Árabe Democrática dos Saarauís, República 129
árabe, povo 194-5, 223
Arábia Saudita 76, 97, 104, 111, 212, 266
Arafat, Yasser 55, 266
Arendt, Hannah 209
Argel, Argélia 17
Argélia 10, 17-8, 24, 31-2, 33-4, 35, 37, 40, 54, 59, 62, 258, 262, 264
argelinos 10, 17, 23, 25, 32-3, 35, 37, 57, 228, 258, 262
Arizona Republic 150
Arlit, República do Níger 58
ArmorGroup 77-8, 79
Artigo 9 (Constituição japonesa) 219
Asahi Weekly 50
Ásia 9, 61, 91, 223, 253
asiático, povo 12, 27
asilo político 17

Assad, Bashar Al 114, 183, 217
    regime de 101, 105-6, 108, 110-1, 213, 229, 235, 248
    sequestros pelo regime de 102, 104, 107, 109, 168, 222
Associação de Clérigos Islâmicos 50
Associated Press 64
Asociación de Amigos del Pueblo Saharaui de Extremadura 39
Atalanta (operação antipirataria da UE) 99
Atenas, Grécia 224
Atlântico, Oceano 29, 30, 254
Atmeh, Síria 202
Atrash, Hussam 185
Augé-Napoli, Jean-René 164, 208
Austrália 137
Áustria 237-8, 243
Ayman, Abu 107
Azaz, Síria 134, 201-2
Azeddine 162
Aziz 23-4, 25, 30

Baathistas 193
Bab al-Hawa 106, 202, 204-5
Bab al-Salam 230, 235
Baçorá, Iraque 46
Bagdá, Iraque 50
Bálcãs 235
Báltico, Mar 148
Bamaco, Mali 62-3
Ban Ki-moon 129
bancárias e pirataria, operações 91-2, 94-5, 123
bancárias, operações 26, 91, 94-5, 252-3
Banco Mundial 90-1
Bangladesh 235, 241
Bassam, Mahnaz 46
"Beatles", os 179, 206, 209, 211, 213
BBC 83, 114, 156, 178
Beirute, Líbano 149, 263
belga, ministro da Defesa 142

Bélgica 27, 144, 162-3, 167, 224
Belkacem, Fouad 163
Belmokhtar, Mokhtar 33-4, 53-4, 57-8, 59, 60, 62-3, 64-5, 67, 204
bengaleses 225
Bergdahl, Bowe 171-2, 173-4, 175-6, 181, 183, 187-8, 189, 196
Berlim, Muro de 11-2, 31-2, 87, 251
Berlusconi, governo 37, 65
Berlusconi, Silvio 38, 66-7, 248
Bilal 63
bin Laden, Osama 87, 258, 264
Binnish, Síria 207
Blair, Tony 16, 50, 215
Bloco Soviético 31
Boal, Mark 173, 175
Bogotá, Colômbia 27
Bolívia 31
Bontinck, Dimitri 162, 206
Bontinck, Jejoen 161-2, 207
Borri, Francesca 134, 140, 151-2, 160, 176-7, 200, 201-2, 203
Bosaso, Somália 96-7, 99
Bourne, Jason 173-4, 175
Brabo, Manu 177
Bradley, Dave 190
Brasil 31
Bremer, Paul 193
Brennan, Nigel 137, 199, 200
Brescia, Itália 240
Brigadas Vermelhas 55, 260
britânicos 87, 159, 215-6, 251-2, 253
Bucca, Campo de Retenção de 193
Buchanan, Jéssica 41, 43-4, 45, 84-5, 128, 133
Bulgária 61, 237
Bush, George W. 15, 50-1, 215, 264
    Bush, governo 25

Cairo, Egito 218
Calábria, Itália 27-8, 62

Califado 63-4, 125, 146, 149, 163-4, 169, 179, 193, 197, 203, 209, 210-2, 215-6, 217, 219, 221, 235, 249, 258, 260, 266
Califórnia, Corrida ao Ouro na 245
Calitz, Debbie 135-6, 137, 182
Camatte, Pierre 59, 60
Campanha para Abolir o Uso de Urânio Empobrecido 49
Campbell, Naomi 240
Canadá 68, 129, 266
 e seu chefe da missão diplomática no Reino Unido 129
Cantlie, John 166-7, 197-8, 199, 200-1, 204-5, 206-7, 208, 215
Caribe 26
Caritas (agência de ajuda humanitária italiana) 243
cartel das drogas colombiano 9, 26-7, 28-9, 30-1, 34-5
Casa Branca 132, 147, 174, 176, 189
Catalunha, Espanha 157
Cáucaso, norte do 56
Central de Inteligência dos EUA (CIA), Agência 130-1, 132, 147, 174, 188
Centro di Costagrande 243
Centro Europeu de Combate ao Tráfico de Migrantes (EMSC) 234, 260
Centro-Africana, República 61
Chade 56, 69
Channel 4 News 205
Chase, John 137
Chávez, Hugo 29
Chechênia 56, 84
 Guerras da 212
Chifre da África, o 76, 83, 87
Chifre de Ouro (enseada na Turquia) 223
China 77, 121
Clinton, Hillary 176
Cochetel, Vincent 56, 84
Colômbia 27-8, 31, 259

colonização 13, 29, 239
Comitato Internazionale per lo Sviluppo di Popoli (CISP) 39
Conacri, Guiné 62
Conselho Consultivo do Estado Islâmico 204
Conselho Consultivo Islâmico da AQMI 64-5
Conselho Consultivo Islâmico dos Muhajedin 168-6, 204, 260
Conselho Dinamarquês de Refugiados (DRC) 41, 44, 49, 97-8, 231
 e o agente de ligação com a família de sequestrados 128
 equipe de emergência do 42, 45, 128, 133
consulado turco em Mossul 218
Contreras, Narciso 162, 177
Copenhague, Dinamarca 11, 42, 91
Cornualha, Inglaterra 32
Cornwall (navio) 99, 100
corrupção política 55
Costa do Marfim 61
Costa do Ouro, África ocidental 9, 29
Creta, Grécia 224, 228
Crigler, Frank 75
Cruz Vermelha 228, 232, 245
Cruz Vermelha italiana 48
Cucciari, Geppi 130
Curdistão iraquiano 204, 225, 266
curdos 104-5, 222-3, 230, 266

Daguestão, Rússia 84
Daily Mail, The 152
Daily Telegraph, The 32, 99
Damasco, Síria 101-2, 105, 168, 195, 217
Danish Maersk Line 28
Darfur, Sudão 69
Dave 141, 143-4, 145
David, Catherine 16

Davis, Raymond 188
Dawes, Kevin 167-8, 169
De Ponte, Marco 186
de Rijke, Joanie 108-9, 141-2, 143-4, 145-6, 162, 164-5, 166
decapitações 208, 210
Decollo, Operação 28
Dedieu, Marie 72
Delaini, Pietro 243
Democracy Now! 216
Departamento de Imigração Norueguês (UDI) 242
di Giovanni, Janine 150
diáspora somali 83
Diez, Miguel 28
Dinamarca 89, 90-1, 92-3, 103, 159, 223, 228, 231-2
dinamarqueses 89, 90, 92-3, 130, 155
Djanet, Aeroporto de 24
Drukdal 57
Duas Simonas, o caso das 46-7, 48-9, 51, 58, 183, 186
Dubai, Emirados Árabes Unidos 94-5
Dublin, Convenção de 228, 231, 261
DUSTWUN 173
Dyer, Edwin 58, 213

economias locais 31
efeitos da prática de atividades ilegais, os 32-3, 49, 56, 64, 75, 86, 96, 182
egípcios 226-7
Egito 149, 226-7, 260, 265
EI. (*Veja* Estado Islâmico)
Ekstra Bladet 90-1, 93
El Mundo 109
Elias, Edouard 114, 214
Eminönü, Turquia 223
Emirados Árabes Unidos 95, 266
empresas de segurança privada 120
empresas de seguros 12

Engel, Richard 106-7, 108-9, 111, 114, 195, 206
Eni (petrolífera italiana) 66
Equipe de Segurança de Informações (Estado Islâmico) 197
equipes de emergência 42, 45, 77, 126-7, 128, 133, 140, 159, 160, 184, 290
Erbil, Iraque 160
Erdogan, Recep Tayyip 218, 248
eritreus 65, 69, 90, 94, 242, 245
Escola de Assuntos Internacionais de Paris 34
escravidão 9, 13, 29, 32, 66, 98
Espanha 27, 39, 45, 93, 126, 212, 236, 240-1, 255, 261-2
espanhóis 37, 58, 72, 122, 201-2, 203, 215, 258
Espinosa, Javier 109, 213-4
Estado Islâmico 34, 51, 58, 104, 108-9, 111, 112-3, 114, 122, 124-5, 146-7, 148, 151-2, 153, 156-7, 159, 160-1, 162-3, 165-6, 176-7, 178-9, 181, 193-4, 195-6, 197, 201-2, 203, 204, 206-7, 208-9, 211-2, 213-4, 215, 216-7, 218-9, 220-1, 236, 257-8, 259, 260-1
  regras para o tráfico de seres humanos impostas pelo 235-6
estados falidos 10, 35, 121
estados semifalidos 10, 35
Estados Unidos da América 26-7, 74-5, 107, 124, 132, 171, 176, 179, 187-8, 195, 218, 240, 262-3, 265-6
Estocolmo, Suécia 230
etíopes 97-8, 99
Etiópia 74, 98, 259
Europa 9, 10, 18, 26-7, 28-9, 30-1, 57, 60-1, 62, 65, 67, 69, 76, 91, 95, 97, 100, 102, 104, 162-3, 179, 254, 261, 264
Europa oriental, rota de contrabando da 238

migração e problemas demográficos na 13, 183, 221-2, 223, 226, 229, 234-5, 236-7, 240-1, 243, 245-6, 247-8, 265
europeus 10, 12, 17, 28, 33, 42, 54, 58, 87, 108, 126, 136, 159, 169, 206, 208, 212-3, 214-5, 216, 230, 234, 237, 239, 240, 242, 248, 254, 258
Europol 27, 234, 260
Euskadi Ta Askatasuna (ETA) 55, 261
Exército da Síria Livre 102-3, 105-6, 107, 109, 110-1, 114, 147, 194-5, 203, 205-6, 222, 229, 230, 259
Exército Republicano Irlandês (IRA) 55, 262

Fadhi (líder dos piratas somalis) 94
Féret, Marc 36, 160
Ferguson, estado do Missouri 179
Fernández de Rincón, Ainhoa 37, 39, 44, 129
ferro diretamente reduzido (FDR) 77-8
Festival de Música de Sanremo 130
filipinos 89, 91
Filiu, Jean-Pierre 33
Financial Times, *The* 247
finanzieri (*Veja* Guarda de Finanza, da Itália)
Finmeccanica (empresa de seguros italiana) 66
Fiorello, Rosario Tindaro 130
Fisk, Robert 203
Foley, James 109, 114, 120, 131, 150, 155, 167, 176-7, 178-9, 180, 196-7, 198, 200, 207-8, 215-6, 218, 220
Força Delta (unidade de assalto do Exército dos EUA) 153
Forças de Autodefesa Unidas da Colômbia (AUC) 27, 259
forças de coalizão 16, 48-9, 217
forças paquistanesas 133
Fórum Democrático Sírio 139, 184
fotojornalismo teleguiado 155, 168

Foua, Síria 107
Fowler, Robert 53-4, 57, 59, 60, 64, 128-9
França 35, 60, 126, 214-5, 262
franceses 17, 35-6, 58, 60, 114-5, 141, 143, 159, 160, 214-5, 216, 258
François, Didier 114, 214
Freeman, Colin 32, 99, 100
Frelick, Bill 67
Frente de Salvação Islâmica 17-8, 262
Frente Islâmica 113, 262
Fria, Guerra 74-5, 76, 120, 170
Frontex 69, 70, 236
Frontline Club 198
Fundo Monetário Internacional (FMI) 247-8
fusão entre grupos jihadistas 207
Futuro da Europa, O 246

Gálata, Ponte de, Turquia 223
Galkayo do Norte, Somália 41
Galveston, Texas 180
gambianos 239, 241
Gao, Mali 10, 31
Garowe, Somália 82
Gatti, Fabrizio 63
Gaziantep, Turquia 201, 223
Gelle, Abdi Fitah 92
Geórgia 212, 260
Ghazi (comandante talibã) 141-2, 143, 145
Gift of the Givers (ONG sul-africana) 135
Gilbert, Paul 55
globalização 11, 32, 76, 80, 85, 87, 120, 169, 238, 251, 254, 291
Golfo do México 180
Golfo Pérsico, países do 33, 76, 94-5, 97, 100
   cidadãos 223
   Patrocínio da guerra civil na Síria 111-2, 203
golpes militares 17, 262
Gonyalons, Enric 37, 39, 44, 129

Goodman, Amy 216
Gorbunov, Sergei 212-3
Goto, Kenji 51, 218, 220
Grã-Bretanha (*Veja* Reino Unido)
grande coalizão militar de Obama 111, 217, 219, 220, 246
Grécia 13, 223, 225, 235
gregos 224
Greiner, Gabriella 54, 58
Greiner, Werner 54
Group Islamiste Armé (*Veja* Grupo Islâmico Armado (GIA))
Grupo de Monitoramento de Violações do Embargo de Venda de Armas à Somália e à Eritreia 90, 94
Grupo Islâmico Armado (GIA) 10, 18, 33, 57, 262
Grupo Salafista de Pregação e Combate (GSPC) 33-4, 57
grupos jihadistas 13, 33, 35, 101, 106, 156, 216
grupos pró-Saddam 16
grupos sunitas 50, 107, 218, 258, 266
Guantánamo, Baía de 171, 189, 211-2
Guardia di Finanza, da Itália 27-8
Guardian, The 214
Guardian-SRM (empresa de segurança dinamarquesa) 154, 156-7, 158, 161
Guay, Louis 53-4, 64
Guerra ao Terror 173
guerra civil 18, 31, 75
Guerra Civil Espanhola 110
Guerra Civil Síria 47, 100, 102, 105-6, 108, 110-1, 114, 121
    e a cobertura da imprensa 150, 178, 195-6, 257, 259
guerra contra o terror 254
Guiné, República da 62
Guiné-Bissau, República da 24, 29, 30-1
gulags 67, 70

Haia, Holanda 144
Haines, Dave 218
Hama, Síria 212
Hamburgo, Alemanha 54, 232
Haradh, Iêmen 98-9
Harardere, Somália 87
Hargeisa, Somália 41
Harrison, Kim 187
Hassan, Mohammad Jamil 103, 222-3, 239
hawala 95
HBO 178
Hecht, Vera 135-6
Helsinborg, Suécia 231
Hemingway, Ernest 110
Hénin, Nicolas 114, 179, 214, 216-7
Herat, Afeganistão 204
Hero Norway (empresa de hospedagem norueguesa) 243
Hezbollah 107, 262-3
Holanda 144
Holm, Liban 41-2, 43-4, 47, 128
Homs, Líbia 184, 259, 281
Hora mais escura, A 173
Horryaty (ONG italiana) 184-5, 186
Hostage Business, The 135, 182, 184
Hotel California 211
Hotel Scerim 223
House in the Sky, A 44, 137, 179
Houston, Texas 180
Howe, Jason 199
Huddleston, Vicki 60
Human Rights Watch 67, 263
Hungria 237-7
Hurayrah, Abu 194
Hussein, Saddam 46, 193, 208-9, 216

Ibrahim, Sahra 92
Idlib, Síria 184, 202, 235
Iêmen 96-7, 98-9, 195
Il Foglio 183

Imai, Noriaki 49
Impossible Odds 41
In the Hands of Taliban 141
Índico, Oceano 72, 77, 80, 88-9
informantes 12, 14, 124-5, 195
infraestrutura de contrabando 29, 59, 62
instabilidade política 237
   como oportunidade de negócios 41, 235
   e cocaína 9, 10, 26-7, 28-9, 30-1, 34, 56, 62-3, 64
insurgentes contra-Assad, sequestros por 101, 105-6, 109-10, 112
Interpol 61
INTERSOS (agência de ajuda humanitária italiana) 46
Irã 106, 169, 262-3
Iraque 11, 15-6, 19, 34, 46-7, 48-9, 50-1, 56, 58, 100, 109, 126, 165, 181, 201, 204-5, 207, 209, 215-6, 242, 257, 259, 261, 264
iraquianos 16, 46-7, 48-9, 205, 232
Islam, Shajul 201
Istambul, Turquia 102, 149, 223-4, 230, 232
Istat (departamento nacional de estatísticas italiano) 185
Itália 12, 109, 129, 130, 134, 184-5, 186, 240, 248, 260
   como destino de migrantes 13, 18, 61-2, 63, 65-6, 67, 69, 182-3, 224, 226-7, 228, 231-2, 236
   e o crime organizado 23, 26-7, 28-9, 30-1, 241
   e o pagamento de resgates 39, 45, 48, 51, 77, 126, 132, 135-6, 187, 222
italianos 37, 46, 48-9, 66, 69, 113, 122, 126, 130, 133, 135-6, 137, 140, 182, 184-5, 187, 202, 215, 232

J. E. Austin Associates 131
Jamaat al-Tawhid wal-Jihad 205, 263
Japão 49, 50-1, 179, 219, 247
japoneses 49, 50-1, 108, 114, 202, 218-9, 220-1
japoneses, militares 50
Jensen, Carsten 156-7, 158
jihad 55-6, 63-4, 87, 255, 258-9, 264-5, 266
Jihad Academy 179
jihad criminosa 55-6, 62, 79, 87, 106, 110, 112, 141, 204, 234, 239, 259
jihadistas 46, 48-9, 51, 55, 60, 85, 102, 104, 107, 113, 121, 148, 167-8, 169, 193, 196-7, 201, 204-5, 206-7, 209, 211, 249
   e ex-jihadistas 163-4
   e ligação com o cartel de drogas colombiano 26, 30-1, 33, 35, 64
   e o tráfico de seres humanos 96, 109
   e sequestros 26, 35, 63, 101, 139
   e sua descrição pela imprensa 196, 216
   grupos de 103, 147, 156, 164-5, 206, 214, 235, 259
   o uso de propaganda por parte de 153, 159, 220
   recrutamento de 33, 40, 80, 163, 217
   rejeição do tráfico de seres humanos por parte de 57
Jim: The James Foley Story 178
John Jihadista 220
Jordânia 58, 153, 220, 257
jordanianos 204, 220-1
jornalismo 11, 35, 99, 110, 112-3, 114, 143-4, 147-8, 154, 161-2, 169, 208, 289, 290
   como fonte de informações para serviços secretos 63, 91-2, 134, 181
   como trabalho autônomo 50-1, 114, 121, 149, 155-6, 157-8, 159, 168, 179, 180, 195, 198-9, 200, 206-7, 210
   e o crescimento do jornalismo autônomo 197-8, 199
   e a execução de jornalistas 51, 104-5, 106-7, 108-9, 137, 176-7, 178, 180, 193, 196, 208, 210, 212, 218, 220

e propaganda ideológica 90, 109, 194-5, 197, 203, 212, 215-6
e qualidade do trabalho de autônomos 121-2, 150, 154, 179, 180, 187, 198-9, 200, 203
Joulak, Teakosheen 222, 228, 290

Kabul, Afeganistão 143-4, 145-6
Kabylia, Argélia 34, 57
Kadafi, Muammar 59, 65-6, 67, 69, 167, 248
regime de 241
Kafr Hamra, Síria 164, 206
Kandahar, Afeganistão 142
katibas 33, 55, 62, 141
Kerry, John 168-9
Khale, Kahale Famau 86
Kilis, Turquia 201
Kiwayu Safari Village 71, 85-6
Kololo, Ali Babitu 85
Koriyama, Soichiro 50
Kufra, Líbia 66-7, 68-9

la Farnesina (Ministério das Relações Exteriores italiano) 113
Lahore, Paquistão 131
Lamu, Quênia 71, 83, 86
latino-americanos 12, 31
lavagem de dinheiro 9, 27 (*Veja também* hawala)
Legrand, Pierre 36, 160
Leopard 88-9, 91-2, 93, 130
Lescroart, Michaël 141-2, 143-4, 145
libaneses 114, 225
Líbano 105, 110, 114
Líbia 10, 18, 24, 31, 61-2, 63-4, 65-6, 67-8, 69, 70, 98, 167-8, 197, 200, 236, 240-1
Lindhout, Amanda 44, 137-8, 180, 199, 200, 203
Lo Porto, Giovanni 130, 132-3, 134-5
Londres, Inglaterra 17, 29, 78, 129, 198, 201

Long Walk Home, A 82, 86
Lopez, Eddy 89, 91, 93
López, José Manuel 134, 201
Ludlum, Robert 173
Lyngbjørn, Søren 73, 89, 90-1, 93

M (imigrante em situação ilegal) 62
Madia, Giacomo 76-7, 78-9, 97
Madri, Espanha 29
Maggioni, Monica 109
Magreb (norte da África) 10, 23, 25-6, 33, 35, 53, 60, 106, 122, 264
Maiolini, Mario 47-8, 126
Malásia 88
Malaspina Castle 76-7, 78-9, 80, 91, 94
Mali 10, 18, 30-1, 32-3, 35-6, 40, 54, 56, 58-9, 60, 62, 64, 73, 84, 121-2, 204, 258, 264
Malmö, Suécia 231
Mancuso, Salvatore 27
Mar Vermelho 76, 88
Marco (membro do serviço secreto italiano) 136-7
Marginedas, Marc 109, 157, 179, 208-9, 212-3, 214
Mariani, Maria Sandra 23-4, 25-6, 27, 30-1, 32-3, 34-5, 36-7, 38-9, 40, 59, 73, 84, 127, 129, 136, 159
Marrocos 10, 31, 40, 236
Marzullo, Vanessa 11, 140, 183-4, 185-6
Mattarella, Sergio 132
Mauritânia 31, 35, 40, 58
mauritanos 31, 35, 40, 58
McCain, John 189
mediadores 10, 12, 110, 114, 120, 122, 124-5, 139, 148, 156, 195, 218, 239, 290
Médicos sem Fronteiras 150-1, 214
Medin, Joakim 104-5, 147, 160
Mediterrâneo 148, 236
Meditarrêno oriental, rota de contrabando da 235

Ménaka, Mali 58
Merkel, Angela 67
Mest (posto militar avançado dos EUA) 172-3, 175
MI6 (serviço secreto britânico), 69
migrantes 10, 12, 26, 32, 34, 53, 57, 60-1, 96, 223, 234-5, 237, 239, 241-2, 244, 246-7, 248
principais rotas seguidas por 18, 62-3, 65, 183, 235-6
tratamento dado aos 13, 60, 66-7, 68-9, 99, 221, 231-2, 237-8, 241, 243, 245, 249, 260, 265
Milão, Itália 101, 228, 244-5
milícias xiitas 16
militares americanos 131
Ministério das Relações Exteriores da Suécia 160
Misrata, Líbia 167
missões de resgate 45, 47, 208
Moaz al-Kasasbeh 220
Moçambique, Canal de 76
Moe, Ola 242
Mogadíscio, Somália 74, 87, 137-8, 199, 200
Moscou, Rússia 74
Mossul, Iraque 218, 261
Motka, Federico 109, 214
motoristas 12, 62, 110, 114, 124-5, 148, 156, 195, 218
Movimento pela Unificação e Jihad na África Ocidental (MUJAO) 37, 39, 40, 127, 264
Muehlenbeck, Bernd 132-3
Mueller, Kayla 146-7, 148, 150-1, 153-4, 157
Muhammad (refugiado) 101-2
Muhajedin 49, 165-6, 206, 260
Muhajedin, Brigadas dos 49
Multan, Paquistão 132
Munar, Luis 111-2, 113
Mundubat (ONG basca) 39

Munique, Alemanha 228
Mustafá (mediador) 206-7

Nações Unidas 29, 30, 33, 47, 52, 74, 90, 265
Nairóbi, Quênia 138
Nassíria, Iraque 48
Natale, Nunzio 77
Nathan (analista military em *Serial*) 188-9
National Geographic 199, 200
National Public Radio 167
navio-tanque singapurense 96
nazistas 13
NBC News 106
'Ndrangheta 27-8
negociadores de libertação de reféns 10-1, 12-3, 77, 82, 90-1, 93, 122, 124, 136, 139, 159, 209, 212-3, 215-6
Neukirch, Toni 214
New York Times, The 34, 179, 196
New Yorker, The 166
Newsweek 178, 198, 200
Níger 35, 53, 58-9, 62-3
Níger, Rio 31
Nigéria 59, 69, 154, 241
nigerianos 59, 162
Noruega 92, 242-3
Nova York 11
Novorossisk, Rússia 77

Obama, Barack 111, 139, 168, 171-2, 176, 188, 217, 219, 220, 246
Obeida, Abu 167
Occhipinti, Filippo 134
Oerlemans, Jeroen 166, 204-5, 206
Oeste da África (*Veja* África ocidental)
Ogaden (Somália), região de 74
Omã 88
Omar, Sabri 104
onda de sequestros de japoneses, a 49, 50-1, 108, 114, 202, 218-9, 220-1

ONGs (*Veja também* agências de ajuda humanitária) 39, 40, 46-7, 48, 120, 132-3, 146, 214, 257, 263
  e programas de segurança 41-2
  e relações com governos 40, 43-4, 46, 185-6
ONLUS 185-6, 244-5
Organização Internacional de Reassentamento de Migrantes (IOM) 60, 99, 265
Organização Juvenil de Ações contra Pirataria de Garowe 82
Organização para a Cooperação e o Desenvolvimento Econômico (OCDE) 247
Organização para a Libertação da Palestina (OLP) 55, 265
organizações humanitárias (*Veja* agências de ajuda humanitária *e* ONGs)
Oriente Médio 12, 33, 50, 61, 75, 150, 169, 197, 217, 219, 221-2, 253, 266
  cobertura da imprensa dos acontecimentos no 178-9, 182, 199
ORS Service AG 243
Oslo, Noruega 242
OTAN 89, 218
Ottosen, Daniel Rye 154-5, 156-7, 158-9, 160, 169, 178-9, 195, 198, 214
  a família de 157-8, 161-2

Padnos, Theo 195-6, 197-8
pague enquanto viaja (modelo de migração clandestina) 237-8, 239
Países Baixos (*Veja* Holanda)
Paktiba, Afeganistão 172
Pampliega, Antonio 134, 177, 201
paquistaneses 131-2, 133
Paquistão 131-2, 172, 188, 241
Pari, Simona 46
Paris, França 34, 114, 139, 160, 184

PATRIOT, lei 9, 25-6, 27-8, 364
Pelizzari, Bruno 135-6, 137, 132, 182
Peru 31
Petzold, Marianne 54, 58
Piccinin da Prata, Pierre 105
Pierotti, Ida 240-1, 243-4, 290
pirataria 79, 81, 82-3, 87, 91, 239
  a economia da 79, 80
  o modelo somali de 79, 86, 94-5, 96
  piratas somalis 79, 92-3, 96, 99
PKK (Partido dos Trabalhadores do Curdistão) 229, 230, 266
P-Magazine 141, 143-4
Pompei 94
Porto de Gioia de Tauro (Itália) 28
Porto de Palermo 134
Portugal 29
Prada, Itália 246
Pramoni 96
Prêmio Pulitzer 177
Press TV 203
Primavera Árabe 101, 107, 121, 167, 198
Prodi, Romano 66, 248
propaganda ideológica 162, 203, 217
prostituição 81, 106, 239, 240-1
Puntlândia (Somália), região da 82, 96
Putin, Vladimir 246

Quênia 71-2, 85, 87
quenianos 85

Raed Ali Abdul, Aziz 46
Raineri, Daniele 183
Ramelli, Greta 11, 140, 183-4, 185-6
Raqqa, Síria 109, 114, 153, 225
Ras Kamboni, Somália 86
Rashid (jovem argelino) 17-8
Rather, Dan 180
Real Polícia Montada Canadense (RCMP) 129, 266

reféns 10, 34-5, 36, 44, 106, 109, 114, 153, 155-6, 171, 176, 181, 203, 206, 210-1
   classificação do valor de 38, 44, 60, 91-2, 113, 125, 127, 130, 159, 180, 183, 202
   como peças de política externa 49, 107, 114, 120, 129, 184, 187, 189, 197, 202, 212, 215, 218-9, 220
   e a economia do negócio de sequestros 12, 33, 57, 59, 62, 80, 119, 120-1, 122-3, 125, 147, 183, 239
   e ONGs 39, 40, 43, 46, 58
   envolvendo populações locais nas negociações 10, 11, 37, 43, 45, 92-3, 130, 156
   execução *versus* troca de 107-8, 132, 136, 139, 161, 209, 215, 220
   função simbólica de 153, 181, 183, 208, 215
   manejo e tratamento de 36-7, 45, 50, 53-4, 73, 89, 102, 106, 124, 153, 158, 166, 179, 209, 211
   o tratamento dado a problemas de saúde de 54
   refugiados 66, 91
   como fonte de receitas para empresas 119, 120, 125, 159, 189
refugiados sírios 62, 153, 222
Reino Unido 124, 129, 201, 207, 247-8, 251, 253-4
Renzi, Matteo 132
repatriação de corpos 130, 135
repressão e censura à imprensa, 161, 193
resgates 10, 98
   a economia gerada pelo pagamento de 13, 34, 79, 183-4, 97, 125, 141, 160, 189, 202, 214, 222
   aumento do valor exigido no pagamento de
   como estratégia de financiamento 13, 57, 83, 93, 100, 110, 111, 183, 214-5, 234
   distribuição do dinheiro de 92-3, 95, 123

   e provocação de disputas entre países 51, 196, 213-4, 215, 218-9, 221
   e recusa em pagá-los 213
   exigidos de pessoas sendo traficadas 100
   negociações do pagamento de 60, 102, 114, 124, 136, 139, 140, 143, 146, 148, 151, 160, 196-7, 201, 214, 216
   pagamento de 33, 52, 136
   pagos por entidades públicas e privadas 90, 159, 161, 196
   pagos por governos 39, 60, 113, 140, 187
   pagos por pessoas físicas 121
   políticas de ONGs em relação ao pagamento de 40, 43
   políticas governamentais em relação ao pagamento de 43, 45, 122, 124, 126-7, 135, 140, 182, 187, 188
   usados como instrumento de intimidação 58, 213
Restore Hope, Operação 74-5, 265
Reyhanli, Turquia 150, 202
Roma, Itália 47-8, 66-7
Romanelli, Margherita 132-3, 134
Romênia 61
Rosa (jovem intimada a comparecer ao quartel-general do PKK) 230
Rosarno, Itália 62
rotas de contrabando 10, 30-1, 63
Ruiz, Daniel 29, 30-1
Rússia 212, 248

Saara 18, 23-4, 32-3, 50, 54-5, 59, 66-7, 70, 80, 258, 262
   rotas de contrabando no 10, 30-1, 57, 63
saarauís 37, 129
   campo de refugiados de 37, 39, 40, 129, 130
Sahel 9, 10, 26, 31-2, 33-4, 35, 56, 59, 63, 73, 79, 87, 95-6, 106, 113, 130, 238-9, 258
salafismo 162-3, 266

salafistas 33, 162-3, 201, 216, 259, 266
Salima (somali residente do Canadá) 68
Samawa, Iraque 50
San Casciano, Itália 23
San Diego, Califórnia 167
San Zeno di Montagna, Itália 247
Santiago, Chile 11
Saraqeb, Síria 199
Saravi, Abu Alid 37
Sardenha, Itália 130
Sarkozy, Nicolas 35
Sastre, Ángel 134, 201
sauditas 98, 204
Scelli, Maurizio 48
Season in Hell, A 59, 128
Seattle, Washington 95
Segunda Guerra Mundial 234, 242, 248, 254, 265
seguros contra sequestros e resgates 12, 42, 76, 78, 95, 111, 290
Senegal 61, 63, 69, 240
senegaleses, 61, 63, 69, 240
sequestros, 4
   a reação de governos a 43, 45, 122, 124, 126-7, 135, 140, 182, 187, 188
   a reação de ONGs a 39, 40, 43, 46, 58
   a visão de negociadores da libertação de reféns sobre 60, 102, 114, 124, 136, 139, 140, 143, 146, 148, 151, 160, 196-7, 201, 214, 216
   e a economia do negócio de 12, 33, 57, 59, 62, 80, 119, 120-1, 122-3, 125, 147, 183, 239
   e a estratégia de financiamento de 13, 57, 83, 93, 100, 110, 111, 183, 214-5, 234
   e a fase crítica de 139, 140, 146, 290
   e mercados secundários de reféns 197
   e o tráfico de drogas 32, 34, 61, 64, 106, 235, 240, 259
   e o tráfico de seres humanos 9, 11, 32, 56, 60-1, 69, 99, 100, 238
   e o turismo 23-4, 35, 37, 39, 40, 54, 58-9, 80, 86, 113, 127, 129, 182, 224
   e sigilo em torno de 11, 82, 89, 127, 135, 182, 213, 289
   int. al. e a imprensa 51, 104-5, 106-7, 108-9, 137, 176-7, 178, 180, 193, 196, 208, 210, 212, 218, 220
   logística de 36-7, 45, 50, 53-4, 73, 89, 102, 106, 124, 153, 158, 166, 179, 209, 211
   relatos de 51, 167, 181, 203, 208
sequestros de navios 72, 76, 80, 83, 86-7, 97, 99
Serial 173, 187-8
Severgnini, Beppe 187
shabiha 106
Shahba Press (agência de notícias) 193
Shaklab, Motaz 113
Sharana (posto militar avançado dos EUA) 173-4
Sharia4Belgium 162-3, 164
Shaykh Najjar, Síria 152
Shaza al-Horya (canal de TV) 194
Shipcraft (empresa dinamarquesa) 89
Siad Barre, Muhammad 79
Sicília, Itália 19, 227
Simpsons, Os 142
singapurenses 96
Síria 13, 47, 61, 75, 101-2, 112, 167-8, 178-9, 200, 203, 205, 210, 229, 239, 242, 248
   e o Estado Islâmico 34, 111, 162-3, 165, 193-4, 195, 197, 206-7, 208, 211, 213-4, 216-7, 236
   e sequestros na 51, 100, 104-5, 106-7, 109, 113-14, 121, 134, 139, 140, 146-7, 148, 150, 152, 155-6, 160, 162, 168-9, 178, 183, 196, 198, 201-2, 212
   e sua guerra civil (*Veja* Guerra Civil Síria)
sírios 13, 47, 61, 75, 101-2, 112, 167-8, 178-9, 200, 203, 205, 210, 229, 239, 242, 248

Sirius Star 123
Sirkeci, Turquia 223
Sirte, Líbia 167
Somália 41-2, 44, 65, 72-3, 74-5, 76, 79, 81-2, 83-4, 86-7, 88-9, 90-1, 93-4, 96, 99, 106, 121, 123, 133, 135-6, 199, 200, 259, 265
somalis 74-5, 83, 90-1, 92-3, 95, 100, 123
Sotloff, Steven 177-8, 179, 218
Soufan, Ali 196
Spazio Aperto (cooperativa) 244
Sudão 65-6, 67-8, 69
Suécia 15, 19, 93, 223, 227-8, 230-1, 232
suecos 16, 104-5, 160
Suez, Canal de 77, 88
Suíça 54, 214, 241, 243
Suleiman, Khalid Muhammad 212
Sultanahmet, Turquia 223
Sunday Telegraph, The 199

Tadrart, deserto de 24
Takato, Naoko 50
Talibã 58, 141, 143, 145, 171-2, 173, 175-6, 188-9, 196, 216
Tandja, Mamadou 54
Tanzânia 84
Tebbutt, David 71, 83, 85-6, 87
Tebbutt, Judith 71-2, 73, 82-3, 87
Ténéré Voyages 23-4
terrorismo, 3
   como estratégia para silenciar a oposição 165, 208-9, 213, 216
   e antiterrorismo 9, 220, 289
   e atividades criminosas 32, 34, 55, 61, 64, 106, 235, 240, 259
   e negociações com terroristas 60, 102, 114, 124, 136, 139, 140, 143, 146, 148, 151, 160, 196-7, 201, 214, 216
   e sequestros como forma de financiamento 13, 57, 83, 93, 100, 110, 111, 183, 214-5, 234

The Atlantic 196
The Eagles 211
Thisted, Poul Hagen 41, 43-4, 45, 128, 133
Tice, Austin 168-9
Timbuktu, Mali 58
Time (revista) 49
Tindouf, Argélia 37, 40
Tóquio, Japão 11
Torres, Pierre 114, 214
Torretta, Simona 46
Toscana, Itália 23
trabalhadores de ajuda humanitária 39, 40, 46-7, 48, 120, 132-3, 146, 214, 257, 263
   como voluntários 185, 244
   e carreirismo ingênuo 108, 121
   e estratégias de segurança para proteger 41-2, 44
   e sequestros de 39, 40, 43, 46, 58
tráfico de drogas 32, 34, 61, 64, 106, 235, 240, 259
tráfico de escravos no século XVIII, o 9, 32
tráfico de seres humanos
   a economia do negócio do 9, 11, 32, 56, 60-1, 69, 99, 100, 238
   como estratégia de financiamento de outras atividades 13, 57, 83, 93, 100, 110, 111, 183, 214-5, 234
   condições do 99 , 238
   e a inexistência de uma política para coibir o 99, 100, 239
   sequestro e 9, 11, 32, 56, 60-1, 69, 99, 100, 238
Trípoli, Líbia 59, 65, 68-9
tuaregues, povos 53, 258
Tung, Nicole 150, 200
turismo 58, 85
   e falsa sensação de segurança, 35, 71-2, 87
   e política de libertação de reféns 60, 102, 114, 124, 136, 139, 140, 143, 146, 148, 151, 160, 196-7, 201, 214, 216

e sequestros 23-4, 35, 37, 39, 40, 54, 58-9, 80, 86, 113, 127, 129, 182, 224
Turquia 13, 51, 67, 102-3, 104, 109, 114, 146, 148-9, 155-6, 160, 162, 167, 177-8, 183-4, 185, 194-5, 201-2, 207, 211-2, 218, 223, 230-1, 232, 235-6, 237, 248, 254

UBS (banco suíço internacional) 246
Ucrânia 134
Umeå, Suécia 15
Un ponte per... 46-7, 48
União Europeia 61, 67, 69, 99, 132, 234, 237, 239, 246-7, 248-9, 251-2, 253
União Soviética 74
Unidade 300 105
Urru, Rossella 37, 39, 42, 44, 127, 129, 130

Val di Pesa, Itália 23
Vancouver, Canadá 95
Vanity Fair 107
Veneto, Itália 243
Venezuela 9, 29, 30-1
Verona, Itália 240, 243

"Viagem para a Jihad" 139
Vietnã, Guerra do 181, 262
Vilanova, Ricardo Garcia 107, 214
Vladikavkaz, Rússia 56
voluntários. *Veja* trabalhadores de ajuda humanitária, *Veja* trabalhadores de ajuda humanitária

Wall Street Journal, The 131
Washington, D. C. 74, 174, 196, 217, 254
We Left them Behind 156, 178, 194
Weber, Karin 46-7, 48, 290
Weinstein, Warren 130-1, 132
Wright, James 129

xariá 163, 236, 259, 267
   Shiuh Fu Nº 1 88

Yasuda, Junpei 50-1, 201
Yukama, Haruna 218

zambianos 241

Impresso no Brasil pelo
Sistema Cameron da Divisão Gráfica da
DISTRIBUIDORA RECORD DE SERVIÇOS DE IMPRENSA S.A.
Rua Argentina, 171 – Rio de Janeiro, RJ – 20921-380 – Tel.: (21)2585-2000